THOMAS KETTLER VERLAG

JENS KLATT

SUP GUIDE

BERLIN & UMLAND

+ die besten EINKEHR-TIPPS

IMPRESSUM

1. Auflage Juli 2021

 THOMAS KETTLER VERLAG
Von-Hutten-Str. 15
D-22761 Hamburg
Tel +49 (0)40 39 10 99 10
www.thomas-kettler-verlag.de
www.sup-buch.de

Text & Fotos: Jens Klatt
Titelfoto: *Spree an der Oberbaumbrücke in Berlin,* **Jens Klatt**

Lektorat: Thomas Kettler
Illustrationen Paddeltechnik: Klaus Mumm
Layout Design: Nicole Laka
Layout & Konzept: Carola Hillmann
Satz: Nicole Laka, Carola Hillmann
Karten: StepMap, Heide Schwinn, Carola Hillmann
Druck & Gesamtherstellung: Drukarnia Beltrani Sp. J., Krakau

Weitere Bildnachweise (o. = oben, m. = mitte, u.= unten):
Seite 24: ©**Kanuliebe**; Seite 22: ©**visitBerlin/Torsten Seidel**;
Seite 35 o., 41, 45 u.,129, 135: ©**visitBerlin/Dagmar Schwelle**;
Seite 56: ©**visitBerlin/ Wolfgang Scholvien**;
Seite 35 u., 48 o., 58 o., 59 o., 66 u., 94, 97 o.+u., 101, 106, 138: ©**Thomas Kettler**;
Seite 59 u., 69 u., 133 o.: ©**Michael Hennemann**; Seite 95: ©**Julia Schmidt**;
Seite 98 o.: ©**Landgasthof Zum alten Krug Marquardt**; Seite 125 o.: ©**SpreeArche**;
Seite 134, 136: ©**Marko Manthey/Badebar Erkner.**

Bildnachweise Wikimedia Commons (o. = oben, m. = mitte, u.= unten):
Seite 21 o.: **Atel301**; Seite 21 u., .46 o.: **Fridolin freudenfett (Peter Kuley)**; Seite 44 u., 46 m., 47 o., 142: **Lienhard Schulz;** Seite 45 o.: **Avda/www.avda-foto.de;** Seite 57 l.: **Membeth;** Seite 57 r.: **Bernard Spragg. NZ from Christchurch, New Zealand**; Seite 77: **Steffen Prößdorf**; Seite 79 o.: **Pemba.mpimaji;** Seite 79 u.: **Biberbaer 18:21;** Seite 83: **Mufflon14480;** Seite 87 o.: **Cornelsen Kulturstiftung**; Seite 87 m.: **FrankBothe**; Seite 87 u.: **Colin Smith**; Seite 107 u. l.: **Hans G. Oberlack**; Seite 108: **Sir James**; Seite 116: **Queryzo**; Seite 122 u.: **Rolf Krahl**.

Bibliografische Information der Deutschen Nationalbibliothek
Die Deutsche Nationalbibliothek verzeichnet diese Publikation in der Deutschen Nationalbibliografie; detaillierte bibliografische Daten sind im Internet über *http://dnb.d-nb.de* abrufbar.

ISBN 978-3-934014-91-6

INHALTSVERZEICHNIS

SUP-TOUREN IN BERLIN & UMLAND

=ANSPRUCH DER TOUREN =EINKEHRMÖGLICHKEITEN
=RUNDTOUR =ONE-WAY-TOUR =HIN & ZURÜCK-TOUR

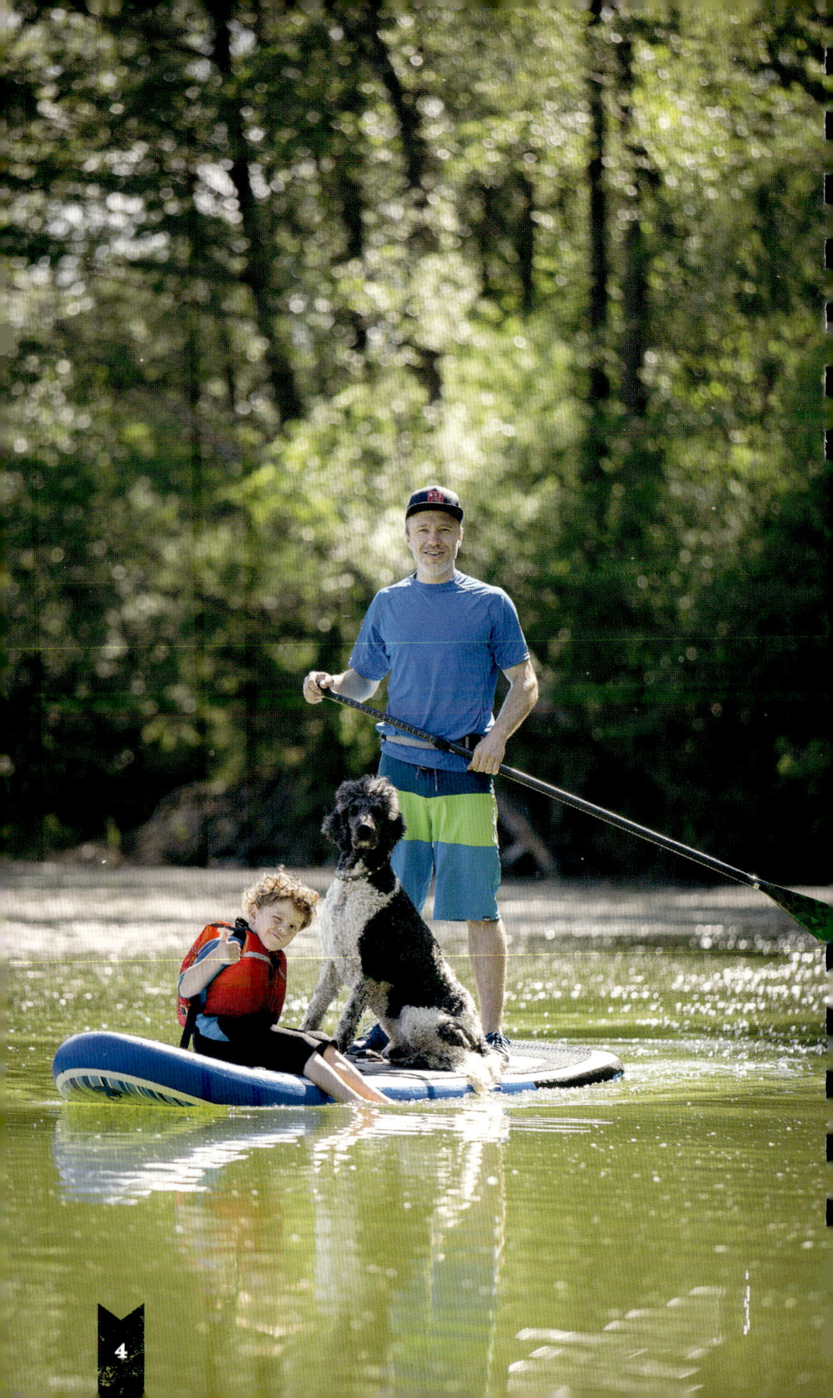

VORWORT

Berlin ist die einwohnerstärkste Stadt Deutschlands und berühmt für die Mauer, für Architektur und Kunst, die Musikszene und das wilde Nachtleben. Aber dass Berlin auch die Hauptstadt der Entspannung auf dem Wasser ist, wird oft vergessen! Dass die Band Kraftklub singt: „Ich will nicht nach Berlin!“, liegt wahrscheinlich daran, dass sie nicht paddeln.

Innerhalb der Stadtgrenzen durchfließen Spree, Dahme und Havel eine Strecke von fast 90 Kilometern, die künstlich angelegten Kanäle bringen weitere 67 Kilometer. Somit sind stattliche sieben Prozent der Berliner Fläche von Wasser bedeckt – das entspricht der Größe von 8403 Fußballfeldern! Bundesliga-Profis gehen nach München, Paddler nach Berlin.

Die Metropole verfügt über 40 offiziell ausgewiesene Badestellen im Stadtgebiet. Fast jeder kennt die alte Melodie: „Pack die Badehose ein ... und dann nischt wie raus nach Wannsee!“. Aber warum am Ufer liegen, wenn man mit einem SUP auch über Wasser laufen kann? Ob Sundowner am Schlachtensee, Skyline-Paddeln auf der Spree oder Tagesausflug ins Brandenburger Umland – das Angebot für Paddler ist vielfältig.

Dieser SUP-GUIDE wurde großteils im **Corona-Sommer 2020 und -Frühjahr 2021** recherchiert. Vieles hat sich in dieser Zeit verändert und wir wissen leider nicht, ob alle erwähnten touristischen Anbieter und Sehenswürdigkeiten diese schwierige Zeit überstehen werden. Nutzt deshalb die genannten Internetseiten, um kurz vor Eurer Tour nochmal die Anbieter/Öffnungszeiten zu überprüfen.

Nach wie vor ist der Hype ums Stand-Up-Paddeln ungebrochen. Immer mehr Menschen gehen aufs Wasser, um dem hektischen Treiben an Land zu entfliehen. Verständlich! Dennoch dürfen wir nie vergessen: Wir sind nur Gast bei Mutter Natur. Rücksicht auf die ursprünglichen Bewohner der Wasserwelt sollte wichtiger sein als das Selfie im Seerosengürtel. Wasser braucht kein Mensch, aber Mensch braucht Wasser!

In diesem Sinne: Rauf aufs Board und aufgelebt!

Jens Klatt

TOURENPLANUNG

VOR DER TOUR

Die Möglichkeiten zu paddeln in Berlin und Umland sind durch das weit verzweigte Netz an Flüssen und Seen fast unbegrenzt, die Touren in diesem Buch stellen nur eine Auswahl dar und wollen Anregungen bieten. Die Strömung der Berliner Flüsse ist meist kaum spürbar - und das ist gut für uns Paddler. So sind die meisten Touren als Rundtouren angelegt, dies erspart das lästige „Shuttlen“ mit dem Auto. Drei der Touren haben unterschiedliche Start- und Endpunkte - denn auch eine solche Reise hat ihren Reiz.

Ein weiteres Kriterium für die Auswahl der Touren war die Erreichbarkeit mit Bahn und Bus. Wer will, kann die meisten Strecken paddeln ohne das Auto zu bewegen - ein im Rucksack verstautes Inflatable-SUP macht es möglich. Natürlich bleibt der ein oder andere Fußmarsch nicht aus, dennoch zieht sich die gute Erschließung Berlins mit dem ÖPNV teilweise bis ins Umland.

Oder schonmal über ein Lastenrad nachgedacht? Auch das ist mit Inflatable-SUPs möglich. Vielleicht nicht von Spandau raus nach Erkner, aber für eine Tour durch den Grunewald zum Wannsee - warum nicht? Der ADFC (Allgemeiner Deutscher Fahrrad-Club Berlin e.V.) bietet übrigens kostenfreie Leihräder an. Auch Carsharing ist für alle autolosen Großstädter eine Option, will man mal raus ins Umland mit mehr Flexibilität als mit dem Reiseplan der Verkehrsbetriebe.

Übrigens haben einige der Touren unterschiedliche Einstiegsmöglichkeiten, denn dort wo man gut sein Auto parken kann, ist nicht immer der nächste Bahnhof nahebei. Ein Beispiel: Die Potsdam-Rundtour lässt sich zwar hervorragend zentral in der Nähe des Hauptbahnhofs beginnen, aber für Autofahrer eben auch im Süden oder Norden der Stadt - je nachdem, von wo man anreist.

In Werder wiederum wäre der Fußmarsch vom Bahnhof zum offiziellen Einstieg fast zwei Kilometer lang, insofern man nicht auf den nächsten Bus warten will. Dafür befindet sich in etwa 500 Metern ein zwar nicht so komfortabler Einstieg, aber wer will schon sein Board tragen, wenn man auch vom Board getragen werden kann?

Eine gewisse Anpassung der Tourenvorschläge an die eigenen Vorlieben ist also gewollt und gut möglich. Die Beschreibungen im Haupttext beziehen sich dabei immer auf den ersten genannten Einstieg.

Darüber hinaus finden alle, die noch kein eigenes Board besitzen, überall in Berlin SUP-Vermieter, -Schulen und -Veranstalter, die in Text und Karte aufgeführt sind. Häufig bieten die Vermieter auch geführte Touren für Anfänger an. Sicherheitshalber sollte man zum Mieten seinen Personalausweis als Pfand dabeihaben.

STRECKENLÄNGE & KÖNNEN

Welche Wegstrecke ein Paddler in welcher Zeit zurücklegt, hängt neben der eigenen Konstitution auch von Wind und Wetter ab. Viele der Touren im Buch ermöglichen ein Anpassen der Routenlänge an die eigenen körperlichen Möglichkeiten oder das mögliche Zeitpensum. Schnell noch nach der Arbeit eine Runde aufs Wasser, oder habe ich den ganzen Sonntag Zeit für eine gemütliche Tour? Hier ein paar grobe Anhaltspunkte:

Gelegenheitspaddler sind mit etwa 3 km/h auf dem Brett unterwegs. Geht man von drei Stunden reiner Paddelzeit auf dem Wasser aus, bevor die Arme lang werden, legt man in dieser Zeit also rund neun Kilometer zurück. Sportliche und technisch versierte Stand-Up-Paddler erreichen je nach Brett auch zwischen 4 und 7 km/h Geschwindigkeit und sind somit deutlich schneller - können also auch längere Strecken zurücklegen. Aber wer so fit ist, weiß in der Regel sowieso Bescheid über seine Leistungsfähigkeit.

Auf Flüssen kann die Strömung teilweise zur normalen Paddelgeschwindigkeit hinzugerechnet werden. Im Berliner Raum weist aber lediglich die Müggelspree bei Hangelsberg eine leichte Strömung auf, so kann je nach Wasserstand ein Bonus von etwa 1-2 km/h hinzugerechnet werden.

WIND, WETTER, WELLEN

Gerade auf großen Wasserflächen, wie dem Wannsee, dem Schwielowsee, oder der Havel am Grunewald, spielt der Wind für Stand-Up-Paddler eine besonders wichtige Rolle. Wind der Stärke 1-2 Beaufort ist für Gelegenheitspaddler gut in alle Richtungen zu paddeln. Schon mäßiger Gegenwind der Stärke 3 Beaufort reicht, um das Paddeltempo zu halbieren. Noch stärkerer Wind macht es schwer, überhaupt vorwärts zu kommen. Weht der Wind von hinten, schiebt er den Paddler hilfreich an, sofern die aufgeworfenen Wellen nicht zu Krämpfen in den Fußsohlen führen.

Wird man von Wind der Stärke 3-4 Beaufort überrascht, hilft es auf Knien weiter zu paddeln, bis man sicher anlanden kann. Fortgeschrittenen Paddlern

Windstärke wird in Beaufort angegeben. Der Beauford grad reicht von **1 = leichter Windzug** bis **12 = Orkan**. Wind-STÄRKE

machen Rückenwindwellen dieser Art oft Spaß und sorgen auf offenen Wasserflächen für den ein oder anderen Surfmoment. Aber was ist dann mit dem Rückweg? Ab Windstärke 5 sollten ohnehin auf offenen Gewässern nur noch absolute Cracks auf dem Board unterwegs sein.

Weiterhin zu beachten sind plötzliche Wetteränderungen, wie aufziehende Gewitter. Vor und auch bei der Tour ist es daher immer sinnvoll, sich den aktuellen Wetterbericht anzuschauen.

Wind-INFOS

Windy www.windy.com
Windfinder www.windfinder.com

AUF DEM WASSER

UMWELT UND NATUR

Auf spezielle Befahrungsregeln vor Ort wird in diesem Buch in Text und Karte hingewiesen. Allgemein sollten für jeden Paddler aber folgende Punkte selbstverständlich sein:

» Größere Ansammlungen von Wasservögeln umfahren und in Schilfgebiete nicht hineinpaddeln. Zur Brutzeit einen möglichst großen Abstand zum Schilfufer halten. Steilufer beim Anlanden meiden, da hier nicht selten Vögel ihre Niströhren gegraben haben.

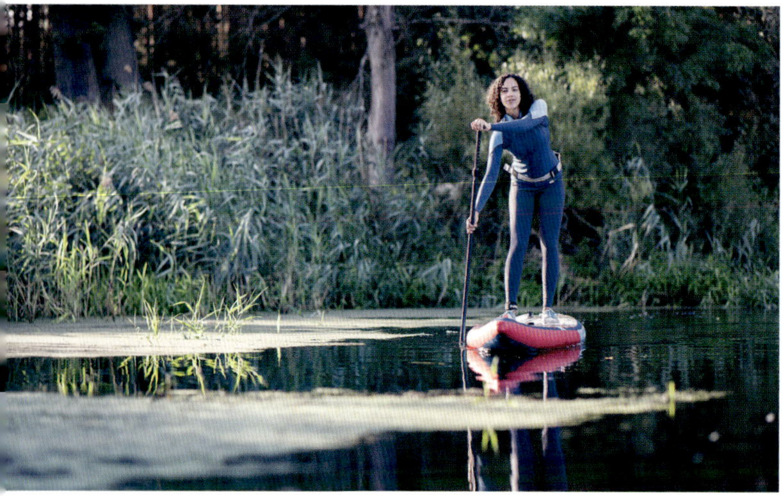

» Beim Paddeln nicht am Flussgrund abstoßen, denn das stört das Bodenleben im Gewässer.

» Damit Stand-Up-Paddler an allen Ufern gern gesehene Gäste sind und bleiben, beim Parken keine Anwohner behindern und empfindliche Uferbereiche nicht als Ein- und Ausstieg nutzen.

» Keine privaten Stege ohne vorherige Nachfrage für das Ein- und Aussetzen sowie das Pausieren nutzen. Dasselbe gilt für Campingplätze und Gasthöfe.

» Anglern ausweichen und nicht stundenlang in ihrer Nähe im Kreise paddeln.

» Müll wird wieder eingepackt!

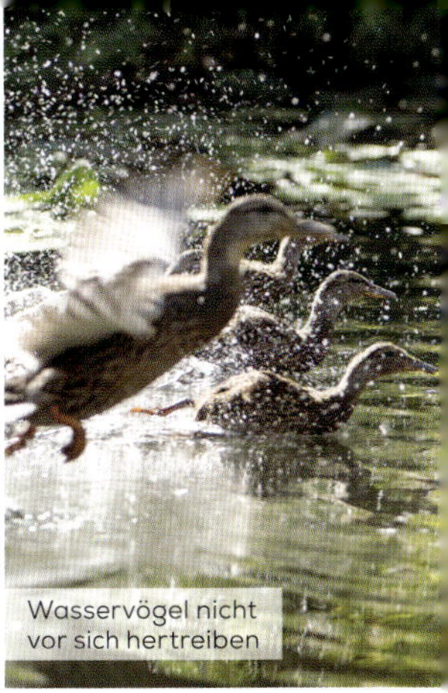

Wasservögel nicht vor sich hertreiben

SUP UND ANDERE WASSERNUTZER

» Generell gilt: die **Berufs- und Ausflugsschifffahrt hat immer Vorfahrt**!

» Nicht kurz vor ihnen die Fahrrinne queren, denn gerade **größere Schiffe sind** sehr **träge beim Ausweichen** im Notfall.

» Vorsicht auch bei **Seglern und Ruderern**!

» Auch auf dem Wasser herrscht in Deutschland das **Rechtsfahrgebot**. Wenn das Fahrwasser gekennzeichnet ist (rote und grüne Tonnen), möglichst außerhalb dieser Markierungen paddeln, solange es die Wassertiefe zulässt.

» Muss man ein **Fahrwasser queren**, so geschieht dies auf schnellstmöglichem Wege in direkter Linie.

» Nach Sonnenuntergang und bei schlechter Sicht muss auf den Schifffahrtsstraßen ein **Licht "geführt" werden**.

» Übrigens: Die **Promillegrenze** liegt auf dem Wasser aktuell bei **0,5 Promille**.

ACHTUNG
SUP-VERBOT AUF DER SPREE IN MITTE

Besser keine „Selfies" mit Kanzleramt oder Museumsinsel im Hintergrund! Die Verkehrsregel besagt, dass der Innenstadtbereich der Spree-Oder-Wasserstraße vom Kanzleramtssteg (km 14,10) bis zur Oberbaumbrücke (km 20,70) einschließlich Spreekanal von Kleinfahrzeugen ohne Maschinenantrieb nicht befahren werden darf. Fahrgastschiffe, hohe Spundwände mit entsprechendem Wellenschlag, schmale Brückendurchfahrten mit Gegenverkehr – in diesem Abschnitt ist einfach zu viel los!

die AUSRÜS-TUNG

Die Stehpaddel-Ausrüstung besteht neben der entsprechenden Kleidung aus **SUP-Board, Paddel** und **Leash**. Die Wahl des SUP-Boards hängt vom Einsatzbereich ab.

DIE SUP-AUSRÜSTUNG

KLEIDUNG

„Dress for the water, not for the air!" Die alte Paddlerweisheit mahnt zu jeder Jahreszeit eine der Wassertemperatur angepasste Kleidung zu tragen. Das reicht vom Bikini oder Boardshort im heißen Sommer bis zum Neopren oder Trockenanzug im Winter. Wer im Frühling, wenn die Außentemperaturen vielleicht hoch, das Wasser aber noch frisch ist, in Badebekleidung vom Brett fällt, kühlt in kürzester Zeit aus.

Das Tragen einer Schwimmweste in traditioneller Form oder als selbstaufblasbarer Hüftgurt ist empfehlenswert, insbesondere außerhalb der wirklich warmen Sommertage oder bei Querung größerer Wasserflächen.

Auch bei schönem Wetter schützen Wasserschuhe besser als Flip Flops vor Verletzungen im flachen Wasser oder an Land, gerade wenn Bierflaschen von der letzten Strandparty rumliegen. Außerdem Sonnencreme nicht vergessen und bei längeren Touren einen Snack und ausreichend zu trinken einpacken.

Selbst eine Winter-Tour hat ihre Reize. Kuschelige Wärme bringen dann ein Trockenanzug mit warmer Fleece-Unterwäsche und dicke Neopren-Schuhe. Ruhig ein bis zwei Nummern größer, damit die dicken Socken und eventuell die Latexsocke des Trockenanzugs drunter passen. Spezialanbieter produzieren wasserdichte Neopren-Socken mit eingewebter Wolle, die an Wärme und Funktionalität kaum zu toppen sind. Wichtig sind darüber hinaus eine dicke Mütze und Neoprenhandschuhe.

SUP-BOARDS

HARDBOARD ODER INFLATABLE

Abgesehen von Design und Formgebung bedingt die Bauweise der Boards eine der wichtigsten Klassifizierungen: laminiertes ‚Hardboard' oder aufblasbares ‚Inflatable'? Hardboards sind steifer und schneller, sie laufen ruhiger, sind aber auch empfindlicher gegenüber Steinkontakt und Kratzern. Wer in der Nähe eines Sees wohnt, oder sogar Mitglied in einem Paddelverein mit großer Bootshalle ist, für den ist ein Hardboard eine gute Sache. Flexibler hingegen ist ein aufblasbares SUP: Es kann auch ohne Dachgepäckträger transportiert und im kleinsten Keller verstaut werden. Dafür steht vor jeder Tour das Aufpumpen auf dem Programm, und ein ordentlicher Board-Innendruck kommt nicht von allein. **Tipp:** Es gibt elektronische Pumpen für den Zigarettenanzünder im Auto. Nachpumpen ist dennoch erforderlich, um einen hohen Luftdruck und die gewünschte Steifigkeit zu erlangen. Je nach Hersteller sorgen 15–18 psi Druck für eine gute Stabilität (1 bar = 14,504 psi).

Und gleich noch ein gut gemeinter Rat hinterher: Finger weg von billigen Inflatables aus dem Supermarkt! Für Laufruhe und Fahrspaß ist eine gewisse Steifigkeit vonnöten. Billig-Boards fühlen sich an wie eine bessere Luftmatratze! Sie verbiegen, sie schwabbeln, sie sind instabil – Fahrspaß ade.

Für die Größe des Boards sind Maßangaben in Fuß und Zoll üblich: Die Länge wird in Fuß angegeben: 1 Fuß = 30,48 cm; die Breite und Dicke wird in Zoll berechnet: 1 Zoll = 2,54 cm.

FORM FOLLOWS FUNCTION

Für die Formgebung und Fahreigenschaften eines Boards gilt vereinfacht gesagt: Länge läuft! Ein langes und schmales Brett ist lauffreudig und spurtreu – aber eben auch wackelig. Mit zunehmender Breite erhöht sich zwar die Kippsicherheit und Stabilität, aber eben auch der Wasserwiderstand. Hinzu kommt die Formgebung des Unterschiffs (Stichwort ‚Kiel') und die Aufbiegung des Boards über die Längsachse (Stichwort ‚Rocker'). Ein kaum aufgebogenes Raceboard mit ausgeprägter Kielführung liebt Geschwindigkeit, ein flaches Board mit viel Rocker ist ein wendiges ‚Bienchen', wird aber eher beim Wellensurfen am Meer oder im Wildwasser als auf dem See verwendet.

Wer entspannt etwas Strecke machen will, für den empfehlen sich Touringboards mit einer Länge von etwa 12.6 Fuß, flotter laufen natürlich 14 Fuß-Boards. In der Breite gilt es, die Gratwanderung zwischen Schnelligkeit und Kippeligkeit an das eigene Können anzupassen, damit der Spaßfaktor stimmt. Gängig bei Touringboards sind Breiten zwischen 30 und 33 Zoll.

Entscheidend bei der Wahl des Boards ist auch das Volumen, welches in Litern angegeben wird. Hierbei bitte unbedingt die Herstellerangaben beachten. Ein Board, konstruiert für eine Gewichtsklasse bis 90 kg, ist definitiv nichts mehr für einen 150-kg-Fahrer. Auch bei hoher Zuladung durch Gepäck bekommt man auf dünnen Brettern leicht nasse Füße.

Vor dem Kauf ist es immer hilfreich, an einer SUP-Station mehrere Boards zu testen.

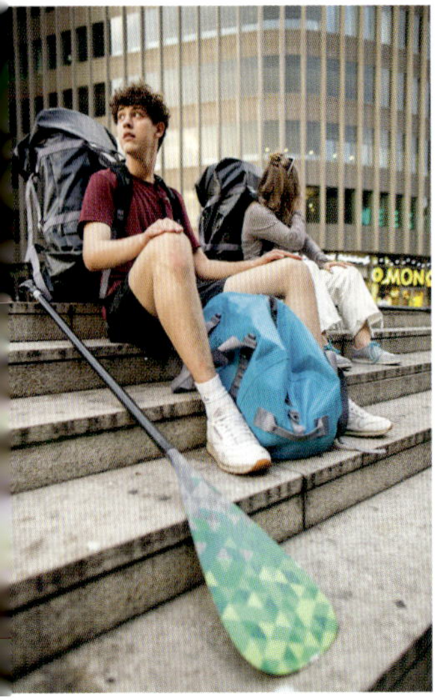

SUP-PADDEL

Ein gutes Paddel sollte leicht und zudem steif sein, schließlich ist es die direkte Verbindung von Paddler und Wasser. Ein längenverstellbares Paddel hat gewisse Vorteile, denn zum einen ist die Größe des Paddlers ausschlaggebend, aber auch ein sportlicher oder relaxter Paddelstil beeinflussen die richtige Einstellung. Die Blattform ist für Normalpaddler eher vernachlässigbar, interessanter ist dafür das verwendete Material, denn das hat den größten Einfluss auf Handling und, leider auch, auf den Preis: Aluminium oder Kunststoffpaddel sind günstig, recht schwer und meist unverwüstlich; Glasfaser/Carbon-Mischungen hingegen sind wesentlich leichter und steifer und bringen somit den besten Vortrieb.

ZUBEHÖR

SUP-Finnen: Finnen werden am Heck des Boards befestigt und sind für die Spurtreue des Boards unerlässlich - nicht nur bei Seitenwind. Je länger die Finne, desto besser der Geradeauslauf. Auf flachen oder verkrauteten Gewässern kürzere Finnen benutzen.

Leash: Sicherheit bietet neben einer guten Fahrtechnik und Kondition vor allem die Leash, eine Leine, die den Paddler mit dem Brett verbindet. Im Falle eines Sturzes ins Wasser treibt das Board nicht ab. Boardseitig wird sie fest fixiert, am Paddler ist sie am Knöchel durch einen leicht und schnell zu öffnenden Klettverschluss befestigt. Vorsicht auf Fließgewässern mit Strömung: Dann eine Leash mit Panikauslöser benutzen!

Trockensäcke: Für die Mitnahme von Ersatzkleidung und Kleinkram gibt es wasserdichte Transportsäcke in verschiedenen Größen, die sich einfach im Gepäcknetz des Boards verstauen lassen. Ein 2-Liter-Beutel reicht für Handy, Schlüssel und Geld, ein 15-Liter-Sack bietet in der Regel genug Stauvolumen für Pulli, Windjacke und Schuhe.

SUP-PADDELTECHNIK

ERMITTLUNG DER RICHTIGEN PADDELLÄNGE

Stell das Paddel neben dich, strecke Arm und Hand (der Arm ist dabei fast durchgestreckt) entlang des Paddelschaftes nach oben und lege jetzt die Hand um den Griff. Je länger das Paddel, umso aufrechter die Standposition auf dem Board. Wenn ich sportlicher fahren möchte, wähle ich einen kürzeren Schaft.

PADDELHALTUNG

Die richtige Griffbreite ermitteln - Mit der einen Hand den Knauf umfassen, mit der anderen den Schaft. Paddel so auf den Kopf legen, daß die Unterarme im rechten Winkel nach oben zeigen.

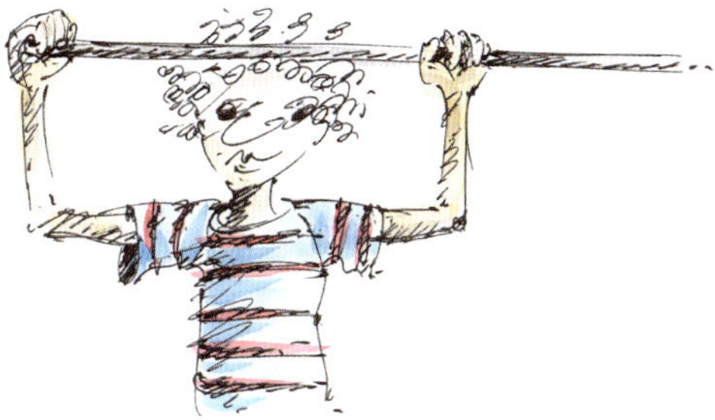

ERSTE VERSUCHE

Wer seine ersten Versuche auf einem SUP-Board bestreitet, kann erstmal kniend starten, um ein Gefühl für sich und das Board zu bekommen. Hierzu etwa in die Mitte des Boards mit Blick nach vorne hinknien. In aufrechter Haltung mit beiden Händen am Paddelschaft vorwärts paddeln. Nach der Eingewöhnung aufstehen und mit der oberen Hand den Knauf greifen.

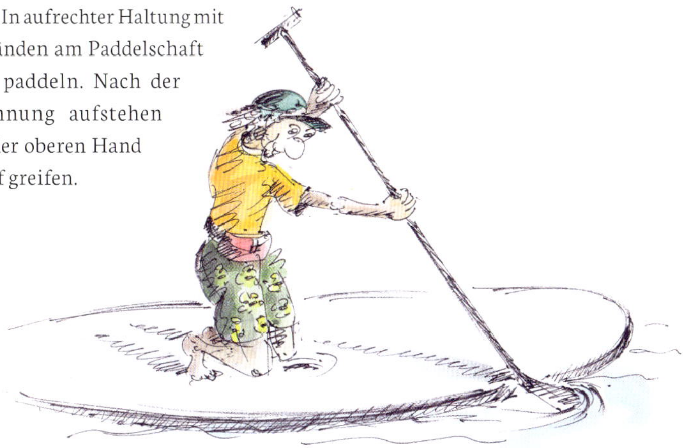

VORWÄRTSSCHLAG

Mit Blick nach vorne (Richtung Bug) stehen wir mit paralleler Beinstellung etwa in der Mitte des Boards. Die Trageschlaufe dient hier als Anhaltspunkt. Das Paddel wird weit vorne und nahe neben dem Board eingetaucht. Dabei ist der untere Arm (Hand am Schaft) nahezu gestreckt und der obere Arm (Hand auf dem Griff) leicht angewinkelt. Erst wenn das Paddel komplett im Wasser ist, wird der eigentliche Paddelzug eingeleitet.

Jetzt wird das Paddel in gerader Linie neben dem Board bis zum Körper (Füße) durchgezogen, wobei der Paddelschaft immer in einem sehr steilen Winkel (von vorne oder hinten gesehen) zum Wasser bleiben sollte. Dabei wird der obere Arm gestreckt und der untere Arm leicht angewinkelt.

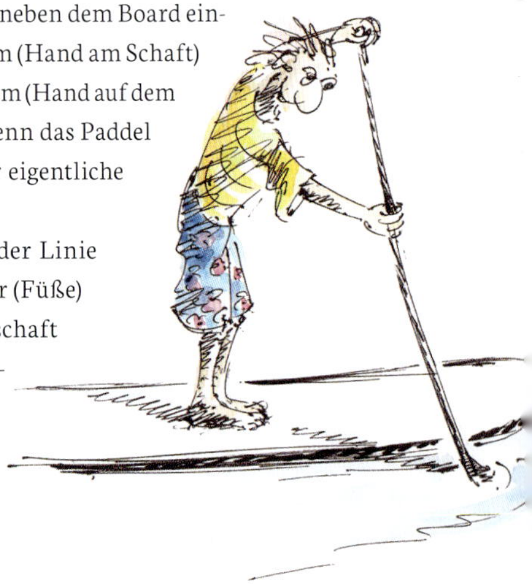

Vorwärtsschlag von der Seite gesehen

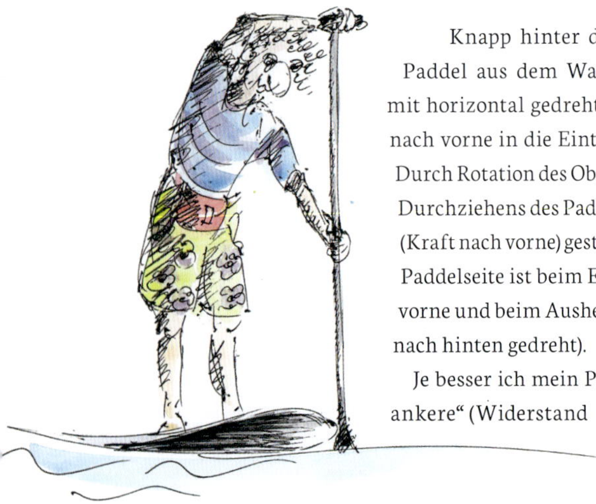

Vorwärtsschlag von vorne gesehen

Knapp hinter dem Körper wird das Paddel aus dem Wasser genommen und mit horizontal gedrehter Blattfläche wieder nach vorne in die Eintauchposition geführt. Durch Rotation des Oberkörpers während des Durchziehens des Paddels wird die Wirkung (Kraft nach vorne) gesteigert (Schulter auf der Paddelseite ist beim Eintauchen leicht nach vorne und beim Ausheben des Paddels leicht nach hinten gedreht).

Je besser ich mein Paddel im Wasser „verankere“ (Widerstand des Wassers nutzen), desto effizienter ist die Bewegung des Boards nach vorne.

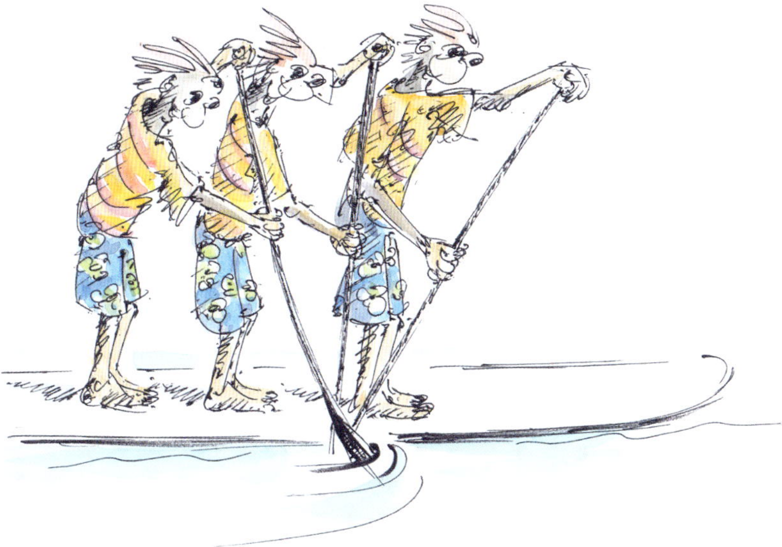

Bewegungsablauf Vorwärtsschlag

VORWÄRTS FAHREN

Um „Kurs zu halten“ und ungewollte Kurvenfahrt zu vermeiden ist es hilfreich, auf ein anvisiertes Ziel in der Ferne zuzuhalten und nach mehreren Schlägen immer mal wieder die Seite zu wechseln.

KURVEN FAHREN

Hier kann als leicht zu lernende Technik der Bogenschlag angewendet werden. Das Paddelblatt wird möglichst weit vorne direkt am Bord eingesetzt und dann in einem weiten Bogen am Körper vorbei bis nach hinten ans Heck durchgezogen. Je weiter ich bei diesem Manöver hinten auf dem Board stehe, umso effizienter wird der Bogenschlag.

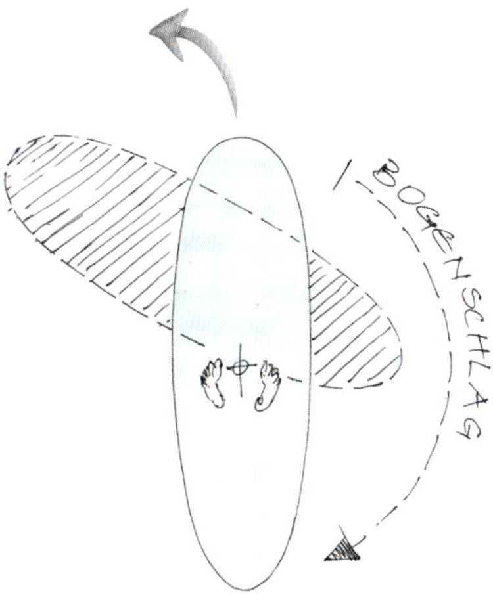

Als fortgeschrittene Technik kann auch der sogenannte Crossbow-Turn eingesetzt werden. Hier wird das Paddel aus

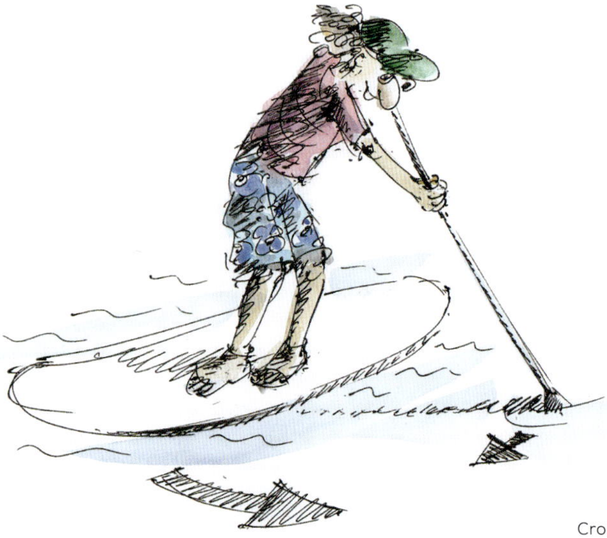

Crossbow-Turn

der Fahrt heraus auf der Gegenseite des Boards – unter Beibehaltung der ursprünglichen Paddelhaltung – möglichst weit außen in einem Winkel von rund 45 Grad zum Board eingesetzt und dann in einem Bogen vorne über den Bug wieder auf die ursprüngliche Paddelseite geführt. Mit dieser Übergriff-Technik kann das Board mit einem Schlag um 180° gedreht werden.

PADDELN BEI GEGENWIND

Wer gegen den Wind ankommen möchte, macht sich klein – bis hin zum Paddeln im Knien. Auf diese Weise reduziere ich den Luftwiderstand. Die Griffhand greift dabei weiter unten am Schaft.

DOWNWIND-PADDELN

Das SUP-Paddeln mit ordentlich Wind im Rücken gilt als die Königsdisziplin auf dem See und bleibt erstmal dem wirklich Erfahrenen vorbehalten. Es erfordert eine an Wind und Wellen angepasste Fußstellung. Um ein Bohren des Bugs zu verhindern, versetzt man einen Fuß nach weiter hinten. Je mehr Wind, desto weiter hinten steht man. Mit dem Paddel im Wasser kann das Board in den Wellen stabilisiert werden.

ZU GUTER LETZT

- » Schwach motorisierte Wasserfahrzeuge „schleichen“ sich gern unbemerkt von hinten an, so dass es sinnvoll ist, sich immer mal umzuschauen.
- » Im Falle eines Sturzes ins Wasser zuerst zum Board schwimmen, bevor der Wind dieses abtreibt (eine Leash verhindert das!) - und erst dann das Paddel bergen.
- » Nie das Board verlassen um zum Ufer zu schwimmen, denn es ist auch deine „Rettungsinsel“!
- » Führe ein wasserdicht verpacktes Handy mit, um im Notfall Hilfe rufen zu können.

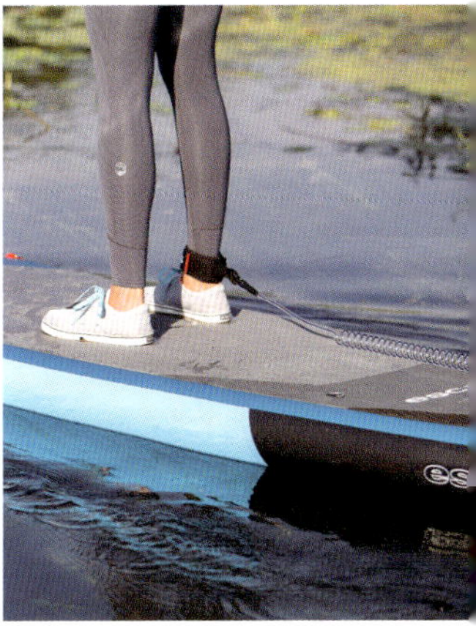

Literatur-TIPPS

BUCH-EMPFEHLUNGEN

SUP – STAND UP PADDLING: MATERIAL - TECHNIK - SPOTS, Verlag Delius Klasing

WASSERWANDERATLAS TA5 – BERLIN-BRANDENBURG, 1:75.000 / 1:25.000, Jübermann Verlag

TAKE ME TO THE LAKES – BERLIN EDITION, The Gentle Temper

BADEN IN UND UM BERLIN – DIE SCHÖNSTEN BADESTELLEN IN BERLIN UND BRANDENBURG, Trescher Verlag

BERLIN AM WASSER – DIE SCHÖNSTEN WANDERUNGEN AN FLÜSSEN UND KANÄLEN, und **WILD BERLIN** – 50 GRÜNE SEHNSUCHTSORTE IN DER HAUPTSTADT, beide be.bra Verlag

GLÜCKSORTE IN BERLIN: FAHR HIN UND WERD GLÜCKLICH, Droste

BERLIN MIT VERGNÜGEN – „HEIMLICHE LIEBLINGPLÄTZE“, The Gentle Temper

KULTURFÜHRER **„77 VERSTECKTE ORTE IN BERLIN“**, LIEBLINGSPLÄTZE **„BERLIN NACHHALTIG“** GENUSS UND GEWISSEN IM EINKLANG, beide GMEINER-Verlag

ZEITSCHRIFTEN

SUP BOARD MAGAZIN MSV MEDIEN BADEN-BADEN, www.supboard-magazin.de

SUP, DELIUS KLASING, www.sup-mag.de

STAND UP MAGAZIN, MIKE JUCKER, www.standupmagazin.com

LINK-TIPPS

SUPSCOUT.DE - Plattform für SUP-SPOTS UND -TOUREN

CLEANRIVERPROJECT.DE – Paddeln und Fotokunst für saubere Flüsse und Meere

PAGAJA.DE – Buchungsportal rund ums Paddeln

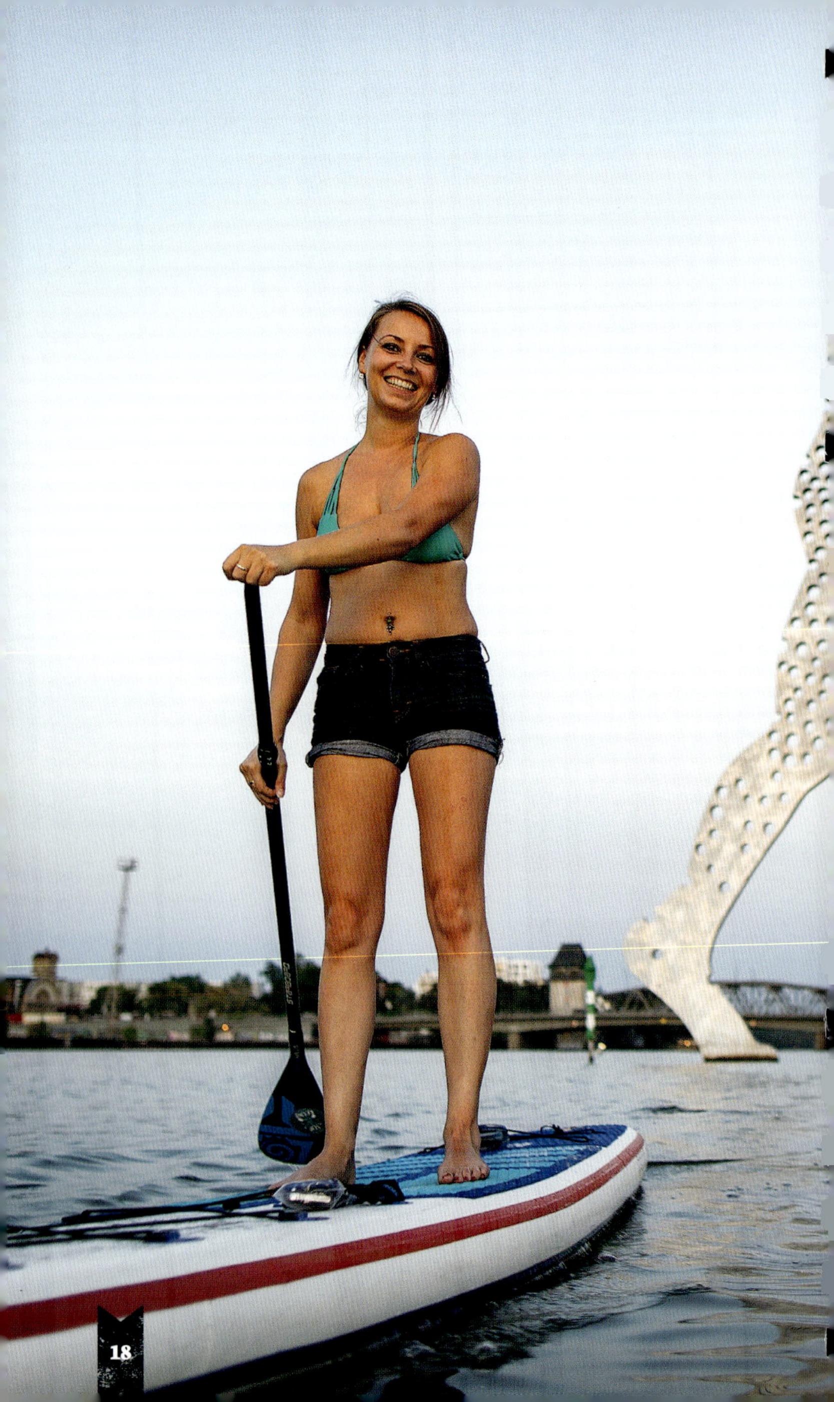

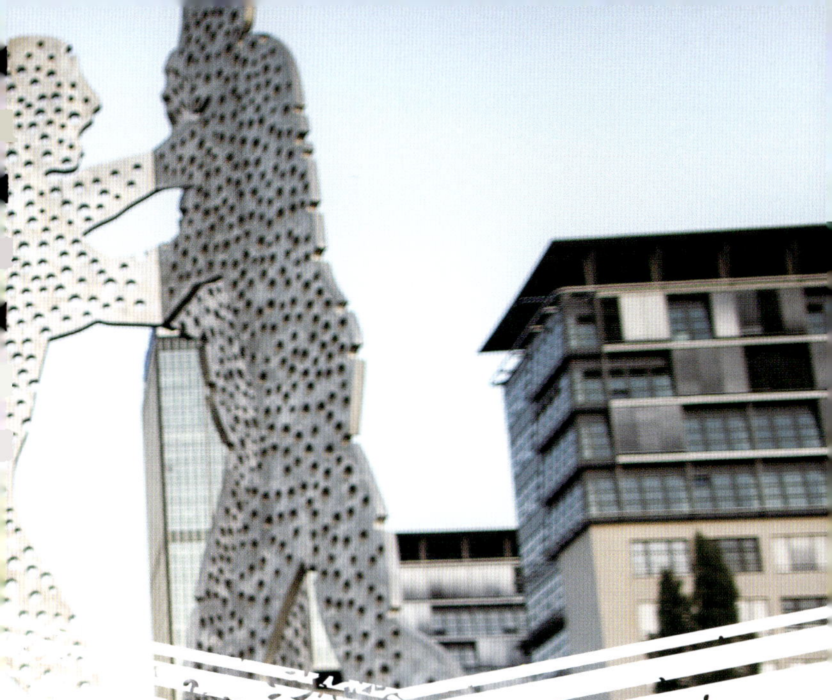

TREPTOWER SPREE & RUMMELSBURGER SEE

ANSPRUCH | EINKEHR

Auf dieser Tour entdecken wir den Rummelsburger See, paddeln vorbei am Plänterwald, einer kleinen Insel mit dem romantischen Namen „Liebesinsel" und dem Badeschiff bis zur Oberbaumbrücke – oft mit Blick auf das Wahrzeichen der Stadt, den Fernsehturm am Alex. Also Farbfilm einlegen, Kameras bereithalten: Wer ins Herz der Großstadt paddeln will, der ist hier genau richtig!

WIND & WETTER

Die Spree ist im Stadtgebiet recht breit und daher zwischen den Häuserfronten auch immer ein wenig windanfällig.

BEFAHRUNGSREGELN

Immer ein Auge auf Ausflugsdampfer und Motorboote haben, die Strecke ist viel befahren! Und Achtung: Die Weiterfahrt unter der Oberbaumbrücke hindurch ist für Paddler strikt VERBOTEN!

ANFAHRT MIT DEM PKW

EINSTIEG 1 Navi: Nalepastraße 18, 12459 Berlin. Vom Bahnhof Ostkreuz die Hauptstraße / Köpenicker Chaussee Richtung Oberschöneweide nehmen. Vor der Shell-Tankstelle geht es in die Nalepastraße, dann vor dem Funkhaus rechts aufs Gelände abbiegen und runter zum Wasser fahren.

Wer von Süden kommt, verlässt die B96a in Niederschöneweide an der Minna-Todenhagen-Straße, überquert die Spree, um dann nach etwa 700 Metern links auf die Rummelsburger Landstraße abzubiegen. Von dort ist es noch etwa 1 Kilometer zur Shell-Tankstelle.

EINSTIEG 2 Navi: Tunnelstraße 12, 10245 Berlin. Vom Bahnhof Ostkreuz die Hauptstraße Richtung Westen, dann über Markgrafendamm und links auf „Alt-Stralau“in die Tunnelstraße.

EINSTIEG 3 Navi: Charlotte-Salomon-Hain 14, 10317 Berlin. Vom Bahnhof Ostkreuz die Hauptstraße / Köpenicker Chaussee Richtung Oberschöneweide nehmen und rechts ab über Emma-Ihrer-Straße, dann links in die „An der Bucht“und wieder rechts in den Alice-und-Hella-Hirsch-Ring.

PARKEN

EINSTIEG 1 (FUNKHAUS) Auf dem Gelände des Funkhaus Berlin befinden sich Parkplätze unten am Wasser.

EINSTIEG 2 (STRALAU) Am Fahrbahnrand der Tunnelstraße.

EINSTIEG 3 (BOOTSANLEGER RUMMELSBURG) In den Straßen rund um die Bootsanlegestelle.

ANFAHRT MIT ÖPNV

EINSTIEG 1 (FUNKHAUS) Vom Bahnhof Ostkreuz mit der Tram 21 Richtung Schöneweide bis zur Haltestelle Köpenicker Chaussee / Blockdammweg. Von dort sind es in südlicher Richtung über die Rummelsburger Landstraße etwa 600 Meter Fußweg zum Funkhaus. (Siehe Anfahrt mit PKW)

EINSTIEG 2 (STRALAU) Endhaltestelle der Busse 104 und 347 (Tunnelstraße 36). Von dort sind es keine 150 Meter zum Wasser.

EINSTIEG 3 (BOOTSANLEGER RUMMELSBURG) Vom S-Bahnhof Rummelsburg mit der Tram 21 zur Haltestelle „Kosanke-Siedlung“. Von dort wenige hundert Meter zwischen den Häusern (Alice-und-Hella-Hirsch-Ring) hindurch zum Anleger.

BADEN

» Baden ist in der **Rummelsburger Bucht und** in der **Spree untersagt**.

» Das **"Badeschiff"** vor der Arena Berlin fungiert in der Tradition alter Flussschwimmbäder in einem vor Anker liegenden Schubleichter als schwimmende Badeanstalt. Von hier aus eröffnet sich ein einzigartiger Panoramablick auf die Spree, die Oberbaumbrücke und den Fernsehturm.

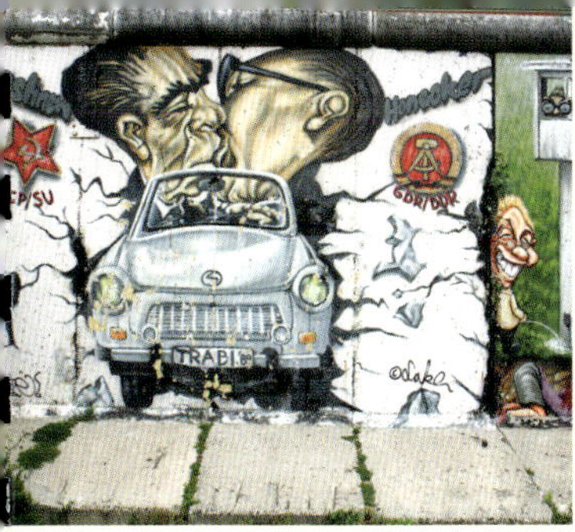

SEHENSWERT

» **Archenhold-Sternwarte im Treptower Park** mit der Himmelskanone - längstes bewegliches Fernrohr der Welt. Sie ist die größte Volkssternwarte Deutschlands und gilt als eine der ältesten.

» Der **Molecule Man** ist ein vom Bildhauer Jonathan Borofsky geschaffenes Monumentalkunstwerk, mitten in der Spree zwischen Elsenbrücke und Oberbaumbrücke.

» **The Wall Museum East Side Gallery** - faszinierende multimediale Ausstellung zur Mauergeschichte in 13 thematischen Räumen.

» **East Side Gallery**. Graffiti-Kunstwerke von 118 Künstlern an der Berliner Mauer, in denen der Mauerfall thematisiert wird.

TIPP EXTRA-TIPPS

» Spannend ist eine Führung durchs **"Funkhaus Berlin"**, einstiges Sendehaus des DDR-Rundfunks mit bewegter Geschichte - nicht nur wegen der beeindruckenden 1950er-Jahre-Architektur. Der Infrastruktur einer kleinen Stadt gleichend, fanden in den 1970er Jahren mehr als 5.000 Menschen Arbeit auf dem 135.000 qm großen Gelände mit Europas größtem Schaltraum (www.ddr-funkhaustour.de).

» Ein dunkles Kapitel Rummelsburger Geschichte: Das 1877 errichtete **Städtische Arbeitshaus** war Arbeitslager des benachbarten Waisenhauses für Jungen, die im kaiserlichen Berlin elternlos aufgegriffen wurden. In der NS-Zeit waren dort Homosexuelle inhaftiert, zu DDR-Zeiten war es Gefängnis für mehrere tausend Häftlinge, auch Republikflüchtlinge die vom Westen freigekauft wurden. Der ehemalige Staatschef Erich Honecker war der letzte Häftling (www.gedenkort-rummelsburg.de).

» Die **"Arena Berlin"** ist Industriedenkmal und einzigartige Event-Location auf einem 20.000 qm großen denkmalgeschützten Gelände. Einfach mal durchschlendern und danach im Festsaal Kreuzberg Biergarten bei leckerem Essen aus der Smoker-Hütte oder nebenan im Club der Visionäre (Foto rechts) bei Elektro-Sound entspannen.

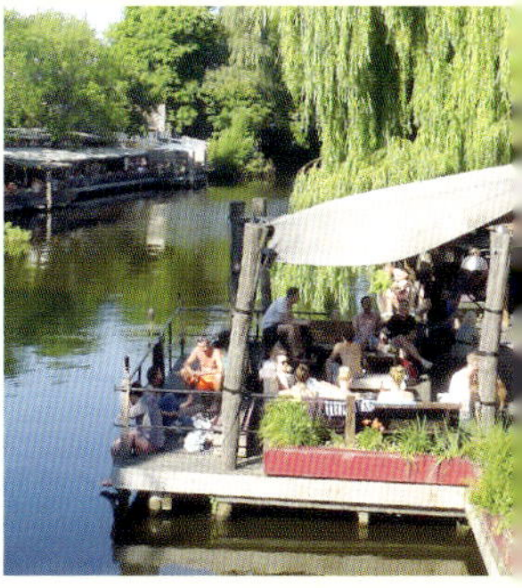

» Von der Oberbaumbrücke sind es nur 15 Minuten Fußweg zur **"Markthalle Neun"**, eine der wenigen erhaltenen historischen Markthallen aus dem 19. Jahrhundert. Sie beherbergt einen täglichen Wochenmarkt (12-18, Sa ab 10) mit einer Vielzahl kleiner Händler, die faire, ökologisch und regional erzeugte Produkte und Spezialitäten aus aller Welt anbieten. Lohnend!

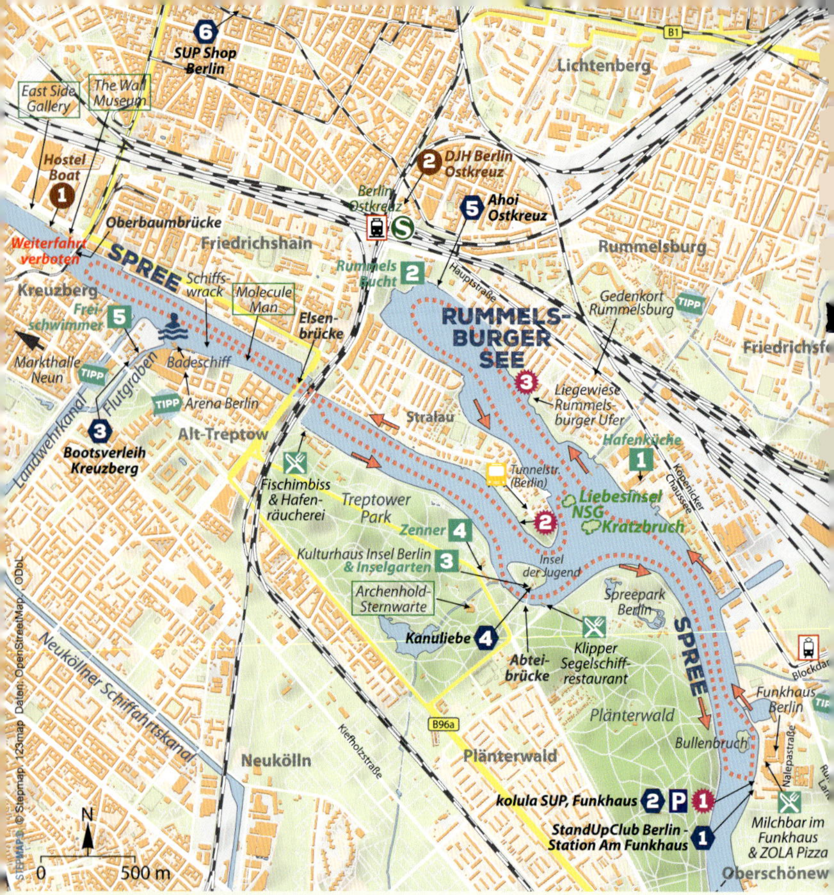
6 SUP Shop Berlin
B1
Lichtenberg
East Side Gallery
The Wall Museum
Hostel Boat 1
2 DJH Berlin Ostkreuz
Berlin Ostkreuz
5 Ahoi Ostkreuz
Oberbaumbrücke
Weiterfahrt verboten
Friedrichshain
SPREE
Rummelsburg
Rummels Bucht 2
Hauptstraße
Kreuzberg
Schiffswrack
Molecule Man
Elsenbrücke
Gedenkort Rummelsburg
TIPP
Frei-schwimmer 5
RUMMELSBURGER SEE
Markthalle Neun
TIPP
Badeschiff
Flutgraben
3 Liegewiese Rummelsburger Ufer
TIPP
Arena Berlin
Stralau
Hafenküche 1
Landwehrkanal
3 Bootsverleih Kreuzberg
Alt-Treptow
Tunnelstr. (Berlin)
Köpenicker Chaussee
Fischimbiss & Hafenräucherei
Treptower Park
Liebesinsel NSG
2
Kratzbruch
Zenner 4
Kulturhaus Insel Berlin & Inselgarten 3
Insel der Jugend
Archenhold-Sternwarte
Spreepark Berlin
Kanuliebe 4
Abteibrücke
Klipper Segelschiff-restaurant
Blockdamm
Funkhaus Berlin
Neuköllner Schiffahrtskanal
B96a
Plänterwald
Kiefholzstraße
Neukölln
Plänterwald
Bullenbruch
Nalepastraße
kolula SUP, Funkhaus 2 P 1
StandUpClub Berlin - Station Am Funkhaus 1
Milchbar im Funkhaus & ZOLA Pizza
Oberschönew
N
0 500 m
STEPMAP © Stepmap, 123map Daten: OpenStreetMap, ODbL

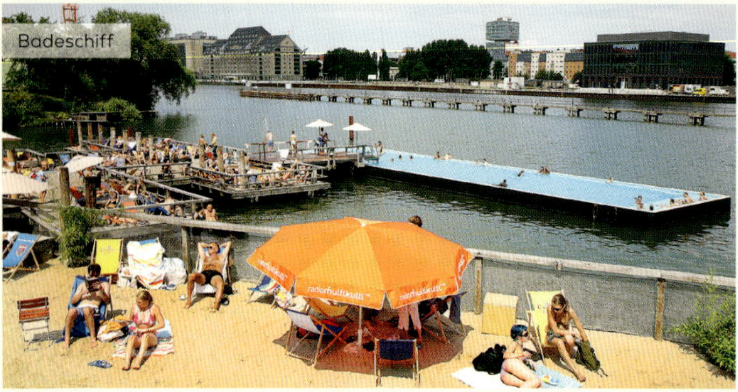
Badeschiff

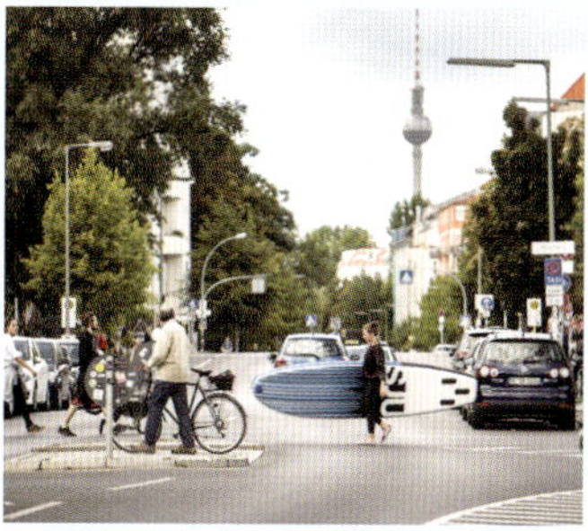

SUP-VERMIETUNG

1 STANDUPCLUB BERLIN – STATION AM FUNKHAUS
Nalepastraße 18, 12459 Berlin
Tel. (030) 540 311 23
www.standupclub-funkhaus.de

2 KOLULA SUP (FUNKHAUS)
Nalepastraße 18, 12459 Berlin
www.kolula.com

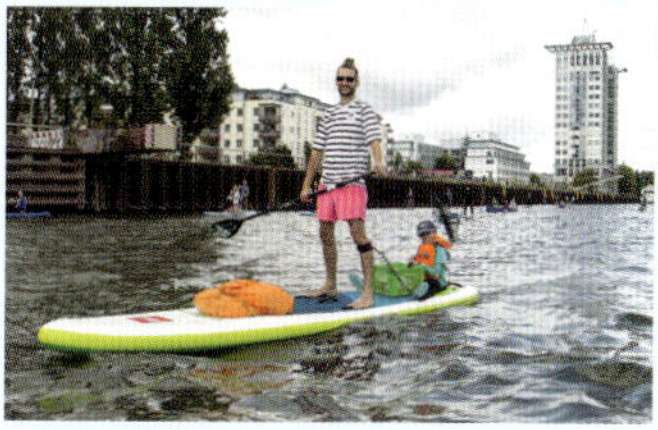

3 BOOTSVERLEIH KREUZBERG
Vor dem Schlesischen Tor 2 (hinter dem Freischwimmer), 10997 Berlin
Tel. 0157-39 40 10 86
www.bootsverleih-kreuzberg.com

4 KANULIEBE (INSEL DER JUGEND)
Alt-Treptow 6, 12435 Berlin
Tel. 0170-489 26 80
www.kanuliebe.com

5 AHOI OSTKREUZ
Paul und Paula Ufer, 10317 Berlin
Tel. 0179-888 83 72
www.ahoi-ostkreuz.de

6 SUP SHOP BERLIN
Boxhagener Str. 106, 10245 Berlin
Tel. (030) 440 242 13
www.sup-shop-berlin.de

1 CITY-TOURI-TOUR

Die Hauptstadttour auf der Treptower Spree zur Oberbaumbrücke, mit Abstecher Rummelsburger See. Mehr Stadt vom Wasser aus geht kaum!

| **LÄNGE** 12 km | **DAUER** 3–6 h

EIN- & AUSSTIEGE

EIN- & AUSSTIEG 1 Am Funkhaus Berlin beim StandUpClub Berlin (Nutzungsgebühr 3 Euro). Die Vermietung befindet sich im hintersten grünen Eck des Funkhaus-Geländes. Dazu runter ans Wasser und links immer an der Spree entlang vorbei an der Gastronomie. Das Gelände ist nicht über die Kleingarten-Anlage erreichbar!

EIN- & AUSSTIEG 2 Gut ans Wasser kommt man am Regattaufer auf der Halbinsel Stralau. Dazu den Weg zum „Regattaufer“ an der ockerfarbenen Jugendbegegnungsstätte zum Ufer folgen, in der Rasenecke rechts ans Wasser.

EIN- & AUSSTIEG 3 Bootsanlegestelle Rummelsburg, Charlotte-Salomon-Hain 14, 10317 Berlin

EINKEHR

1 HAFENKÜCHE
Zur alten Flussbadeanstalt 5
10317 Berlin, Tel. (030) 422 199 26
www.hafenkueche.de
Mo–Fr ab 10, Sa–So ab 9 Uhr

KLASSIKER Wochentags leckerer Mittagstisch

2 RUMMELS BUCHT
Hauptstraße 1, 10317 Berlin
Tel. 01525-280 32 36
www.rummels-welt.de
Mitte Mai bis Mitte September
Di-Do 16-1, Fr 16-3, Sa 14-3, So 12-1 Uhr

KLASSIKER Auf'm Sofa entspannen und in die Bucht schauen. In der warmen Jahreszeit gibt's Livekonzerte und es wird gegrillt.

3 INSELGARTEN
Alt-Treptow 6, 12435 Berlin
Tel. (030) 809 618 50
www.inselberlin.de
Wetterabhängig geöffnet

KLASSIKER Im Liegestuhl sitzen, die Füße im Sand und die Seele baumeln lassen - mitten der lauten Hauptstadt

4 ZENNER
Alt-Treptow 15-17 (Treptower Park)
12435 Berlin, Tel. (030) 5337370
www.zenner.berlin
Mo–Fr ab 12, Sa, So ab 10 Uhr

KLASSIKER Toller Bier- und Weingarten, Bio-Eisdiele, Musik, Events

5 FREISCHWIMMER
(Flutgraben)
Vor dem Schlesischen Tor 2
10997 Berlin, Tel. (030) 610 743 09
www.freischwimmer-berlin.com
Mo–Fr ab 12, Sa, So ab 10 Uhr

KLASSIKER Leckerer Flammkuchen

ÜBERNACHTUNG

1 EASTERN COMFORT HOSTELBOAT
Mühlenstraße 73, 10243 Berlin
Tel. (030) 66 76 38 06
www.eastern-comfort.com
Berlins einziges schwimmendes Hostel

2 DJH JUGENDHERBERGE BERLIN OSTKREUZ
Marktstraße 9-12, 10317 Berlin
Tel. (030) 200 509 20
www.jugendherbergeberlinostkreuz.de

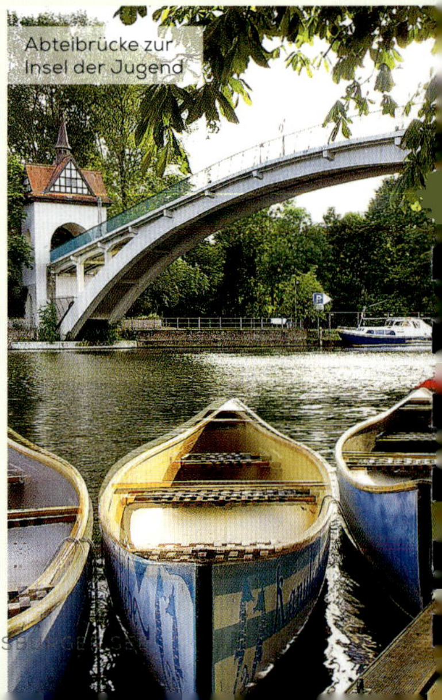
Abteibrücke zur Insel der Jugend

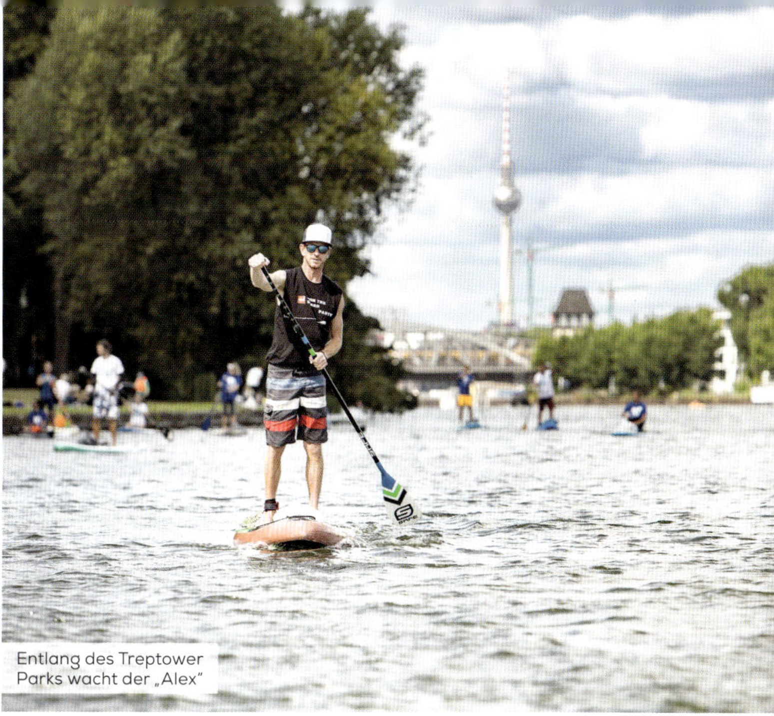

Entlang des Treptower Parks wacht der „Alex"

1 TOURI-TOUR AUF DER TREPTOWER SPREE

Ein guter **STARTPUNKT** 1 zur „Berlin-City-Touri-Tour" ist das **„FUNKHAUS BERLIN"** TIPP in **OBERSCHÖNEWEIDE**. Von 1956 bis 1990 hatte der Rundfunk der DDR hier seinen Sitz, heute beherbergt der Gebäudekomplex etliche Tonstudios und Eventhallen – und die Vermietstation **STANDUPCLUB BERLIN-FUNKHAUS** 1 sowie gleich daneben **KOLULA SUP** 2. Auch wer bereits stolzer Besitzer eines eigenen SUPs ist, kann für eine Einsetzgebühr von drei Euro sein Board hier zu Wasser lassen, und obendrein die hauseigene Kompressor-Pumpe benutzen und sein Hab und Gut für die Zeit auf dem Wasser im Spind einschließen.

Also ab aufs Wasser: Linker Hand ginge es raus aus der Stadt, die Spree hinauf, über Köpenick zum Müggelsee. Wir orientieren uns also in die Gegenrichtung, vorbei an der kleinen **INSEL BULLENBRUCH**, und machen uns auf in den Tumult der Großstadt. Am linken Ufer erstreckt sich der **PLÄNTERWALD** entlang der Spree. Das etwa 90 Hektar große Waldareal wurde Mitte des 18. Jahrhunderts

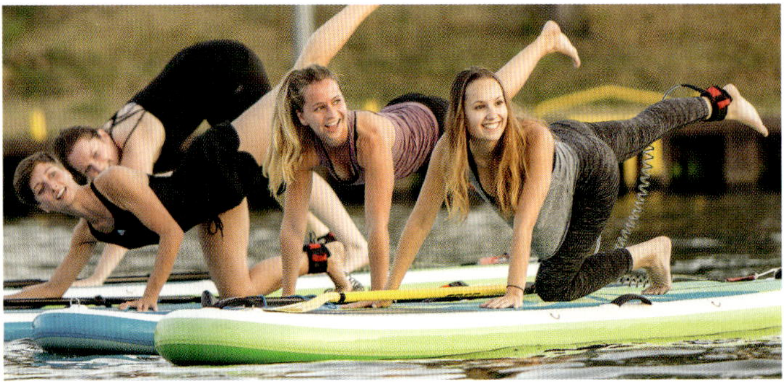

angelegt. Ende der 1960er Jahre eröffnete hier der "Kulturpark Berlin", der vor der Wende jährlich bis zu 1,5 Millionen Besucher anzog und aus dem Anfang der 1990er Jahre der Vergnügungspark "Spreepark" hervorging. Seit der Insolvenz 2001 liegt das Gelände brach und die Fahrgeschäfte rotten im Wald vor sich hin, auch wenn es Pläne zum Umbau gibt.

Bald biegt die Spree nach links ab, vor uns öffnet sich der **RUMMELSBURGER SEE**. Wir machen erstmal einen Abstecher in den See, an dem seit der Wende auf alten Industriebrachen neue Wohnviertel entstanden sind. Gleich zu Beginn lädt am rechten Ufer, gegenüber den unter Naturschutz stehenden **INSELN KRATZBRUCH** und **LIEBESINSEL**, oberhalb eines Anlegers die **„HAFENKÜCHE“** 1 zum Mittagstisch ein. Früher befand sich auf dem heutigen Zollgelände das große Flussbad Lichtenberg, eine der größten Anlagen dieser Art in Berlin. Das Kühlwasser des nahen Kraftwerks wurde zum Beheizen der Schwimmbecken verwendet, so dass auch bei Kälte das Baden möglich war. Während des Zweiten Weltkriegs wurde das Bad geschlossen und heute erinnern lediglich die Uferbefestigung, das Wärterhaus und das Wirtschaftsgebäude an das frühere Flussbad. Etwas weiter lässt es sich, oberhalb des **„24 STUNDEN ANLEGER“** 3 mit dem flachen, hölzernen Treppenstufen, schön auf der Liegewiese des **RUMMELSBURGER UFERS** rasten. Hier befindet sich übrigens ein kleines öffentliches Toilettenhäuschen.

Im Nordteil der Bucht, neben dem **HOLLÄNDERVIERTEL**, öffnen sich zum See hin die **„HOFGÄRTEN“** mit über 400 Wohnungen und kleinen Läden. Am Ende der Promenade liegt am **„PAUL UND PAULA UFER“** die **KANU- & SUPVERMIETUNG AHOI OSTKREUZ** 5. Der Uferweg wurde nach dem Film "Die Legende von Paul und Paula" benannt, einem der erfolgreichsten in der DDR gedrehten Spielfilme – immer noch sehr sehenswert!

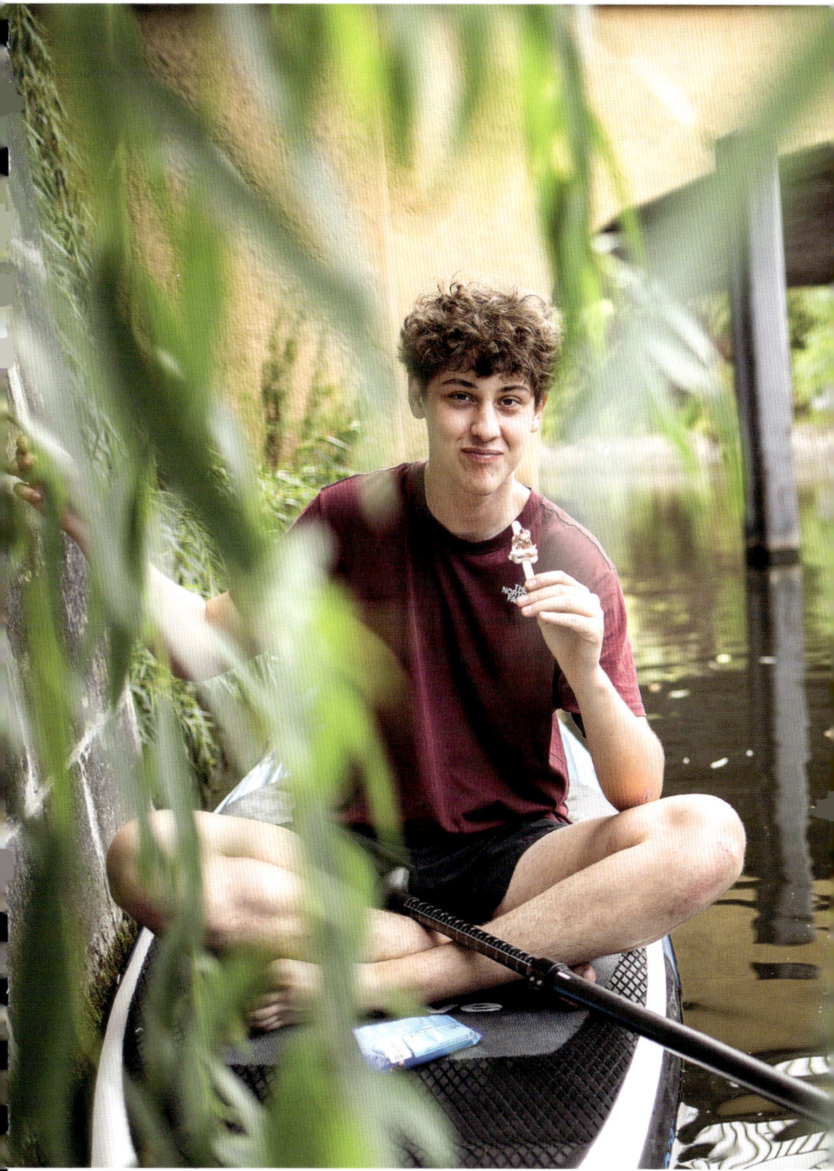

Auf dem Rückweg geht es es am Südufer vorbei am alten Palmkernölspeicher aus der Kolonialzeit und dem Yachthafen Stralau zurück zur **SPREE**, rechts herum um die Spitze der **LANDZUNGE STRALAU** ❷. Hier fuhr bis 1932 die Straßenbahn durch einen Tunnel unter der Spree hindurch zum Treptower Park. Gegenüber blicken wir auf die **"INSEL DER JUGEND"**, auf deren Rückseite die imposant gebogene **ABTEIBRÜCKE** das Wasser überspannt. Sie bringt seit 1916 Fußgänger auf die Insel und war eine der ersten Stahlverbundbrücken Deutschlands. Anlässlich der Gewerbeausstellung von 1896 wurde ein Restaurant im Stil einer schottischen Klosterruine auf der Insel erbaut. Heute ist die traditionsreiche Immobilie am Fuße der **ABTEIBRÜCKE** ein multifunktionales **KULTURHAUS** mit einem eigenen Sommergarten direkt an der Anlegestelle. Im Sommer lockt der **INSELGARTEN** 3 mit leckerem Kuchen, Bratwurst vom Grill und dem Mittagstisch aus der Inselküche.

Vorbei am **TREPTOWER PARK**, mit gerade wieder eröffnetem tollen Bier- und Weingarten **ZENNER** 4, und **HAFEN TREPTOW** zu unserer Linken paddeln wir alsbald unter der **ELSENBRÜCKE** hindurch. Hier frischt der Wind oft auf, über uns donnern Regionalzüge, S-Bahnen und Autos auf mehreren Spuren. Ungemütlich. Aber dann: Kameras raus, denn da steht der **„MOLECULE MAN"**! Die 30 Meter hohe Skulptur aus drei Menschen aus gelochtem Aluminium scheinen leichtfüßig über das Wasser zu laufen und reichen sich am Schnittpunkt der

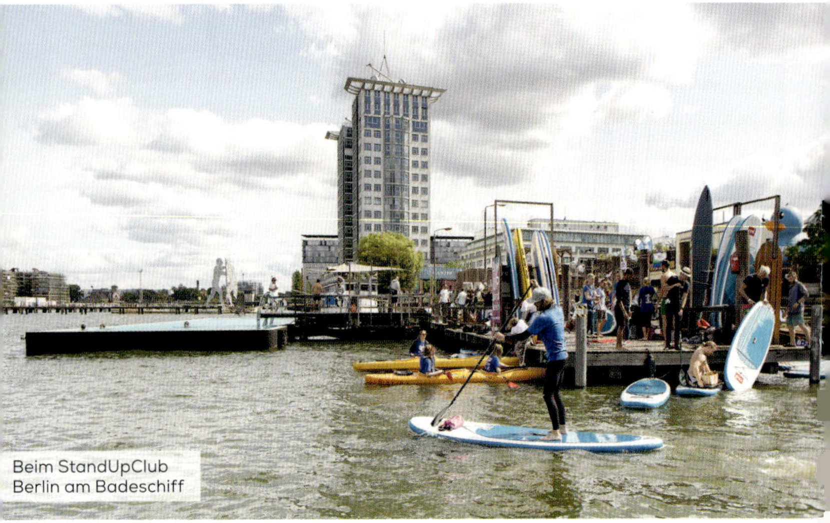

Beim StandUpClub Berlin am Badeschiff

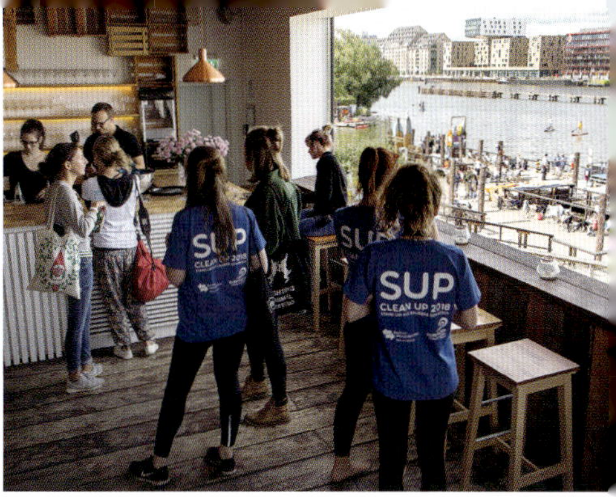

drei Stadtteile Kreuzberg, Alt-Treptow und Friedrichshain die Hände. Geschaffen wurden Sie im Mai 1999 von dem amerikanischen Bildhauer Jonathan Borofsky.

Hinter dem „Molecule Man" bleiben wir am südlichen Ufer, von der Hauptfahrrinne geschützt durch den Steg in der Flussmitte, und passieren einige hundert Meter weiter ein grafittiverziertes Schiffswrack, das so vor sich hin rostet. Links dahinter erreichen wir das **„BADESCHIFF"** - ein 32 Meter langer, schwimmender Pool samt Sandstrand und Open-Air-Bar am Ufer, wo auch der **STANDUPCLUB BERLIN** 3 eine weitere Vermietstation betreibt. Das Badeschiff ist Teil der **ARENA BERLIN** TIPP, einer 20.000 Quadratmeter großen denkmalgeschützten Anlage, erbaut in den Goldenen Zwanzigern, die heute Industriedenkmal und Eventlocation ist.

Hinter dem Badeschiff zweigt erst links der Flutgraben, kurz danach der Landwehrkanal ab. Wir haben die Augen aber geradeaus, denn vor uns liegt nun der Umkehrpunkt unserer Tour: die **OBERBAUMBRÜCKE**. Mit ihren mächtigen Gewölbebögen und den zwei burgartigen Türmen im märkischen Backsteinstil verbindet sie heute die ehemals getrennten Bezirke Kreuzberg und Friedrichshain. Dahinter reicht das Panorama über die Hochhäuser der Stadt bis zum Fernsehturm auf dem Alexanderplatz, der mit seinen 368 Metern nicht nur das höchste Bauwerk Berlins, sondern obendrein ganz Deutschlands ist. Also nochmal Handys raus und Selfie-Modus an, Mutti freut sich über einen Gruß aus der Hauptstadt! Aber Achtung: Die **WEITERFAHRT** unter der Oberbaumbrücke hindurch ist für Paddler strikt **VERBOTEN**!

Bevor wir nun den Rückweg antreten, sollten wir auf der idyllischen, über dem Wasser schwebenden Holzterrasse im Lokal **„FREISCHWIMMER"** 5 im Flutgraben einen vegetarischen Grillteller oder einen der köstlichen Flammkuchen probieren. Oder mit einem kühlen Ginger Beer auf den gelungenen Tag anstoßen! Schräg gegenüber schallt elektronische Musik von der Terrasse des **CLUBS DER VISIONÄRE**, bekannt für seine Partys am Sonntagnachmittag. Ach übrigens: Auf dem Rückweg befindet sich neben der **ABTEIBRÜCKE** zur **„INSEL DER JUGEND"** eine öffentliche Toilette neben dem großen Spielplatz. Man kann ja nie wissen ...

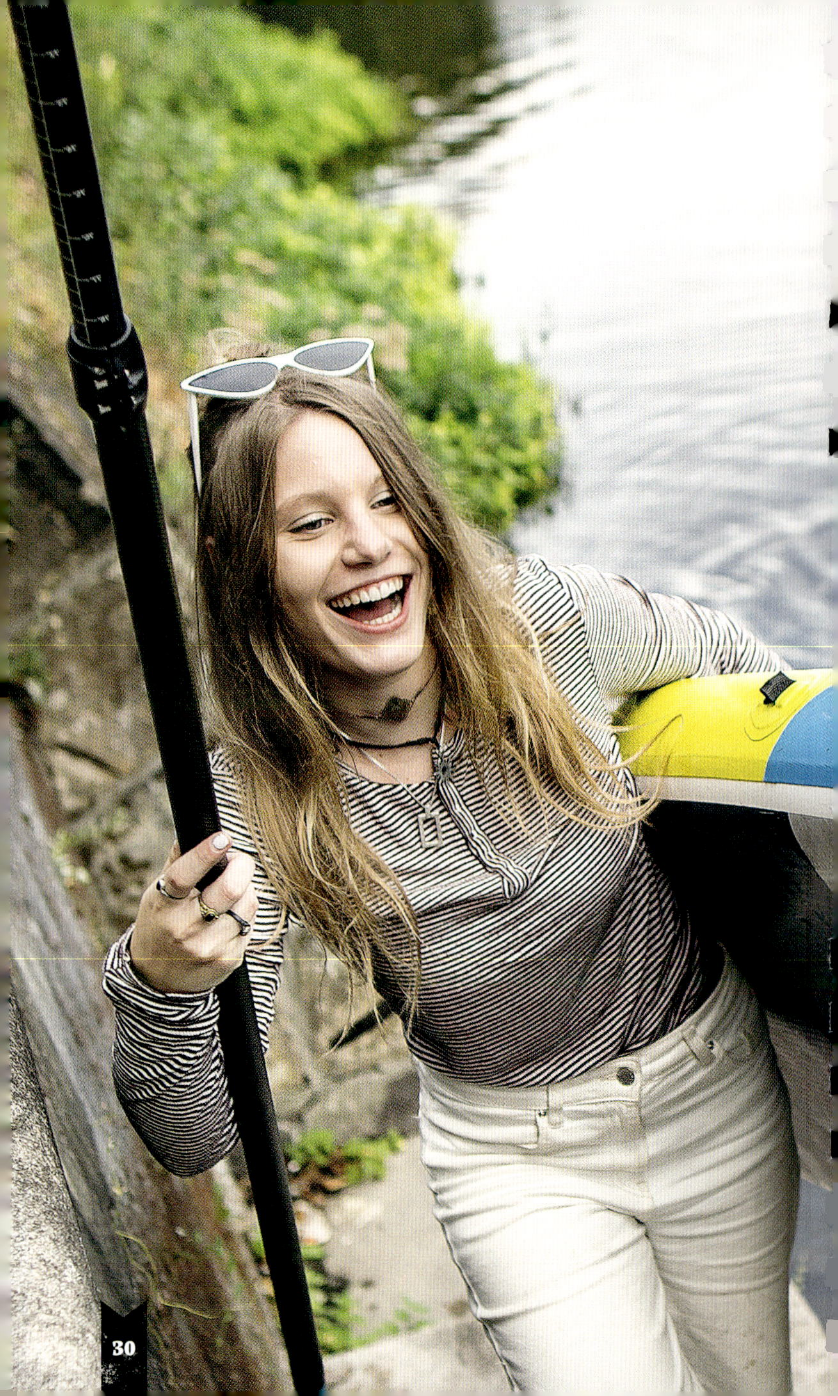

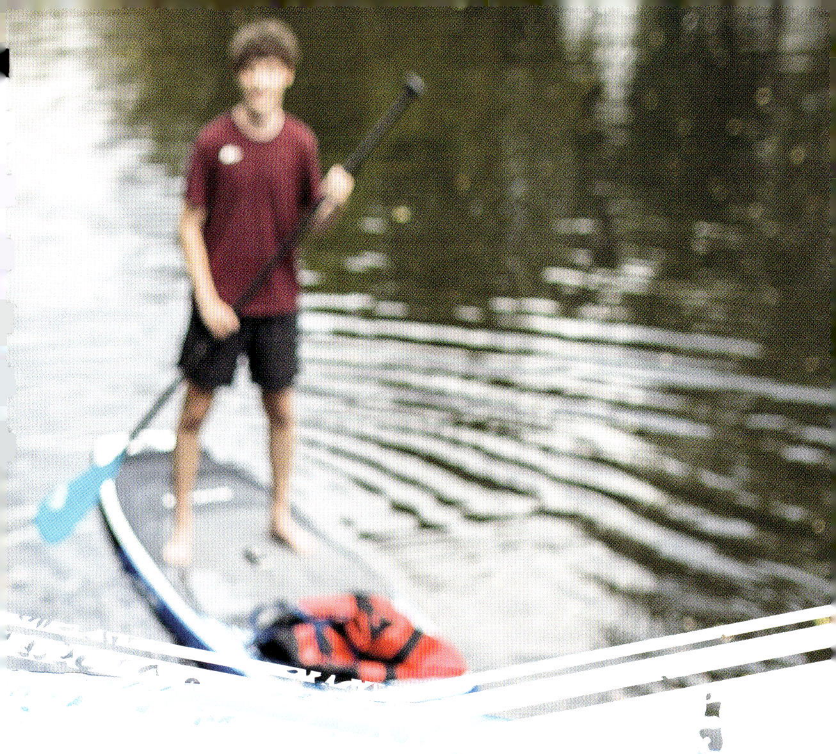

LANDWEHRKANAL

ANSPRUCH

EINKEHR

U-Bahn-Geratter, Ausflugsschiffe, Rosinenbomber! Es ist nicht das Vogelgezwitscher, welches zu einer Paddeltour auf dem Landwehrkanal einlädt, auch gibt es schönere Graffiti in der Stadt als die an den Wänden des Kanals.
Dennoch: wer Stadt pur möchte, paddelt hier auf einem Stück Geschichte im Herzen der Großstadt.

WIND & WETTER

Meist windgeschützt, dafür können aber reflektierende Wellen an den Wänden des Kanals für „Schwabbelwasser“ sorgen.

BEFAHRUNGSREGELN

Aufgrund der Schäden an der Uferbefestigung ist der Landwehrkanal nur im Einbahnverkehr von Ost nach West zu befahren (also in Fließrichtung von der Oberschleuse am Osthafen Richtung Unterschleuse am Zoo).

ANFAHRT MIT DEM PKW

Der Urbanhafen befindet sich zwischen der Admiralbrücke und der Baerwaldbrücke am Landwehrkanal und hat keine postalische Adresse. Man kann jedoch die Adresse „Planufer 10, 10967 Berlin“ ins Navi eingeben.

PARKEN

Rund um den Urbanhafen gibt es die Möglichkeit in kleineren Straßen zu parken.

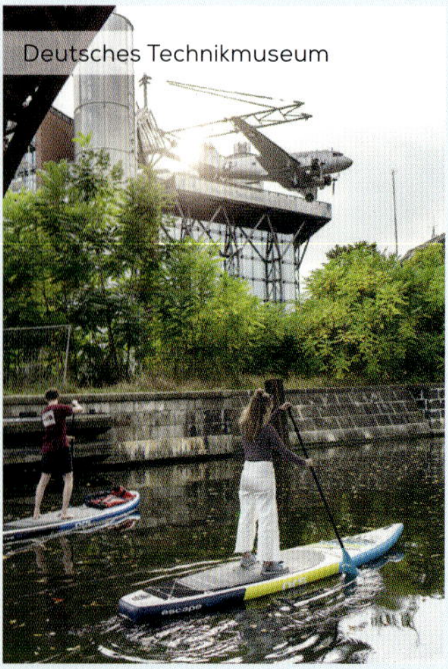

Deutsches Technikmuseum

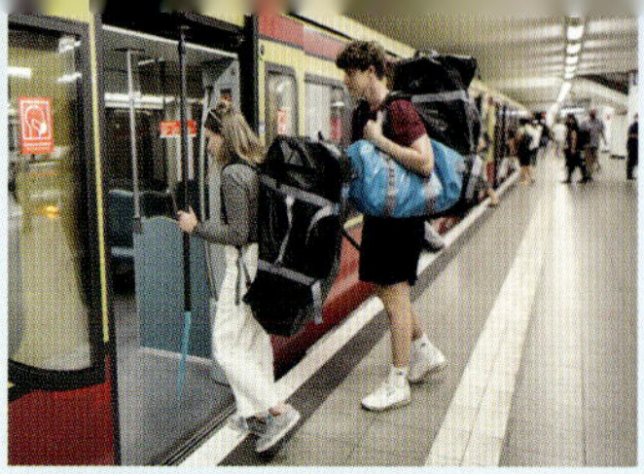

ANFAHRT MIT ÖPNV

Im Bereich des Urbanhafens gibt es mehrere Haltestellen: „Prinzenstr.“ (oder „Kottbusser Tor“) mit der U1 und U3 oder „Südstern“der U7. Am nächsten dran ist man dem Bus 140 oder M41 an der Haltestelle „Urbanstr. / Baerwaldstr.“ (bzw „Wilmstr.“, nur 140).

Am Ausstieg an der Bendlerbrücke befindet sich vor dem Shell-Haus die Bushaltestelle „Gedenkstätte Dt. Widerstand“. Von dort kann man mit der M41 (Richtung Hauptbahnhof) zum „Anhalter Bahnhof“ fahren und dort in die M29 umsteigen zur Haltestelle „Urbanstr. / Baerwaldstr.“ (Richtung Grunewald).

Alternativ kann man die 10 Minuten Fußweg zum Potsdamer Platz in Kauf nehmen. Dort ist die Auswahl der öffentlichen Verkehrsmittel recht groß, je nachdem, wo man hin möchte. Zurück zum Urbanhafen kommt man ohne Umsteigen mit dem Bus M41 zur Haltestelle „Urbanhafen“ oder mit der U2 zum „Gleisdreieck“und von dort weiter mit der U1 zur „Prinzenstr.“.

BADEN

Bekannt durch die kultige Kino-Dokumentation „Prinzessinnenbad“, mit dem Deutschen Filmpreis geehrt, begeistert das am Landwehrkanal liegende **Sommerbad Kreuzberg** mit seiner schnellen Rutsche und zwei 50 m langen Schwimmbecken.

SEHENSWERT

Lohnende Sehenswürdigkeiten nicht mehr als 20 Minuten Fußweg vom Wasser!

» **Gedenkstätte Stille Helden & Gedenkstätte Deutscher Widerstand** in ehemaligem Marinekomplex um einen Innenhof, in dem Widerstandskämpfer hingerichtet wurden.

» **Gemäldegalerie**. Europäische Kunstwerke aus dem 13.-18. Jh. mit Werken von Rembrandt & Rubens.

» **Neue Nationalgalerie**. Europäische & amerikanische Werke aus dem 20. Jh. in einem von Mies van der Rohe gestalteten Museum.

» **Topographie des Terrors.** Das ehemalige Gestapo-Hauptquartier dokumentiert die Schrecken des Nationalsozialismus.

» **Berlin Story Bunker**. Unterirdisches Museum zur 800-jährigen Geschichte der Stadt mit rekonstruiertem Hitler-Bunker.

» **Gropius Bau**. Museum für zeitgenössische Kunst, Fotografie und Archäologie.

» **Deutsches Spionagemuseum**. Museum zur Geschichte der Spionage mit interaktiven Exponaten, Gadgets und Requisiten aus Bond-Filmen.

» Das **Jüdische Museum Berlin**, vom Stararchitekten Daniel Libeskind entworfen, ist innen und außen sehenswert.

» **Berlinische Galerie**. Modernes Museum für Bildende Kunst, Fotografie & Architektur aus Berlin von 1870 bis zur Gegenwart.

» **"Haus am Checkpoint Charlie"**. Von einem Menschenrechtsaktivisten gegründetes Museum zu Menschenrechtsbewegungen und der Berliner Mauer.

» **Deutsches Technikmuseum**. Alte und neue Technik: Flugzeuge, Schiffe, Lokomotiven, den ersten Computer der Welt und vieles mehr.

TIPP EXTRA-TIPPS

» **Wochenmarkt am Maybachufer** (Di + Fr 11-18.30 Uhr) - der größte seiner Art in der Stadt wird auch **"Türkenmarkt"** genannt. Hier riecht, sieht, hört und schmeckt man die Welt! Internationale Spezialitäten, Obst und Gemüse aus Afrika, Asien, Europa, aber auch Regionales. Danach geht's in die gemütliche und beliebte **Hafenbar "Ankerklause"** mit nautischer Deko und Jukebox zum Frühstück.

» Den **Sonnenuntergang auf der Admiralbrücke** zu genießen, kann sehr chillig sein. Die älteste erhaltene schmiedeeiserne Brücke des Landwehrkanals steht unter Denkmalschutz und liegt nur wenige Schritte vom Urbahnhafen entfernt. Allabendlich treffen sich hier die Leute um entspannt zusammenzusitzen, Musik zu machen oder ihr zu lauschen. Ab 22 Uhr schaut die Polizei vorbei und bittet höflich nun weiterzuziehen. Verständlich, mit Blick auf die geplagten Anwohner!

» Das „grüne Herz Berlins" ist sicherlich der drei Kilometer lange und einen Kilometer breite **Park Tiergarten**. Er bietet mit seinen großen Wiesen und Schatten spendenden Bäumen viel Raum für Erholung, Sport und Freizeit.

TOUREN

1 ROSINENBOMBER-TOUR: URBANHAFEN BIS BENDLERBRÜCKE

Urbane Paddeltour, zu der man Dank aufblasbarem SUP auch komplett mit Bus und Bahn anreisen kann.

| **LÄNGE** 4 km | **DAUER** 2–3 h

EIN- UND AUSSTIEG

EINSTIEG An der Liegewiese am Urbanhafen.

AUSSTIEG Treppenstufen an der Bendlerbrücke.

SUP-VERMIETUNG

1 SUP SHOP BERLIN

Boxhagener Str. 106, 10245 Berlin
Tel. (030) 440 242 13
www.sup-shop-berlin.de

EINKEHR

1 VAN LOON RESTAURANTSCHIFF AM URBANHAFEN

Carl-Herz-Ufer 5, 10961 Berlin
Tel. (030) 692 62 93
www.vanloon.de
Mi–Sa 10–22, So 10–18 Uhr

KLASSIKER Sehr gute Burger und leckeres Müsli

2 COCOLO RAMEN X-BERG

Graefestraße 11
10967 Berlin
Tel. (030) 983 390 73
www.kuchi.de/restaurant/cocolo-x-berg/
Mo–Sa 12–21 Uhr

KLASSIKER Wunderbare japanische Snacks, köstliche Ramen-Nudelsuppen

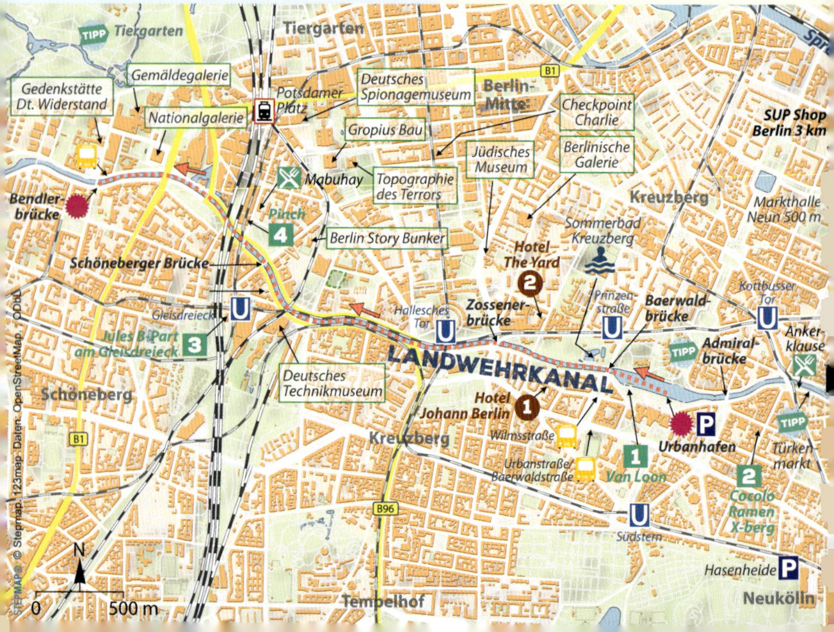

Immer was los: auf und am Landwehrkanal

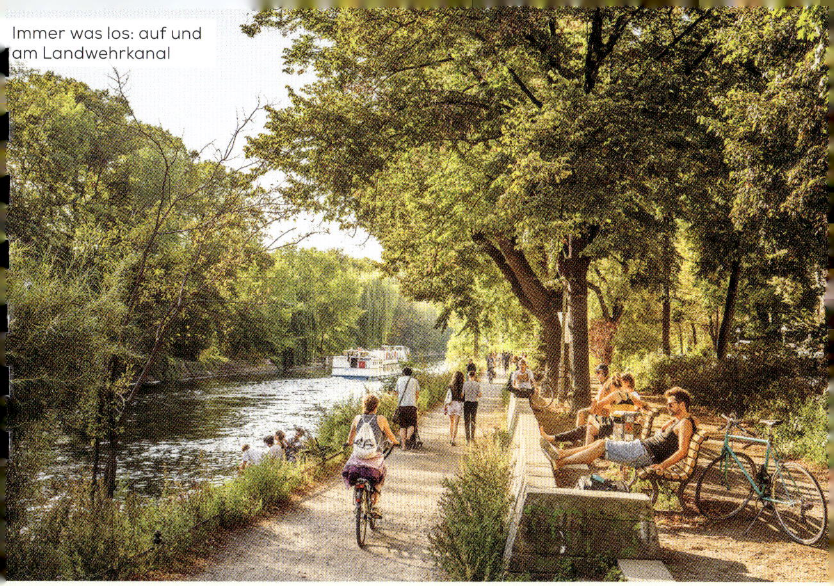

3 JULES B-PART AM GLEISDREIECK

Café, Canteen & Beergarden
Luckenwalderstr. 6 b
10963 Berlin
www.jules-cafe.de
Mo–Fr ab 8, Sa–So ab 10 Uhr

KLASSIKER Abwechslungsreiches Angebot aus verschiedenen Foodtrucks und sehr internationales Publikum

4 PINCH

Gabriele-Tergit-Promenade 21
(Eingang über Köthener Straße)
10963 Berlin
www.pinch-cafe.business.site
Tägl. 8–17 Uhr

KLASSIKER Oberleckerer Kuchen, oberleckerer Mittagstisch

ÜBERNACHTUNG

1 HOTEL JOHANN BERLIN

Johanniterstr. 8, 10961 Berlin
Tel. (030) 225 07 40
www.hotel-johann.berlin

2 HOTEL THE YARD

Alexandrinenstr. 125
10969 Berlin
Tel. (030) 259 238 90
www.hotel-theyard.berlin

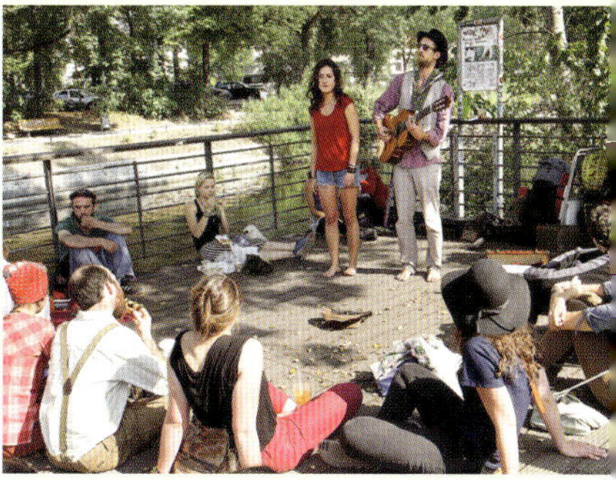

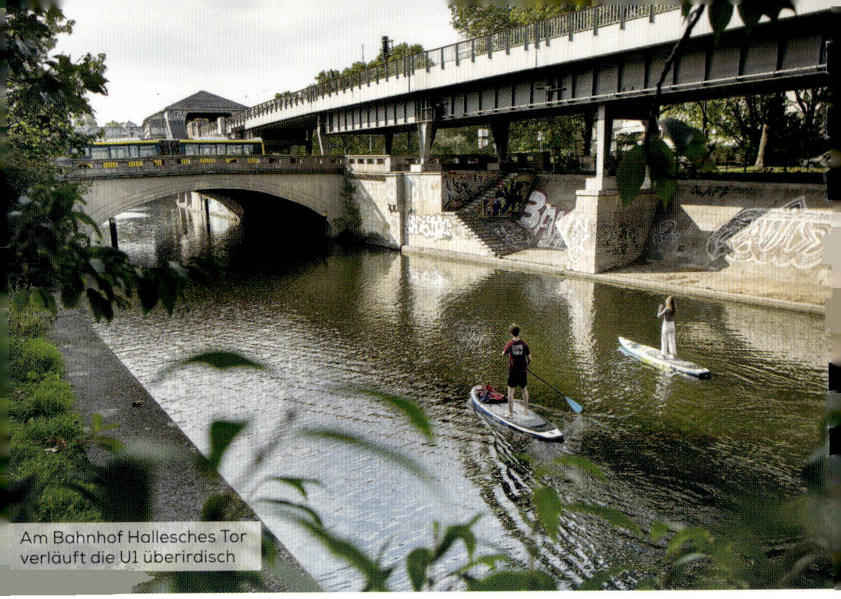

Am Bahnhof Hallesches Tor verläuft die U1 überirdisch

1 ZWISCHEN MAUERN UND BRÜCKEN

Als der **LANDWEHRKANAL** seine Bedeutung als Transportweg für Massengüter verloren hatte, wurde das Hauptbecken des in den 1890er Jahren erbauten Urbanhafens zugeschüttet und das Ufer parkähnlich begrünt. Heute arbeitet man hier nicht mehr: An den flach abfallenden Hängen wird sich gesonnt, gelesen, geflirtet, gequatscht und gemampft und das Leben genossen. Die Einzigen, die hier arbeiten sind wir: beim Aufpumpen unserer Boards.

So entspannt ging es allerdings nicht immer zu: Schon beim Bau des Kanals kam es zu einer Revolte der Arbeiter, die 12 Menschen mit dem Leben bezahlten. Im Januar 1919 wurde die Leiche Rosa Luxemburgs im Landwehrkanal entsorgt und erst Monate später geborgen, Stauffenbergs missglücktes Attentat auf Hitler fand mit Stauffenbergs Erschießung im nahen Bendlerblock sein Ende. Kurz vor der Einnahme der Stadt wurden die Brücken über den Kanal gesprengt, um die Russen zurückzuhalten, die schon vor den Toren Berlins standen. Auch die Tunneldecke der S-Bahn direkt unter dem Landwehrkanal wurde gesprengt, der Wassereinbruch kostete Hunderte Zivilisten, die im Tunnel Schutz suchten, das Leben.

Am grünen Ufer des alten **URBANHAFENS** setzen wir die Boards aufs Wasser, paddeln vorbei am alten **RESTAURANT-SEGELSCHIFF VAN LOON** 1 und tauchen direkt unter der ersten Brücke ein in die „Schlucht"des Landwehrkanals: Nirgendwo sonst wird man beim Paddeln so konsequent von Mauern begleitet wie hier. Die Uferbefestigungen mit ihren Geländern und Treppen stehen unter Denkmalschutz, eine Sanierung ist allerdings notwendig und auch in Planung.

Rechter Hand versteckt sich das **SOMMERBAD KREUZBERG** hinter Bäumen, rund 200 Meter weiter liegt linker Hand das **ALTE ZOLLHAUS** direkt am Ufer. Ende des 19. Jahrhunderts war es Quartier und Depot für die Straßensanierung, danach Kontrollpunkt für den Schiffsverkehr auf dem Landwehrkanal und ist heute ein feines Restaurant.

Nach der **ZOSSENER BRÜCKE** ruckeln nun im Minutentakt die Waggons der **U-BAHN LINIE 1** über unseren Köpfen und kündigen den Bahnhof Hallesches Tor an. Die U1 wurde um 1900 von Siemens als erste Hochbahn Berlins gebaut und war damals eine ingenieurstechnische Meisterleistung. Kurz danach schwebt ein **ORIGINAL-ROSINENBOMBER** vom Typ Douglas C 47 B neben dem Kanal und kündigt das spannende **DEUTSCHE TECHNIKMUSEUM** an. Nach soviel Geschichte, Technik und Kultur ist uns heiß geworden: An der Schöneberger Brücke klettern wir linker Hand über eine der wenigen Treppen ans Ufer und besorgen uns Eis und Radler an der nahen Tankstelle. Zum **PINCH** 4 wären es auch nur gute 200 Meter.

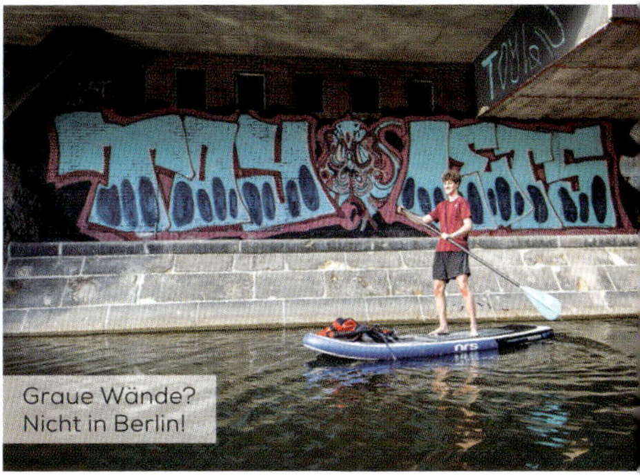
Graue Wände? Nicht in Berlin!

Rechter Hand erreichen die südlichen Ausläufer des **POTSDAMER PLATZES** den Kanal, auch wenn man von diesem Trubel vom Wasser aus nicht viel mitbekommt. Der Potsdamer Platz verkörpert wie kaum ein anderer Ort in Berlin den Quantensprung von der geteilten Stadt zur Weltmetropole. In nur einem Jahrzehnt entstand aus einer brachliegenden Fläche im Schatten der Berliner Mauer ein Großstadtzentrum das mit seiner Mischung aus Kunst, Unterhaltung und Shopping täglich 100.000 Menschen anzieht und somit an seinen Ruf der 1920/30er anschließt, als der Potsdamer Platz einer der belebtesten Plätze Europas war.

Das markante **SHELL-HAUS** am rechten Ufer mit den um die Ecke gezogenen Fenstern markiert das Ende unserer Tour. An der **BENDLERBRÜCKE** kommen wir links gut aus dem Wasser.

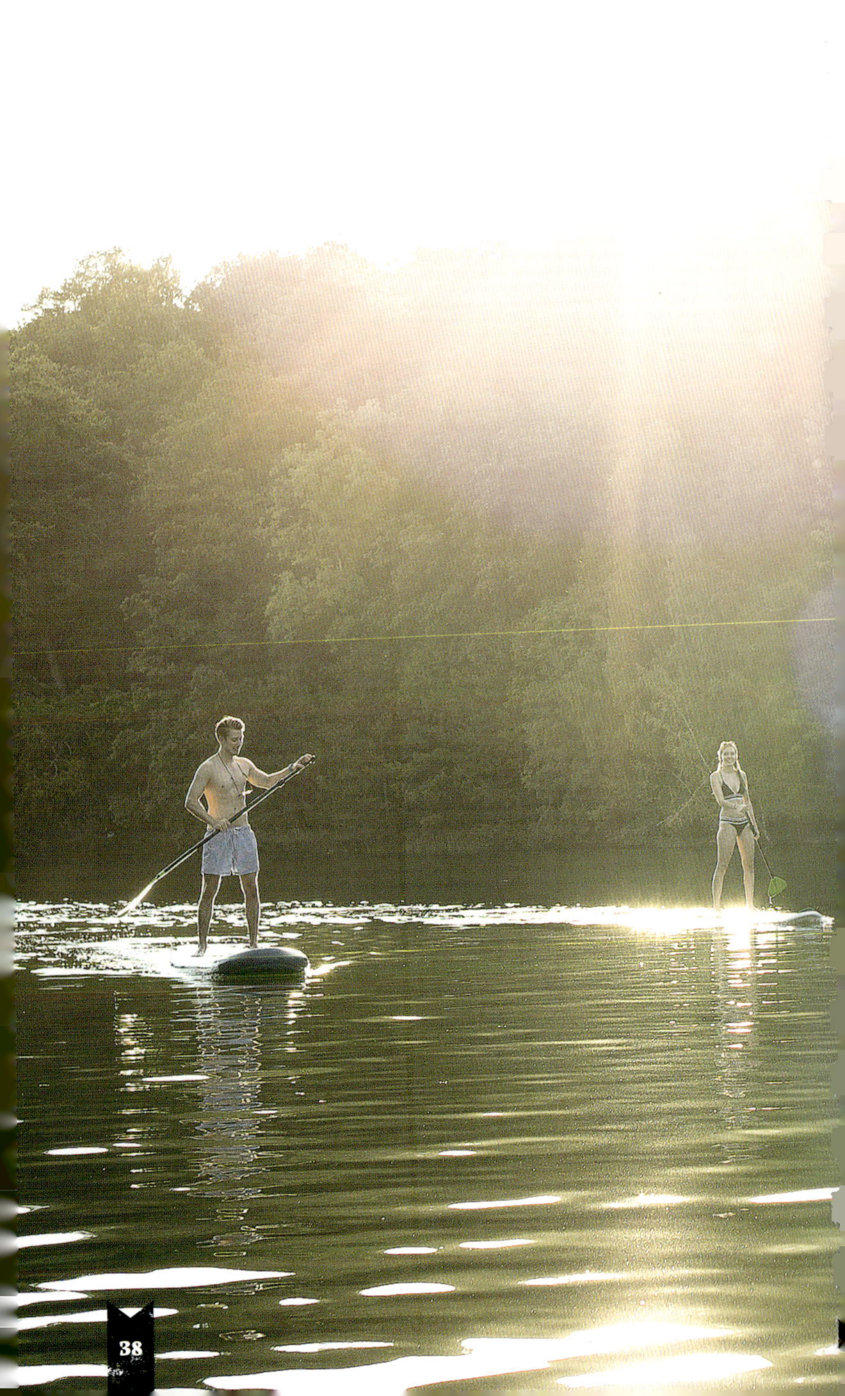

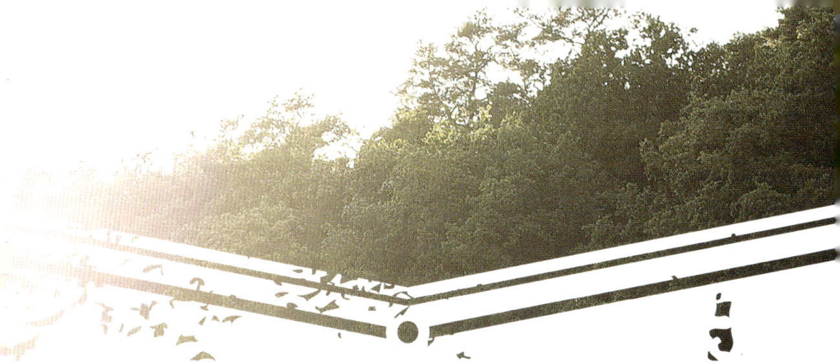

SCHLACHTENSEE

ANSPRUCH | EINKEHR

Dass der Schlachtensee einer der schönsten Seen der Stadt und Berlins sauberster Badesee ist, hat sich rumgesprochen. Er liegt im Südwesten, mitten im Wald, zwischen Krumme Lanke und Wannsee unweit des gleichnamigen S-Bahnhofs – und ist nicht nur wegen seiner guten Verkehrsanbindung ein beliebtes Ausflugsziel. Wie die Krumme Lanke und der Grunewaldsee gehört er zu der Grunewald-Seenkette, die mit aufbereitetem Havelwasser gespeist und durch Kanäle miteinander verbunden sind. Den idyllischen, schlauchförmigen See umspannt ein 7 km langer Uferweg, der zum Spazieren einlädt. Im Sommer ist an den Wochenenden allerdings die Hölle los, dann tummeln sich auf dem Wasser Schwimmer, Gummibootmatrosen und Stand-Up-Paddler gleichermaßen.

Wir starten unsere Tour am **ÖSTLICHEN ZIPFEL** des Sees, direkt am Verbindungskanal zur Krummen Lanke. Links erstreckt sich ein kleiner, belebter **BADESTRAND**, an dem wir gut ins Wasser kommen. Rechter Hand liegen die **„FISCHERHÜTTE“** 1, ein denkmalgeschütztes Gasthaus mit Biergarten und Kinderspielplatz, dahinter die **SUP-VERMIETUNG** der **STEH-PADDLER** 1. Nichts als Bäume umrahmen den Schlachtensee, deren Grün sich im glasklaren Wasser spiegelt. Das Rauschen der Autobahn in der Ferne wird gekonnt ignoriert. Vergisst man den Trubel um sich herum, wähnt man sich gar an der Mecklenburger Seenplatte.

+ Kompakt TOUR

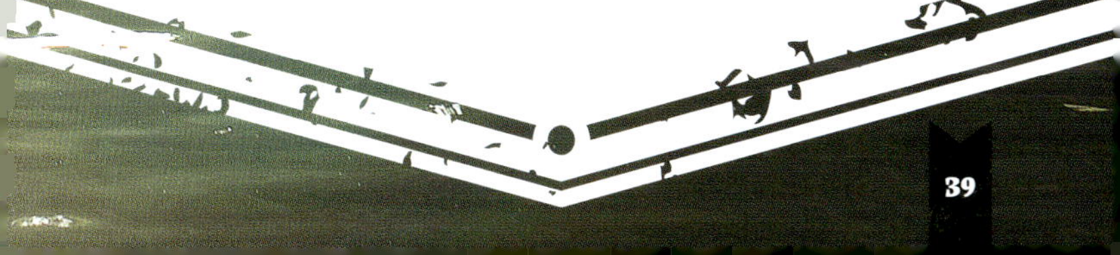

WIND & WETTER

Kaum windanfällig, da er mitten im Wald liegt. Fahrtabbruch jederzeit möglich, dank dem Uferwanderweg.

BEFAHRUNGSREGELN

Die empfindlichen Uferbereiche meiden.

ANFAHRT MIT DEM PKW

Auf der A115 bis Abfahrt 2 (Hüttenweg) und dann über Hüttenweg rechts in die Onkel-Tom-Straße. Am Quermatenweg rechts ab- und bis zur Fischerhüttenstraße durchfahren, wieder rechts abbiegen, und nach 200 m links zum See fahren (Navi: Fischerhüttenstraße 136).

PARKEN

Großer Parkplatz am Fischerhüttenweg und am Straßenrand, alternativ in den Nebenstraßen (z.B. Elvirasteig). Mit Glück in der Stichstraße zur Fischerhütte.

ANFAHRT MIT ÖPNV

Mit der S1 zur Haltestelle „Schlachtensee" oder „Mexikoplatz"; oder mit der U3 zur Haltestelle „Krumme Lanke". Außerdem fahren Busse der Linien 118 (Bhf Krumme Lanke oder Forststr.) und X11. Jeweils etwa 15 Minuten Fußweg.

BADEN

Mehrere kleine und große Badestellen befinden sich rund um den Schlachtensee und an der benachbarten Krummen Lanke.

TIPP EXTRA-TIPPS

» Zeitgenössische Kunst im **„Haus am Waldsee"** (Argentinische Allee 30).

» Für architektonisch Interessierte lohnt ein Blick in die zwei Kilometer entfernte **"Waldsiedlung Zehlendorf"** (rund um die U-Bahn-Station „Onkel Toms Hütte"), 1926-32 von Bruno Taut, Vertreter des Neuen Bauens erbaut.

» Eine Tour der besonderen Art führt zu den sehenswerten Friedhöfen **Waldfriedhof Dahlem** und **Friedhof Zehlendorf** mit „Promi"-Gräbern von Harald Juhnke, Richard v. Weizsäcker, Ellie Beinhorn, Horst Buchholz, Götz George, Willy Brandt, uvm.

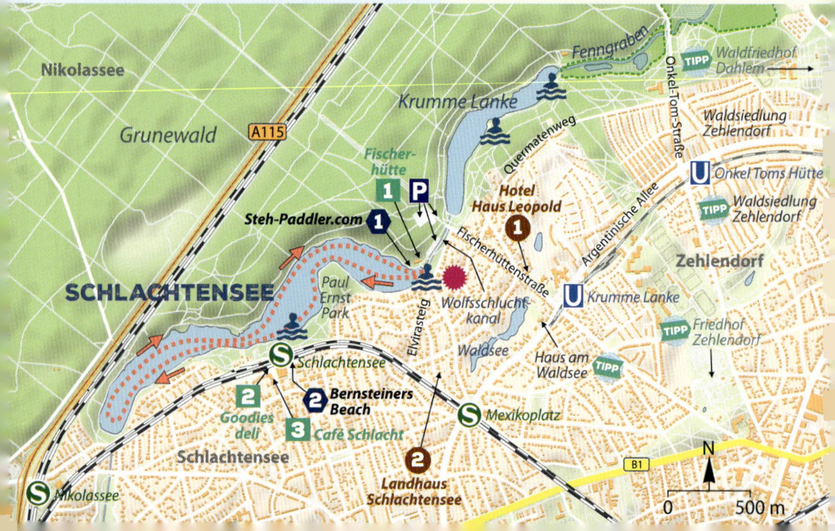

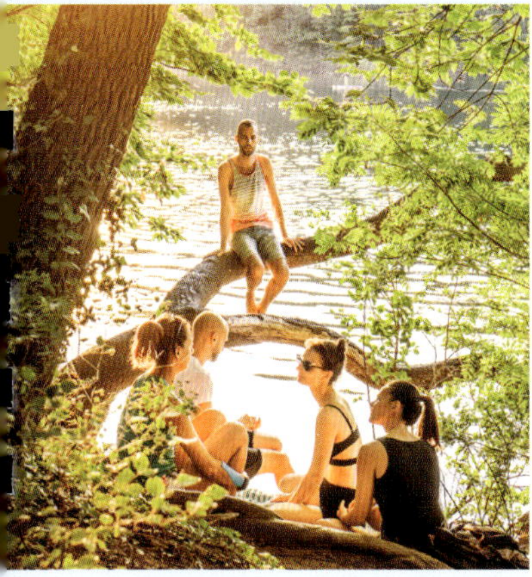

TOUREN

1 RUND UM DEN SCHLACHTENSEE
Auf der Rundtour um den See ist man selten allein.
| **LÄNGE** 5 km | **DAUER** 2 h

EIN- UND AUSSTIEG
Am östlichen Ende des Sees bei der Fischerhütte.

SUP-VERMIETUNG

1 STEH-PADDLER.COM
Fischerhüttenstr. 136
14163 Berlin-Zehlendorf
Tel. (030) 214 711 09
www.steh-paddler.com

2 BERNSTEINERS BEACH
Breisgauer Straße 1-3
14129 Berlin
Tel. 0174-272 98 83
www.bernsteiners-beach.de

EINKEHR

1 FISCHERHÜTTE
Fischerhüttenstr. 136, 14163 Berlin
Tel. (030) 804 98310
www.fischerhuette-berlin.de
Tägl. ab 9 Uhr

KLASSIKER Sonntagsbrunch 10-14 Uhr

2 GOODIES DELI
(hinter der S-Bahn Schlachtensee)
Breisgauer Str. 2A, 14129 Berlin
Tel. (030) 556 085 79
www.goodies-deli.com
Mo–Fr 8-19, Sa-So 9-19 Uhr

KLASSIKER Super köstliches Powerfood! Nicht nur Veganer und Vegetarier werden hier glücklich

3 CAFÉ SCHLACHT
(hinter der S-Bahn Schlachtensee)
Breisgauer Str. 2, 14129 Berlin
Tel. (030) 622 015 17
www.cafeschlacht.de
Tägl. 12-20 Uhr

KLASSIKER Leckere Schnitzel

ÜBERNACHTUNG

1 HOTEL HAUS LEOPOLD
Fischerhüttenstr. 113, 14163 Berlin
Tel. (030) 813 29 64
www.hausleopold.de

2 LANDHAUS SCHLACHTENSEE
Bogotastraße 9, 14163 Berlin
Tel. (030) 809 94 70
www.hotel-landhaus-schlachtensee.de

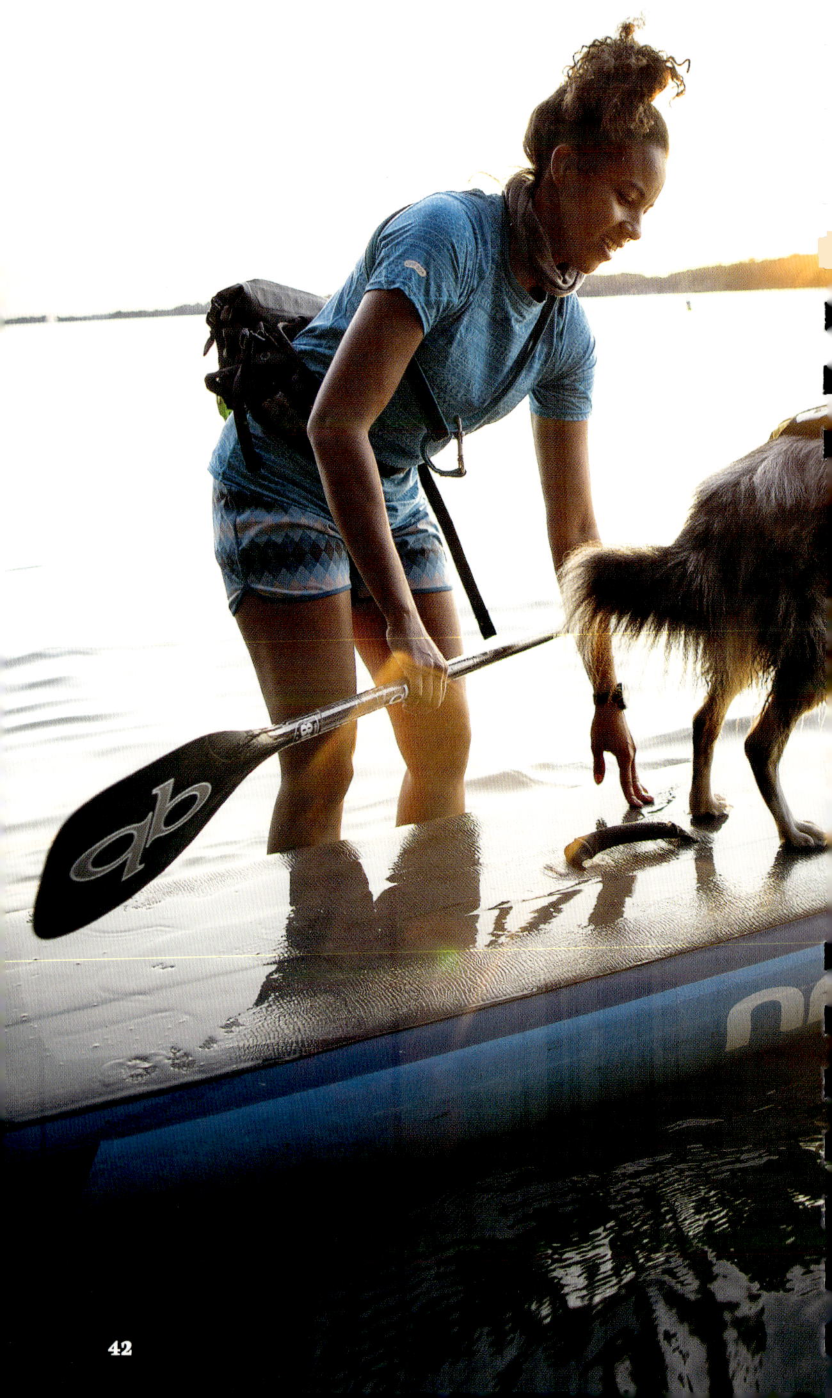

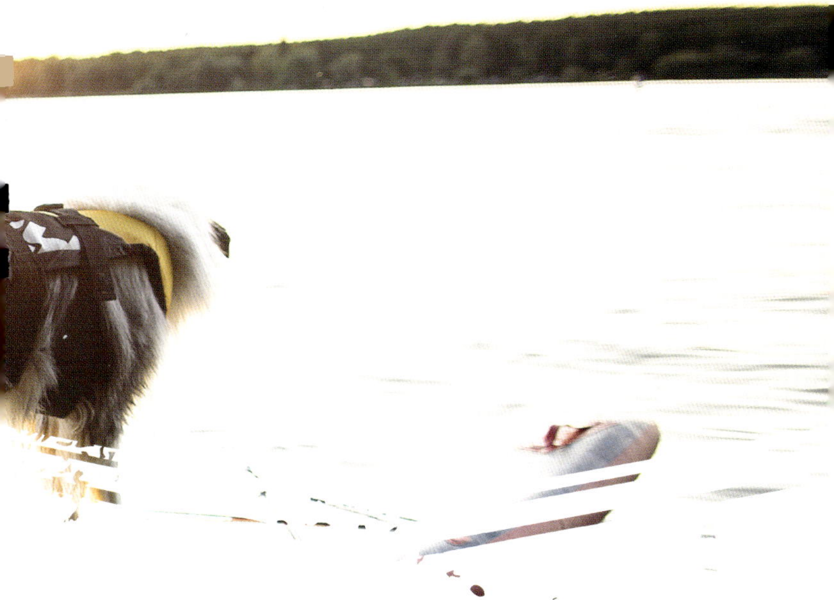

HAVEL: ENTLANG DES GRUNEWALDS

ANSPRUCH

EINKEHR

Wasser und Wald, was mehr braucht der Mensch? Diese Tour führt auf der teils recht breiten Havel nach Klein-Venedig in der Spandauer Auenlandschaft „Tiefwerder Wiesen". Das Landschaftsschutzgebiet ist eines von wenigen innerhalb der Stadt, das seinen ursprünglichen Landschaftscharakter nicht verloren hat.

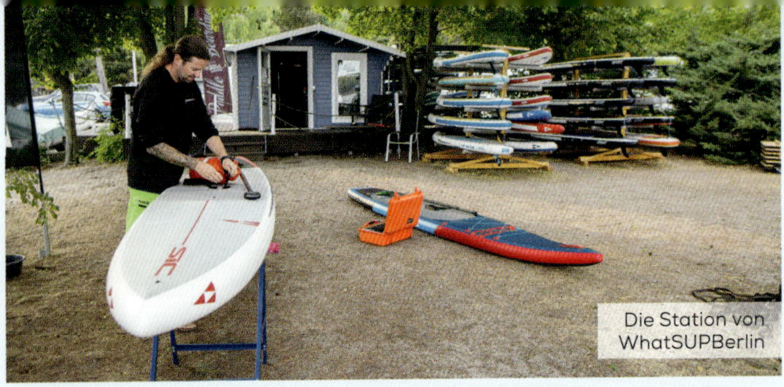

Die Station von WhatSUPBerlin

WIND & WETTER

Gerade der breite südliche Bereich der Havel ist sehr windanfällig. Hat man Rückenwind zum Tourenbeginn, sollte man bedenken, dass bei diesem recht langen Ausflug der Rückweg sehr anstrengend sein könnte.

BEFAHRUNGSREGELN

Abstand halten zur Wasserski-Strecke am Beginn der Tour.

ANFAHRT MIT DEM PKW

Am besten die A115 durch den Grunewald bis zur Ausfahrt 3 „Spanische Allee" nehmen. Rechts auf die Spanische Allee und kurz danach rechts in den Kronprinzessinnenweg abbiegen. Dieser wird, sobald er links in den Wald abknickt, zur Havelchaussee. Den ersten Parkplatz „Am Großen Fenster" ignorieren wir. 300 Meter weiter, am zweiten Parkplatz, setzen wir den Blinker links.

PARKEN

EINSTIEG 1 Auf dem Parkplatz an der Havelchaussee (siehe Anfahrt).

EINSTIEG 2 An der Ecke der beiden Straßen „Havelchaussee / Am Postfenn" befindet sich das Restaurantschiff „Alte Liebe" (Havelchaussee 107, 14055 Berlin). In der Havelchaussee befinden sich Parkmöglichkeiten. Bei schönem Wetter muss man früh kommen, um einen Parkplatz zu ergattern.

ANFAHRT MIT ÖPNV

Mit dem Zug vom Berliner Hauptbahnhof zum Bahnhof Wannsee, von dort geht es weiter mit dem Bus 218 Richtung „Messe Nord/ICC" zur Haltestelle „Große Steinlanke" in der Havelchaussee, die direkt am Einstieg liegt.

BADEN

» **Badestelle Große Steinlanke**, Havelchaussee, 14129 Berlin
» **Badestelle Lieper Bucht**, Havelchaussee 2, 14193 Berlin
» **Badestelle am Grunewaldturm**, Havelchaussee 61, 14193 Berlin
» **Badestelle Kuhhorn,** Havelchaussee 83, 14193 Berlin
» **Badestelle Schildhorn** (Foto unten), Str. am Schildhorn 7, 14193 Berlin
» Diverse **"wilde" Badestellen**

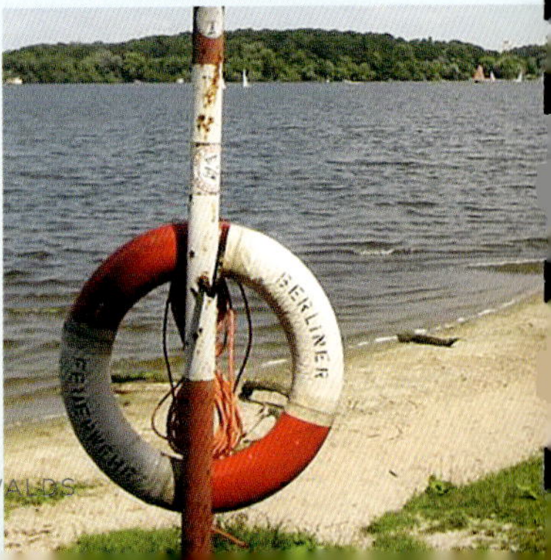

SEHENSWERT

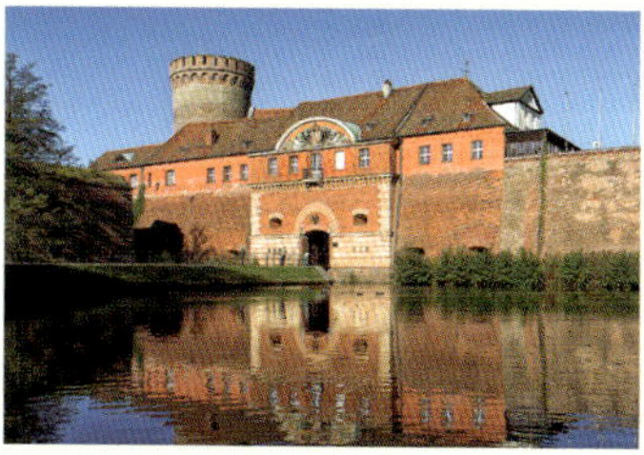

» **Spandau:** Die **Zitadelle** ist eine von einem Wassergraben umgebene Festungsanlage, deren ältesten Teile aus dem Mittelalter stammen. **Spätgotische Backstein-Hallenkirche St. Nikolai**.

» **Grunewald:** Vom 55 Meter hohen **Grunewaldturm** hat man einen tollen Blick über die Havel, den Wannsee und den Grunewald. Das **Schildhorndenkmal** erinnert an den Slawenfürsten Jaxa, der an dieser Stelle auf der Flucht vor Albrecht dem Bären die Havel durchschwommen haben soll.

» **Tiefwerder:** Die **Stößenseebrücke**, eine klassische Stahlkonstruktion in Form einer Bogenbrücke, wurde 1907 errichtet. Die **Kolonistensiedlung Tiefwerder** ist ein unter Denkmalschutz stehendes Ensemble von 15 Häusern an der Dorfstraße. Das Tanzlokal **Ballhaus Spandau** in der Dorfstraße 5 gilt als älteste Rockdiskothek Europas.

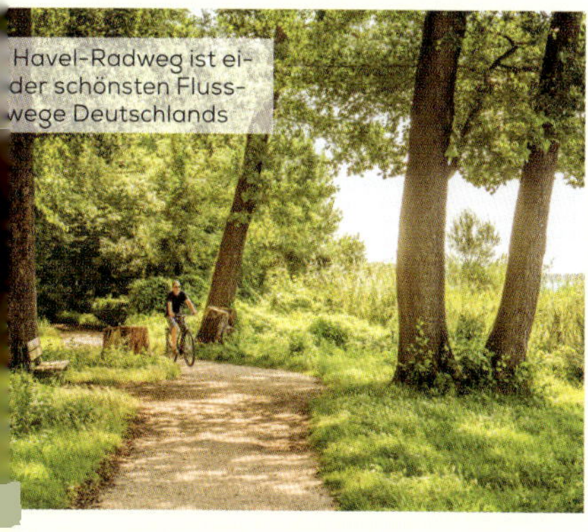

Havel-Radweg ist ei- der schönsten Fluss- wege Deutschlands

EXTRA-TIPPS

» Mit schönen Aussichten über die Havel geht's auf und ab auf dem 10 Kilometer langen **Havel-Höhenweg**, der parallel zum Uferweg von der Heerstraße in Pichelswerder bis zum Strandbad Wannsee verläuft.

» Zwischen dem Restaurantschiff „Alte Liebe"und dem Seehotel Grunewald geht es bergan zu dem mitten im Wald liegenden **Friedhof Grunewald (Forst)**, auf den verwitterte Schilder hinweisen. Der mystische und abgelegene Ort wurde zum "Selbstmörderfriedhof" in einer Zeit, als der Freitod-Versuch in Preußen noch strafbar war. Neben verschuldeten Spekulanten und schwangeren Dienstmädchen ist auch die geniale Pop-Ikone Nico hier begraben. Die lange Zeit heroinabhängige Sängerin der "Velvet Underground" hatte Affären mit Jim Morrison, Lou Reed und Brian Jones von den Rolling Stones.

» Wanderung um die **Insel Pichelswerder** und durchs **Landschaftsschutzgebiet Tiefwerder Wiesen**, vorbei an Badestellen, Restaurants und Bootsanlegern. Das Landschaftsschutzgebiet ist von vielen alten Flussarmen der Havel durchzogen und bietet Lebensraum für seltene Tier- und Pflanzenarten. Ein Holzsteg führt quer durch die Feuchtwiesen, zu deren Erhalt Wasserbüffel zur Beweidung eingesetzt werden.

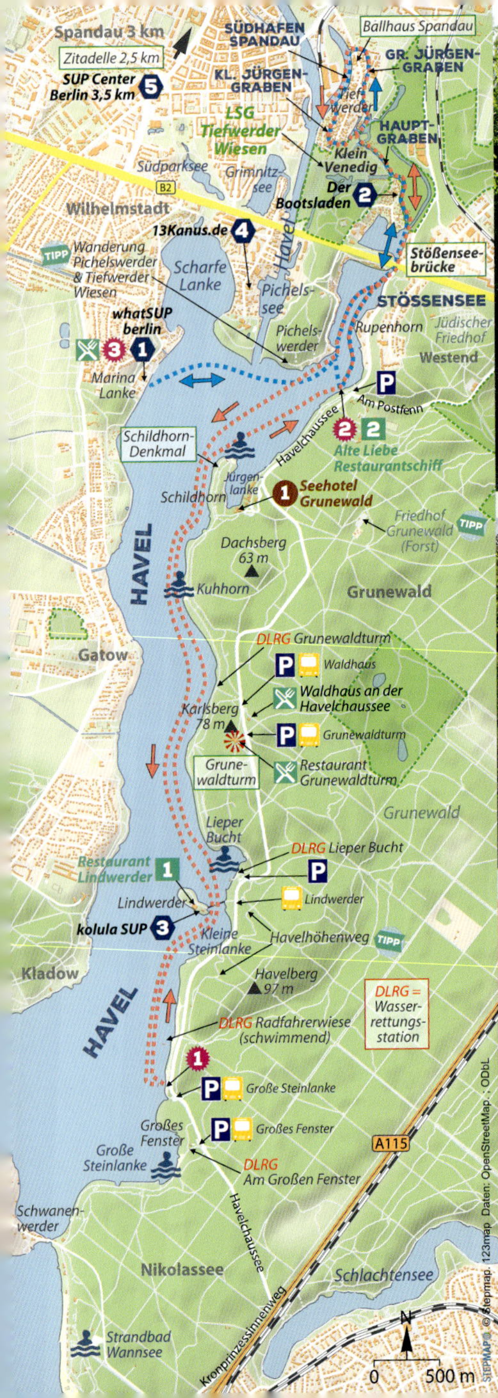

Spandau 3 km
Zitadelle 2,5 km
SUP Center Berlin 3,5 km
SÜDHAFEN SPANDAU
Ballhaus Spandau
GR. JÜRGEN-GRABEN
KL. JÜRGEN-GRABEN
Tiefwerder
LSG Tiefwerder Wiesen
HAUPT-GRABEN
Klein Venedig
Südparksee
Grimnitz-see
B2
Der Bootsladen
Wilhelmstadt
13Kanus.de
Havel
Wanderung Pichelswerder & Tiefwerder Wiesen
TIPP
Scharfe Lanke
Pichelssee
Stößensee-brücke
STÖSSENSEE
whatSUP berlin
Pichelswerder
Rupenhorn
Jüdischer Friedhof
Westend
Marina Lanke
Am Postfenn
Havelchaussee
Schildhorn-Denkmal
Alte Liebe Restaurantschiff
Jürgenlanke
Schildhorn
Seehotel Grunewald
Friedhof Grunewald (Forst)
Dachsberg 63 m
HAVEL
Kuhhorn
Grunewald
DLRG Grunewaldturm
Gatow
Waldhaus
Waldhaus an der Havelchaussee
Karlsberg 78 m
Grunewaldturm
Grune-waldturm
Restaurant Grunewaldturm
Grunewald
Lieper Bucht
DLRG Lieper Bucht
Restaurant Lindwerder
Lindwerder
Lindwerder
kolula SUP
Kleine Steinlanke
Havelhöhenweg
Kladow
Havelberg 97 m
DLRG = Wasser-rettungs-station
HAVEL
DLRG Radfahrerwiese (schwimmend)
Große Steinlanke
Großes Fenster
Großes Fenster
Große Steinlanke
DLRG Am Großen Fenster
A115
Schwanen-werder
Havelchaussee
Nikolassee
Schlachtensee
Kronprinzessinnenweg
Strandbad Wannsee
N
0
500 m
STEPMAP © Stepmap, 123map Daten: OpenStreetMap, ODbL

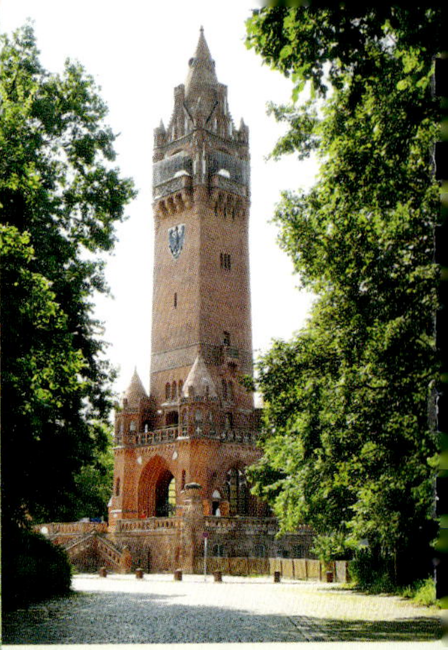

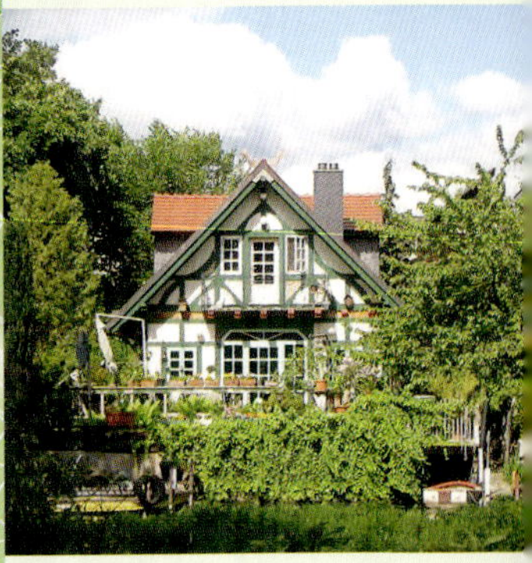

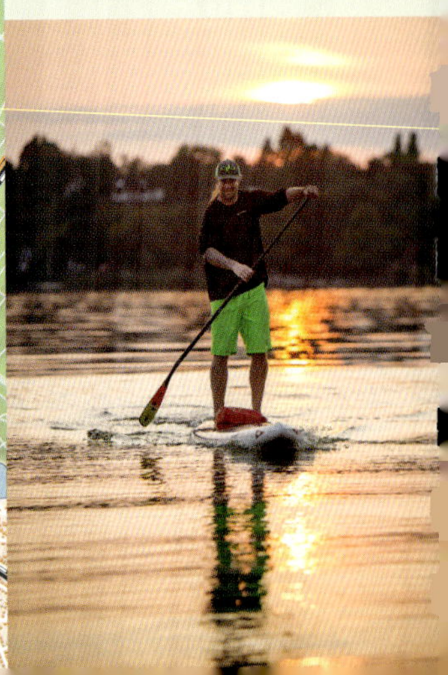

TOUREN

1 TAGESTOUR GRUNEWALD & KLEIN-VENEDIG / TIEFWERDER WIESEN

Die Tour entlang des Grunewalds über den Stößensee nach Klein-Venedig und durch die Tiefwerder Wiesen ist ein tagesfüllendes Programm.

| **LÄNGE** 18 km | **DAUER** 5-8 h

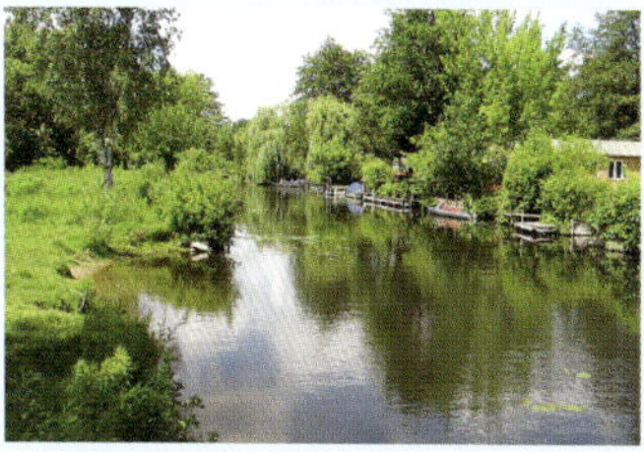

2 KURZTOUR KLEIN-VENEDIG /TIEFWERDER WIESEN

Für einen kleinen Abstecher nach Tiefwerder eignet sich das Restaurantschiff „Alte Liebe" als Ausgangspunkt.

| **LÄNGE** 6 (8) km | **DAUER** 2-4 h

EIN- UND AUSSTIEG

EINSTIEG 1 Direkt unterhalb des Parkplatzes an der Havelchaussee befindet sich ein Strand, an dem sich herrlich einsetzen lässt.

EINSTIEG 2 Neben dem Schiffsrestaurant „Alte Liebe" befindet sich ein kleiner Strand, der sich gut zum Einsetzen eignet.

EINSTIEG 3 Wer ein SUP mietet, kann die kurze Tour am besten an den Stationen von „whatSUPberlin" 1 oder „Der Bootsladen" 2 beginnen, die lange bei „Kolula SUP" 3 auf Lindwerder.

SUP-VERMIETUNG

1 WHATSUPBERLIN
Scharfe Lanke 109-131, 13595 Berlin
Tel. 0174-377 27 33
www.whatsupberlin.de

2 DER BOOTSLADEN
Brandensteinweg 37, 13595 Berlin
Tel. (030) 362 56 85
www.der-bootsladen.de

3 KOLULA SUP INSEL LINDWERDER
Havelchaussee 1, 14193 Berlin
www.kolula.com

4 13KANUS.DE (BEI MARINA BASE)
Pichelssee 40 a-c
13595 Berlin (Spandau-Pichelsdorf)
Tel. 0163-191 40 00, www.13kanus.de

5 SUP CENTER BERLIN
Eiswerderstraße 18, Gebäude 129
13585 Berlin (Spandau)
Tel. 0172-300 29 30, www.supcenter.berlin

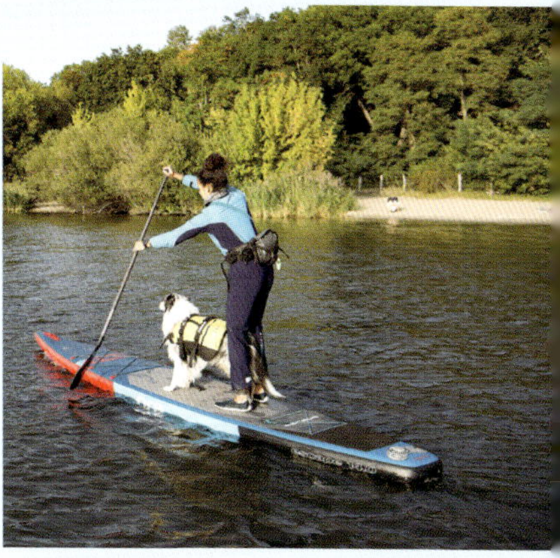

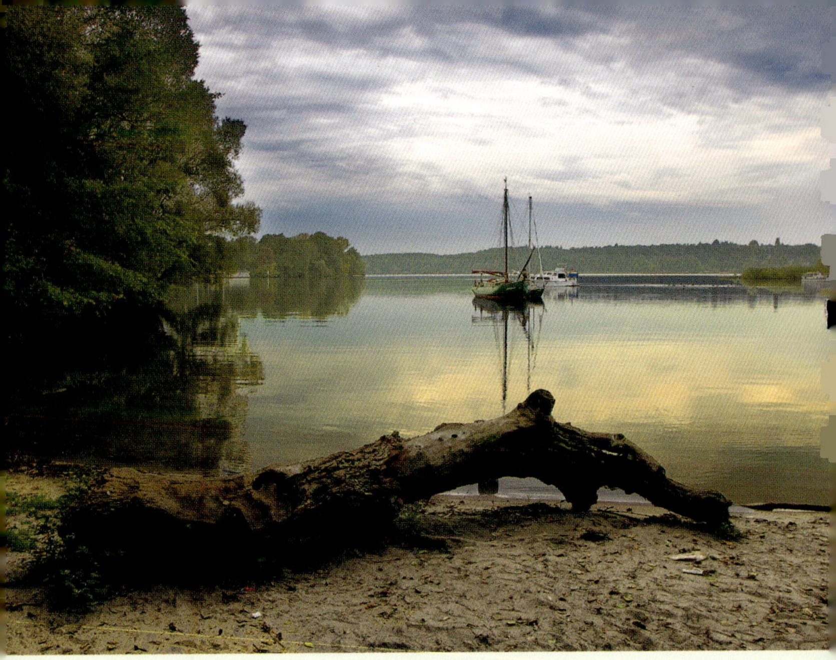

EINKEHR

1 LINDWERDER

Havelchaussee 2, 14193 Berlin
Tel. (030) 200 769 49
www.lindwerder.de
Mi–So 12–22 Uhr

Klassiker Kaiserschmarrn mit Zwetschgenröster

2 „ALTE LIEBE" RESTAURANTSCHIFF

Havelchaussee 107, 14055 Berlin
Tel. (030) 304 82 58
www.alte-liebe-berlin.de
Mi–So 13–21 Uhr

Klassiker Fischgerichte

ÜBERNACHTUNG

1 SEEHOTEL GRUNEWALD

Str. am Schildhorn 5, 14193 Berlin
Tel. (030) 300 97 00
www.seehotel-grunewald.de

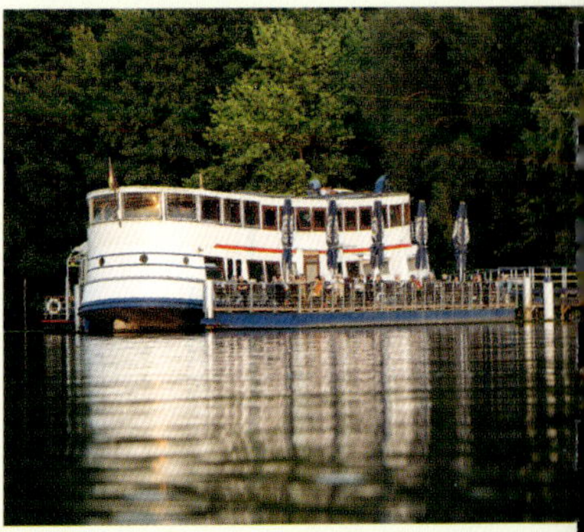

1 AUF DER HAVEL ENTLANG DES GRUNEWALDS

Berge! Wer hätte das gedacht in Berlin? Eine Besonderheit des Grunewalds sind die teilweise recht steilen Hänge zur Havel hin. Gletscher der letzten Eiszeit schoben riesige Steine und Geröllmassen vor sich her, die ehemaligen Abflussrinnen des Schmelzwassers führen zur breiten Havel hinunter. Und genau da paddeln wir heute lang!

Die Havel hat am **EINSTIEG DER TOUR** 1 im Süden des Grunewalds ihre berlinweit größte Ausdehnung erreicht – seeartig liegt sie vor uns. Südwestlich geht die Sicht auf die Insel Schwanenwerder, der Uferknick kurz vor der Insel wird im Volksmund aufgrund der Weitsicht nicht umsonst **„GROSSES FENSTER“** genannt. Wir paddeln in nördliche Richtung entlang des für die Havel recht geraden Ufers. Auf dem nächsten Kilometer bilden zahlreiche kleine Sandflächen, unterbrochen von Buschwerk und Bäumen, Berlins längsten frei zugänglichen Havelzugang. Links von uns achten wir auf die Wasserski-Strecke, die zu Beginn der nächsten Bucht ein Ende findet. Sobald sich rechts die **„KLEINE STEINLANKE“** öffnet, liegt die Insel **LINDWERDER** vor uns. Wer schon eine Stärkung benötigt: Auf der Insel gibt es das Restaurant **LINDWERDER** 1 mit schöner Terrasse.

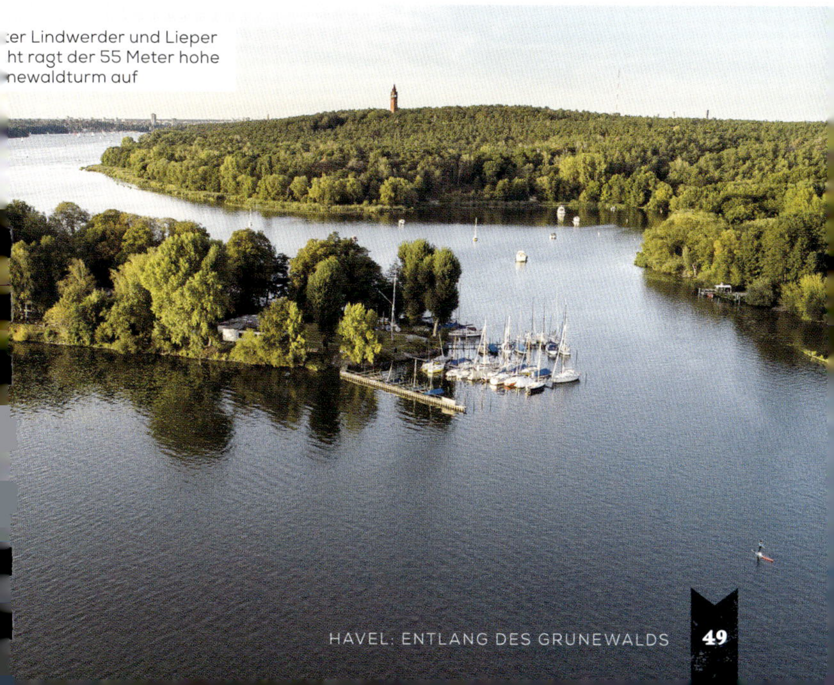

:er Lindwerder und Lieper ht ragt der 55 Meter hohe newaldturm auf

Hinter Lindwerder wartet die **LIEPER BUCHT**, ein früherer Holzablageplatz, mit zwei weiteren lauschigen **BADESTELLEN** auf. Dahinter ragt der backsteinrote **GRUNEWALDTURM** auf dem Karlsberg aus den Bäumen. Aus Anlass des 100-jährigen Geburtstags von Kaiser Wilhelm I. begann man 1897 mit seiner Errichtung. 55 Meter misst er vom Fuß bis zur Spitze, 204 Stufen führen hinauf zur Aussichtsplattform in 36 Meter Höhe. Im Umfeld des Turms gibt es zwei **GASTWIRTSCHAFTEN**.

Auf der sich merklich verengenden Havel kommen wir nun häufig an hölzernen Barrieren vorbei, die das Schilfufer und die darin brütenden Vögel vor Wellenschlag schützen. Bald erreichen wir die **LANDZUNGE SCHILDHORN**, an deren Spitze sich eine weitere vielbesuchte **BADESTELLE** befindet, die in den 1880er Jahren Lieblingsziel der Berliner war. Von hier aus führt ein Pfad hinauf zum 1845 errichteten **SCHILDHORNDENKMAL**: Die Säule greift die Schildhornsage aus dem 19. Jahrhundert um Slawenfürsten Jaxa von Köpenick auf, der an dieser Stelle im Gründungsjahr der Mark Brandenburg vor Albrecht dem Bären durch die Havel geflohen sein soll. Aus Dankbarkeit für seine Rettung habe sich Jaxa zum Christentum bekannt und seinen Schild und sein Horn an einen Baum gehängt.

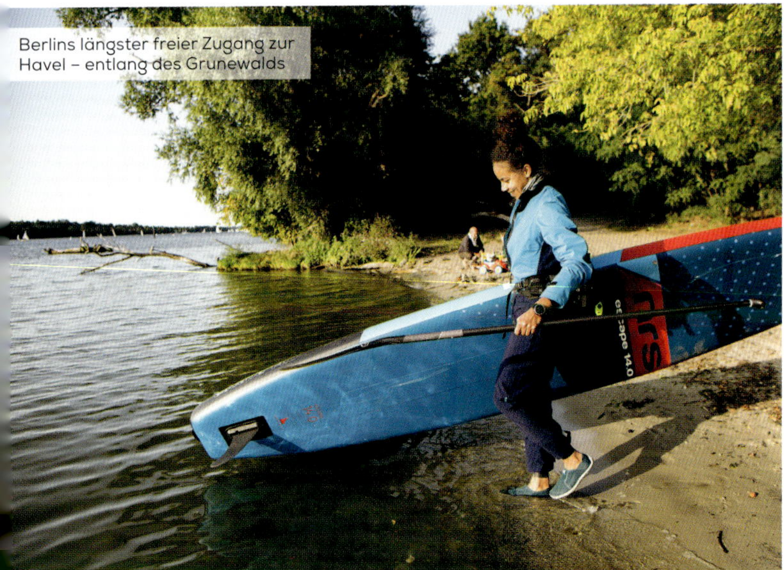

Berlins längster freier Zugang zur Havel – entlang des Grunewalds

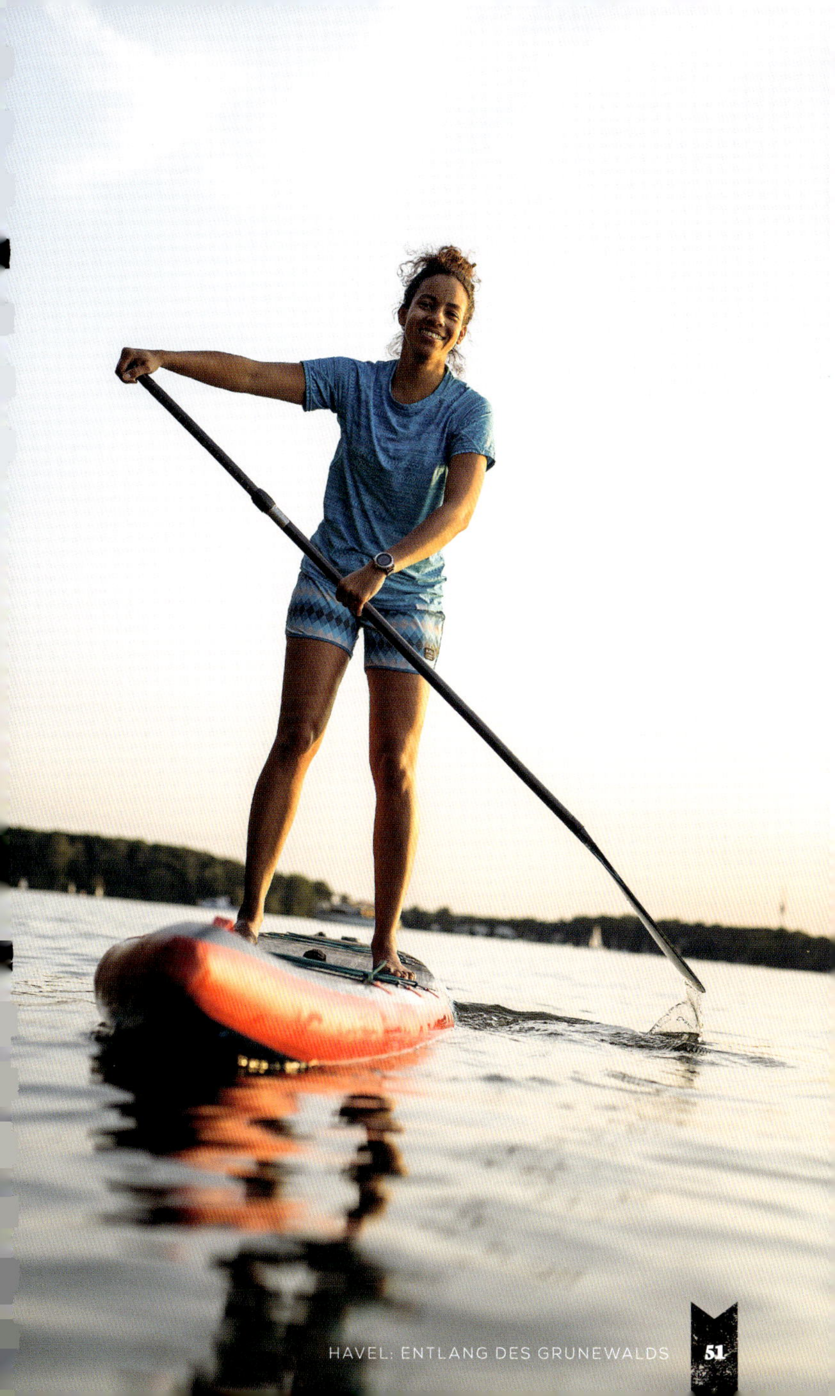

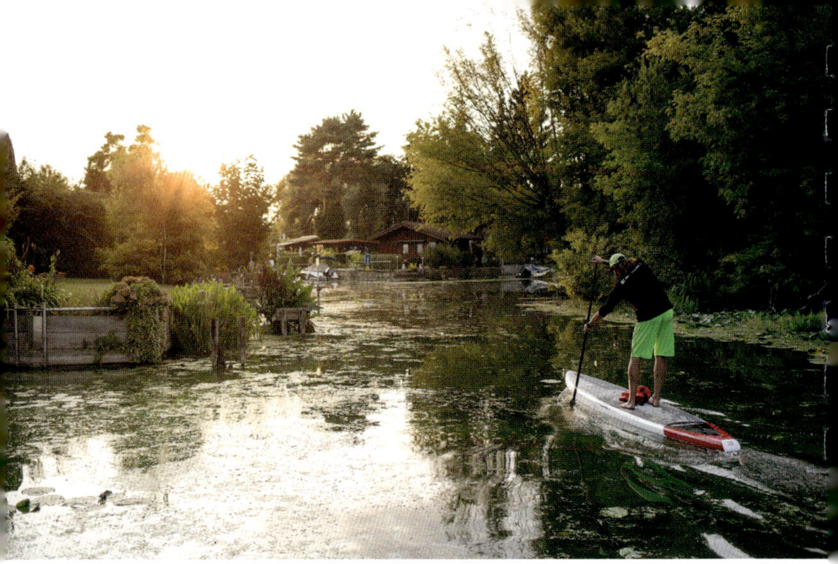

2 MALERISCHES KLEIN-VENEDIG

Gegenüber von **SCHILDHORN** in nördlicher Richtung liegt die Einfahrt zur Havel Richtung Spandau. Wir aber zielen eher in nordöstliche Richtung entlang des Grunewaldes, vorbei am **RESTAURANTSCHIFF „ALTE LIEBE"** 2 2, in den **STÖSSENSEE**. Hier wird Wassersport zelebriert: ob Yachthafen, Segelverein oder Ruder-Club, Hunderte Boote warten an ihren Liegeplätzen auf einen Ausflug. Am östlichen Ufer befindet sich ein kleiner Landvorsprung, der den Namen **RUPENHORN** trägt. Von dort aus steigt das Gelände in Richtung Grunewald bis zu 35 Meter über den See an, wo einige unter Denkmalschutz stehende Villen und Gärten aus den 1920er Jahren mit besonderem Ausblick über den See thronen. Dahinter in den Wald hinein, findet man den **JÜDISCHEN FRIEDHOF HEERSTRASSE**, auf dem auch viele bedeutende Persönlichkeiten wie Hans Rosenthal (Dalli-Dalli) oder Heinz Galinski begraben liegen.

Die denkmalgeschützte **STÖSSENSEEBRÜCKE** teilt den See in einen größeren südlichen und einen kleinen nördlichen Abschnitt. Wir paddeln unter der beeindruckenden Stahl-Fachwerkbrücke von 1909 hindurch, vor uns liegen nun **„KLEIN-VENEDIG"** und die wegen ihres hohen Artenreichtums zum Landschaftsschutzgebiet erklärten **„TIEFWERDER WIESEN"** TIPP. Das Areal mit den weitläufigen Wiesenflächen, Havel-Altarmen und röhrichtbestandenen Ufern sowie den auwaldähnlichen Gehölzen ist das letzte natürliche Überflutungsgebiet Berlins. Die ebenso angesiedelten kleinen Häuser an den Ufern gaben dem Gebiet den Beinamen "Klein-Venedig", da viele Kanälchen das Gebiet durchziehen und die Bewohner sich gern per Boot fortbewegen.

Vom Nordende des **STÖSSENSEES** nehmen wir die linke Einfahrt in den **HAUPTGRABEN**. Wir passieren den **„BOOTSLADEN"** 2, der sich auf Kanus und Kajaks spezialisiert hat, aber auch SUPs vermietet; kurz dahinter halten wir uns an einer Gabelung rechts und folgen weiter dem Hauptgraben nach Norden.

An einer kleinen offenen Stelle starten wir noch eine 1,5 Kilometer lange Rundtour, bevor wir den Rückweg antreten. Wir paddeln leicht rechts in den **GROSSEN JÜRGENGRABEN** und gelangen so zum **SPANDAUER SÜDHAFEN**, dem wir nach links etwa 400 Meter folgen um dann, kurz vor dem Hauptarm der Havel, links in den **KLEINEN JÜRGENGRABEN** abzubiegen, der uns wieder zurück zum **HAUPTGRABEN** führt. Nun machen wir uns auf den Rückweg gen Süden, genießen noch einmal die Enge der **TIEFWERDER WIESEN**, bevor wir später auf der **HAVEL** vor dem **„GROSSEN FENSTER"** 1 in den Sonnenuntergang paddeln.

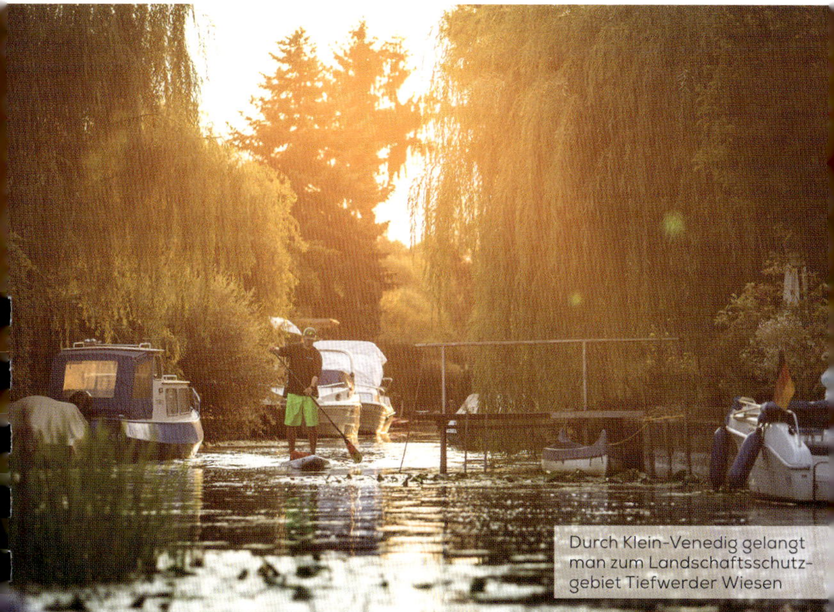

Durch Klein-Venedig gelangt man zum Landschaftsschutzgebiet Tiefwerder Wiesen

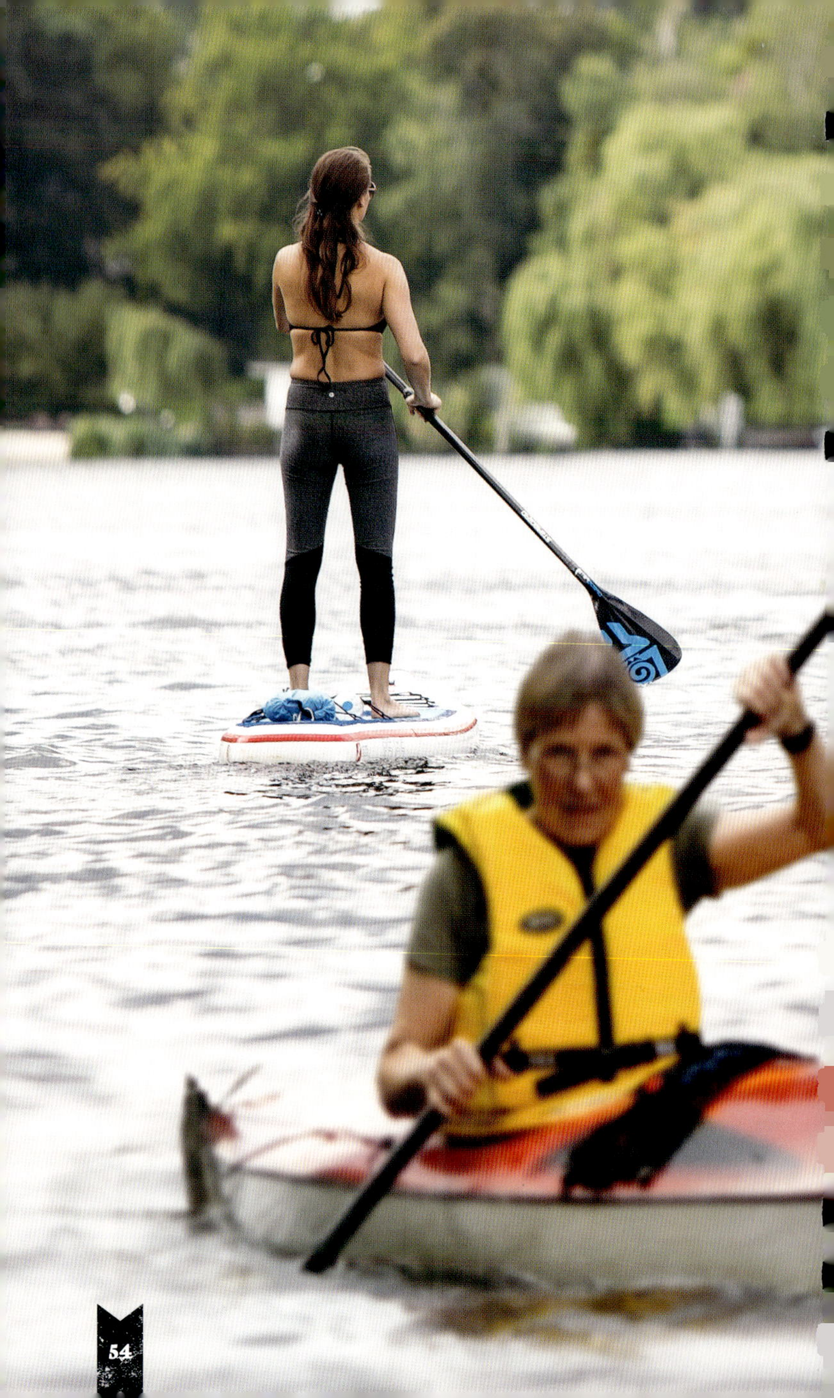

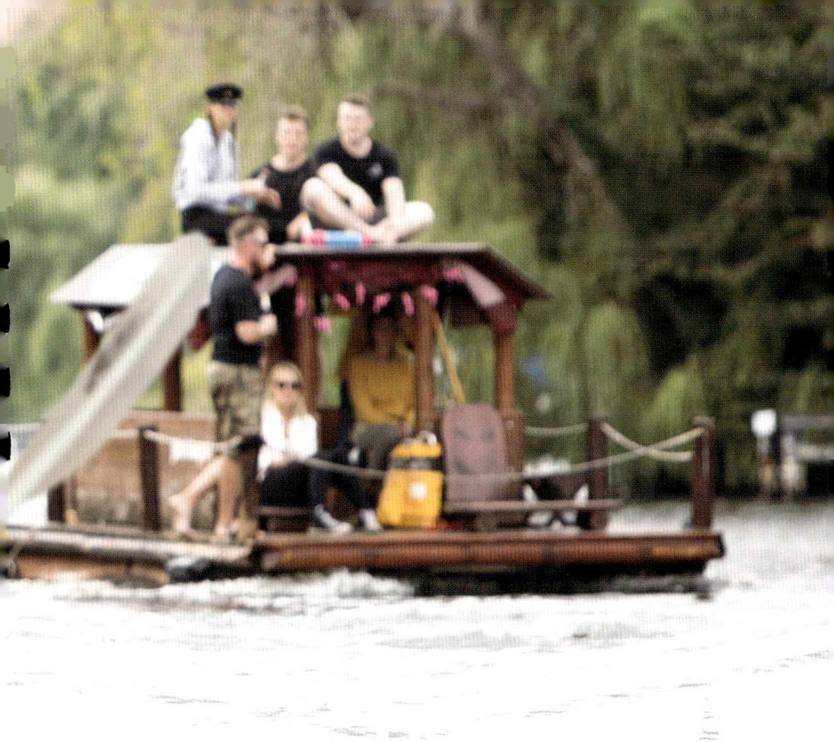

WANNSEE VILLEN-TOUR

ANSPRUCH

EINKEHR

Ein absoluter Wassersport-Hotspot im Südwesten der Stadt – Baden, Segeln und Rudern haben hier eine lange Tradition. Für Stand-Up-Paddler ist der Wannsee selbst eine windige Angelegenheit, im Griebnitzkanal hingegen, wie die Seenkette zwischen Großer Wannsee und Griebnitzsee genannt wird, lässt sich herrlich eine Runde drehen und dabei in die Vorgärten edler Villen kieken.

WIND & WETTER

Der Große Wannsee ist sehr windanfällig!

BEFAHRUNGSREGELN

Bitte Rücksicht auf andere Wassersportteilnehmer nehmen auf dieser vielbefahrenen Teilstrecke.

ANFAHRT MIT DEM PKW

Autobahn A115 bis Kreuz Zehlendorf und weiter auf der B1 nach Wannsee, nach der Brücke rechts ab auf „Am Großen Wannsee". Diese weiterfahren bis Einmündung „Zum Heckeshorn".

PARKEN

EINSTIEG 1 Parkplatz „Zum Heckeshorn" (Navi: Zum Heckeshorn 27, 14109 Berlin).

EINSTIEG 2 Nur wenige Parkplätze in der Bismarckstraße beim Kleistgrab. (Navi: Bismarckstr. 2, 14109 Berlin).

ANFAHRT MIT ÖPNV

EINSTIEG 1 Bahn/ÖPNV bis Bahnhof Wannsee, dort mit der Buslinie 114 Richtung Heckeshorn zur Haltestelle „Haus der Wannsee-Konferenz (Berlin)".

EINSTIEG 2 Vom Bf Wannsee durch die Bahnhofsunterführung zur Kreuzung Kronprinzessinnenweg / Königstraße. Diese überqueren und geradeaus durch den kleinen Park. Dann wenige Meter auf der Bismarckstraße, bis es rechts zwischen den Ruder-Bootshäusern zum Kleistgrab und über eine kurze Treppe hinunter zum Wasser geht.

BADEN

» **Strandbad Wannsee** von 1930, eines der größten Freibäder an einem Binnengewässer in Europa, Wannseebadweg 25, 14129 Berlin

» **Badestelle Heckeshorn**, Uferpromenade, 14109 Berlin

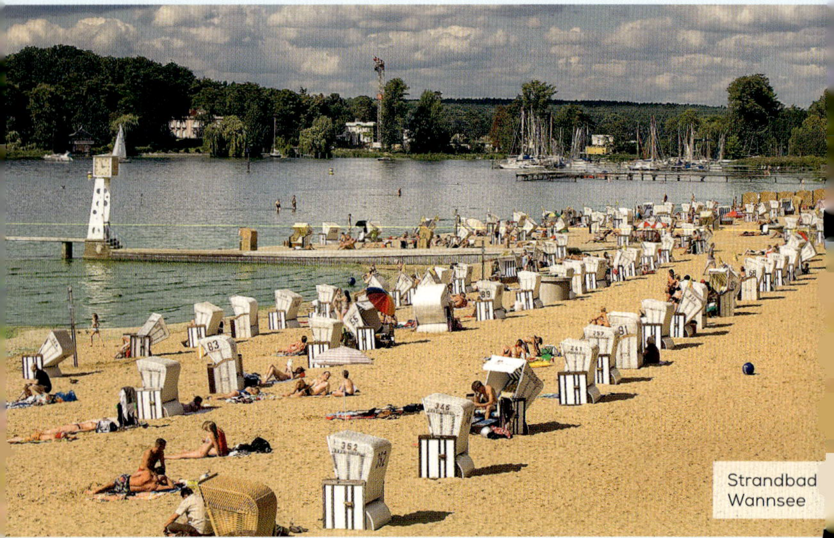

Strandbad Wannsee

SEHENSWERT

» Kunstmuseum **Liebermann-Villa** am Wannsee. Das heutige **Museum** mit **Café** im Sommerhaus des Künstlers, zeigt Originalgemälde und Dokumente des Impressionismus und ist eines der wenigen Häuser aus der Zeit der Villenkolonie Alsen, das noch existiert.

» **Schloss Babelsberg** mit Lennépark.

» **Filmpark Babelsberg** mit einem Themenpark zu Filmhandwerk und Filmgeschichte. In verschiedenen Shows zeigen Stuntmen, Pyrotechniker und Filmtiertrainer ihr Können.

» **Schloss Glienicke**, nach Entwürfen des Architekten Karl Friedrich Schinkel „antik gebaut", mit dem europaweit einzigartigen **Hofgärtnermuseum**.

» Die außergewöhnliche **Sacrower Heilandskirche** wurde im italienischen Stil mit einem freistehenden Campanile erbaut und liegt direkt am Havelufer. 1961 lag sie im Bereich der deutsch-deutschen Grenze und die Sperranlagen der DDR verliefen direkt über das Kirchengelände.

» Die romantische **Pfaueninsel** mit idyllischem Park, in dem Pfauen ihr Rad schlagen.

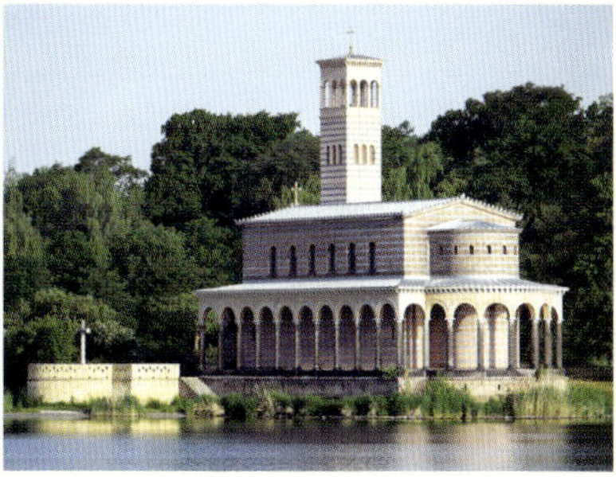

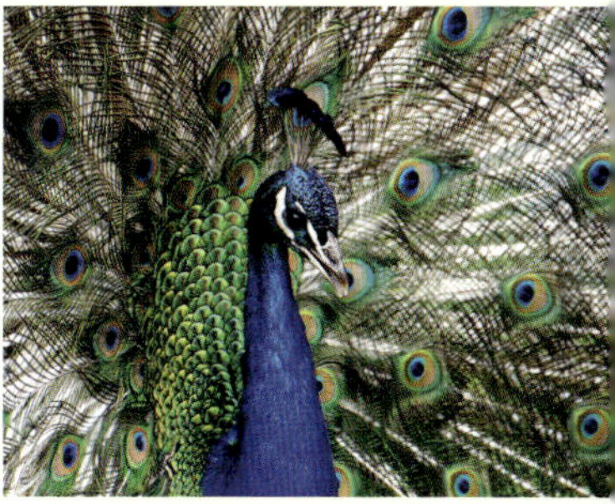

EXTRA-TIPPS

» **Haus der Wannsee-Konferenz:** Hinter der repräsentativen Fassade der Wannsee-Villa verhandelten die Nazis im Januar 1942 ihren teuflischen Plan zur Deportation und Ermordung der Juden. Die **Ausstellung** im Erdgeschoss der Villa erinnert an die Verfolgung und Vertreibung der Juden im Dritten Reich.

» Spaziergang durch das **Villenviertel Neubabelsberg**: Jüdische Industrielle und Bankiers hatten sich Anfang des 20. Jahrhunderts um die Karl-Marx-Straße herum feudale Villen von namhaften Architekten bauen lassen. Ab 1933 kam es zur Enteignung, Vertreibung, Flucht oder Deportation der Bewohner und Stars der Filmbranche, wie Heinz Rühmann, Hans Albers oder Marika Rökk wurden ihre ungenierten Nachfolger. Während der Potsdamer Konferenz logierten dann die Staatschefs der Siegermächte Stalin, Churchill und Truman in den Häusern. Von dort soll der amerikanische Präsident den Einsatz der Atombombe gegen Hiroshima befohlen haben.

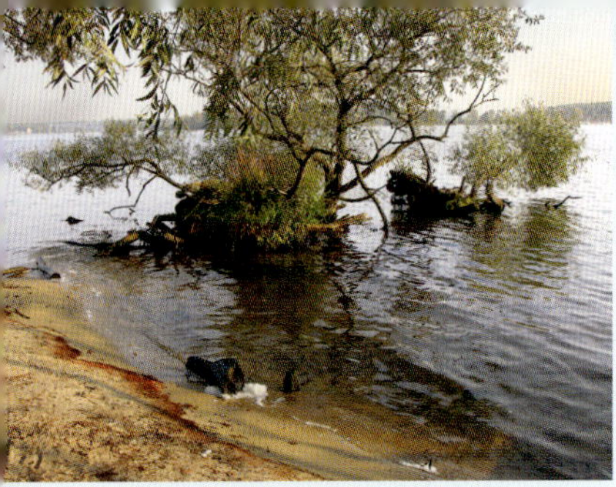

TOUREN

1 AUF DER SEENKETTE WANNSEE & GRIEBNITZSEE

Die Tour auf Kleinem Wannsee, Pohlesee und Stölpchensee liegt im Gegensatz zum Großen Wannsee recht windgeschützt und ist somit ideal für Stand-Up-Paddler.

| **LÄNGE** 11 km | **DAUER** 3-4 h

2 KOMPLETTE WANNSEE-GRIEBNITZSEE-RUNDE MIT PFAUENINSEL

Hier ist man auf dem Jungfernsee, und später auf dem Großen Wannsee, deutlich stärker dem Wind ausgesetzt.

| **LÄNGE** 17 km | **DAUER** 6-8 h

EIN- UND AUSSTIEGE

EINSTIEG 1 Mini-Strand am Segelhafen auf der Landspitze Heckeshorn. Vom Parkplatz vorbei am Hotel-Restaurant Haus Sanssouci, dann neben dem Flensburger Löwen runter zum Wasser.

EINSTIEG 2 Sollten es die Windverhältnisse auf dem Großen Wannsee nicht zulassen, kann auch nahe am Kleistgrab am Kleinen Wannsee gestartet werden (oder evtl. neben den Fähranlegern an der Ronnebypromenade). Von der Bismarckstraße geht es zwischen den Ruder-Bootshäusern zum Kleist-Denkmal und über eine kurze Treppe hinunter zum Wasser.

SUP-VERMIETUNG

1 STAND UP WANNSEE
(bei der Segelschule Große Freiheit)
Am Großen Wannsee 58b, 14109 Berlin
Tel. 0152-521 425 26
www.standup-wannsee.de

2 POTSDAM PER PEDALES (SUP)
Rudolf-Breitscheid-Str. 201
14482 Potsdam (Bf Griebnitzsee)
Tel. (0331) 748 00 57
www.potsdam-per-pedales.de

3 POTSDAM PER PEDALES (SUP)
Café Villa Schöningen, Glienicker Brücke
Berliner Straße 86, 14467 Potsdam
Tel. (0331) 702 099 21
www.potsdam-per-pedales.de

4 WASSERSPORTCENTER BERLIN
Badeweg 7A, 14129 Berlin
Tel. (030) 209 67 12 40
www.wassersportcenter-berlin.de

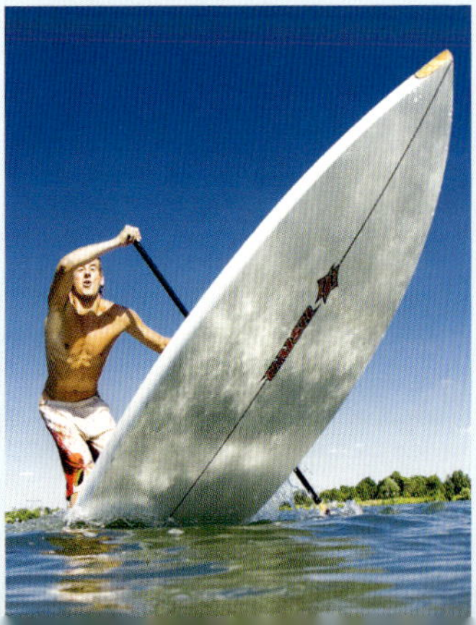

EINKEHR

1 PIEROGO GRILL & BIERGARTEN, *polnischer Imbiss zwischen Sportboot-Marina & Nixe-Yachthafen*

Königstraße 4a, 14109 Berlin
Tel. 0152-538 032 84
www.pierogo.info
Di-So 12-18 Uhr

KLASSIKER Knusprig gebratene Pierogi mit verschiedenen Füllungen

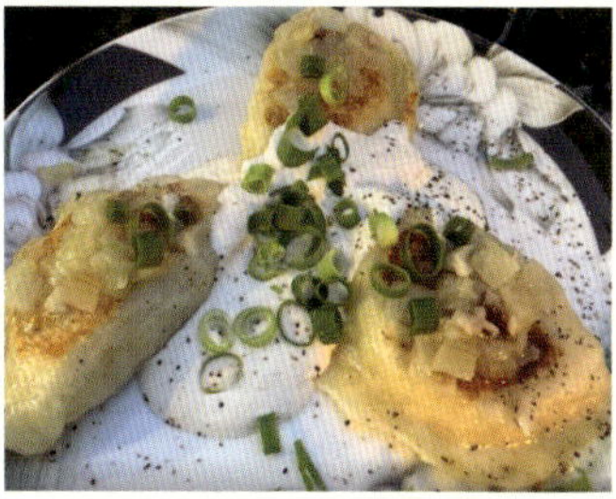

2 SÖHNEL WERFT BIERGARTEN

Neue Kreisstr. 50, 14109 Berlin
Tel. (030) 80 90 78 87
www.soehnelwerft.com
Mo-So 11.30-22 Uhr

KLASSIKER Wurst vom Grill

3 WARTMANNS CAFÉ

Waldmüllerstr. 8, 14482 Potsdam (Klein Glienicke), Tel. (0331) 231 661 88
www.wartmanns.de
Tägl. 11-19 Uhr

KLASSIKER Leckerer Kuchen und leckeres Eis

4 WIRTSHAUS MOORLAKE

Moorlakeweg 6, 14109 Berlin
Tel. (030) 805 58 09
www.moorlake.de
Tägl. ab 11 Uhr

KLASSIKER Altberliner Spezialität „Bollenfleisch“ (Lamm mit heller Zwiebel-Kümmel-Sauce)

ÜBERNACHTUNG

1 DJH JUGENDHERBERGE BERLIN - AM WANNSEE

Badeweg 1, 14129 Berlin
Tel. (030) 803 20 34
www.jh-wannsee.de

2 HOTEL FORSTHAUS

Stölpchenweg 45
14109 Berlin
Tel. (030) 805 86 80
www.hotel-forsthaus-wannsee.de

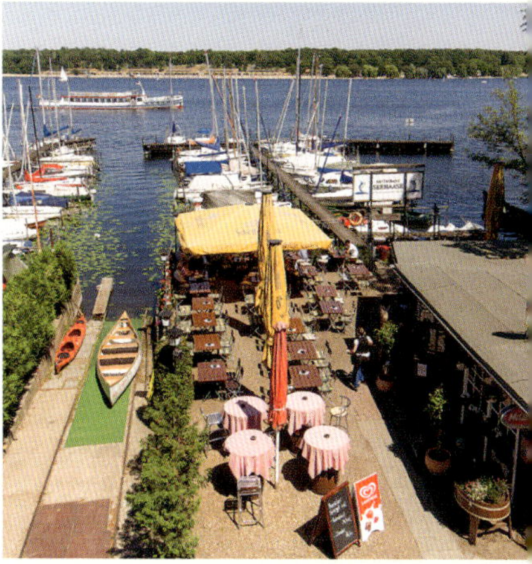

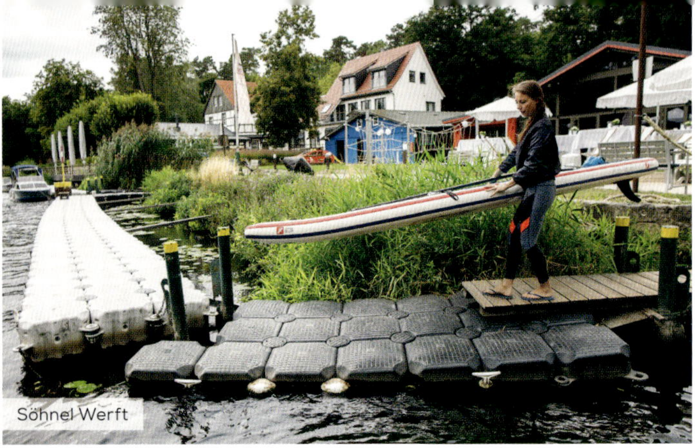

Söhnel Werft

1 VILLENTOUR ÜBER WANNSEE, POHLESEE & STÖLPCHENSEE

Ein guter Start für die Wannsee-Tour findet sich auf der **LANDSPITZE HECKESHORN** 1 im nordwestlichen Teil des **GROSSEN WANNSEE**. Auf dem Großen Wannsee geht es nun nach rechts in südliche Richtung. Dieser erste Abschnitt über den Wannsee ist recht windanfällig.

Am gegenüberliegenden Ufer leuchten die Strandkörbe vom **STRANDBAD WANNSEE**, dem größten Binnenseebad Europas. Es ist ganz sicher kein Geheimtipp mehr, doch der Berliner Charme und die familiäre Atmosphäre dieser über 100 Jahre alten Institution mit dem 540 Meter langen, denkmalgeschützten Gebäudekomplex begeistern bis heute große und kleine Besucher. Den Gassenhauer aus den Fünfzigern "Pack die Badehose ein" kennt heute noch jedes Kind. SUPs können dort beim **WASSERSPORTCENTER BERLIN** 4 gemietet werden. Südlich des Strandbades befindet sich die **JUGENDHERBERGE AM WANNSEE** 1, die zwar über ein Ufergrundstück verfügt, aber Paddlern keine Möglichkeit zum Anlegen bietet.

An unserem Ufer reiht sich auf den nächsten Metern ein Seglerhafen an den anderen. Hier entstand ab 1870 die noble **COLONIE ALSEN**. Die prachtvollen Villen, nur wenige sind heute erhalten, waren eingebettet in einen Park und stellten eine einzigartige Kulturlandschaft der Zeit des Kaiserreichs und der Weimarer Republik dar. Vorbei an der **„VILLA LIEBERMANN"**, deren Grundstück sich bis zum Wasser hinunterzieht, verlassen wir nun das Westufer, queren das südliche Becken des Großen Wannsees und peilen leicht links neben dem Yachthafen die **WANNSEEBRÜCKE** an, an der wir den **KLEINEN WANNSEE** erreichen.

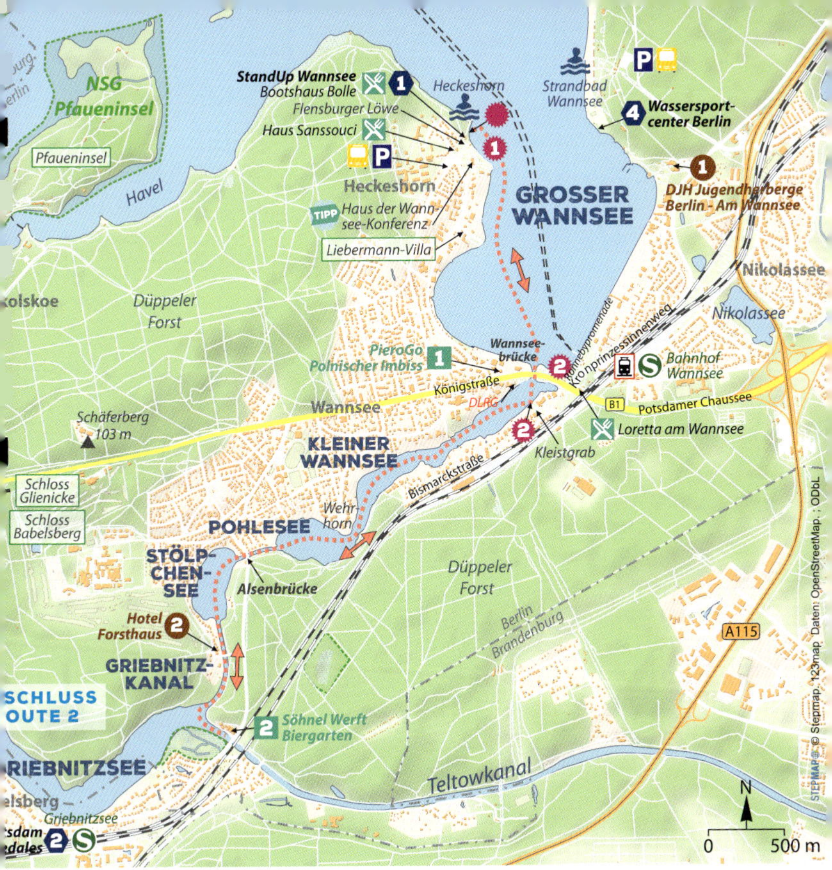

Auf der linken Seite markiert das blau-weiße Schild „Kleiner Wannsee“ am Ufer zwischen den Bootshäusern das **KLEISTGRAB**, an dem die Tour auch begonnen ❷ werden kann, wenn die Fahrt über den großen Wannsee zu windig ist. Die Gedenkstätte erinnert an den bekannten Dramatiker Heinrich von Kleist, der sich hier 1811 aus Geldsorgen und mangelndem Zuspruch für seine Werke das Leben nahm.

Wer sich auf dem Kleinen Wannsee gleich rechts hält, könnte unmittelbar vor dem Grundstück der DLRG-Station anlegen um über steinerne Treppenstufen, die durch eine kleine Grünanlage führen, hinauf zur Königstraße zu gelangen. Schräg gegenüber, auf der anderen Straßenseite, liegt ein Geheimtipp – der empfehlenswerte polnische **PIEROGO GRILL** 1 mit einem kleinen Biergarten. Eine hochwertige Auswahl an polnischen kleinen Speisen wie Bigos, polnische

Grillwurst und natürlich Piroggen in verschiedenen Variationen (auch vegetarisch) erwarten den hungrigen SUPer. Die 200 Meter Fußweg lohnen sich.

Am Ufer des vielbefahrenen **KLEINEN WANNSEES** befinden sich neben einigen Ruderklubs überwiegend große Anwesen auf hübschen Gartengrundstücken ohne zugänglichen Uferweg. Alte Weiden lassen ihre Triebe bis ins Wasser hängen, über das majestätisch Graureiher schweben. An der grünen Landzunge **WEHRHORN** verengt sich der Wasserlauf. Über einen Rechtsknick gelangen wir in den **POHLESEE** und dahinter durch einen Kanal unter der **ALSENBRÜCKE** hindurch zum **STÖLPCHENSEE**. Die Siedlung rund um den Stölpchensee gilt als eine der ältesten erhaltenen Dorfkerne Berlins: Bereits im Jahre 1299 wurde das Dorf Stolpe erstmals urkundlich erwähnt. Gut sichtbar am rechten Ufer ist die evangelische Kirche von 1859. Auch hier reihen sich traumhafte Grundstücke mit wunderschönen Villen aneinander, anlegen ist leider nirgends möglich.

Über den anschließenden **GRIEBNITZKANAL**, vorbei am **HOTEL FORSTHAUS** ❷, eine der wenigen Übernachtungsmöglichkeiten am Wasser, kommen wir zum Wasserstraßenkreuz von **GRIEBNITZSEE** und **TELTOWKANAL**, in den ein Stück hinein sich am linken Ufer die **SÖHNEL WERFT** 2 befindet. An der zur Event-Location umgebauten Anlage mit großem Bootshaus und **BIERGARTEN** direkt am Wasser lässt sich gut eine Rast mit Blick auf den Teltowkanal und die großen Frachtschiffe einlegen, bevor wir uns auf den Rückweg machen.

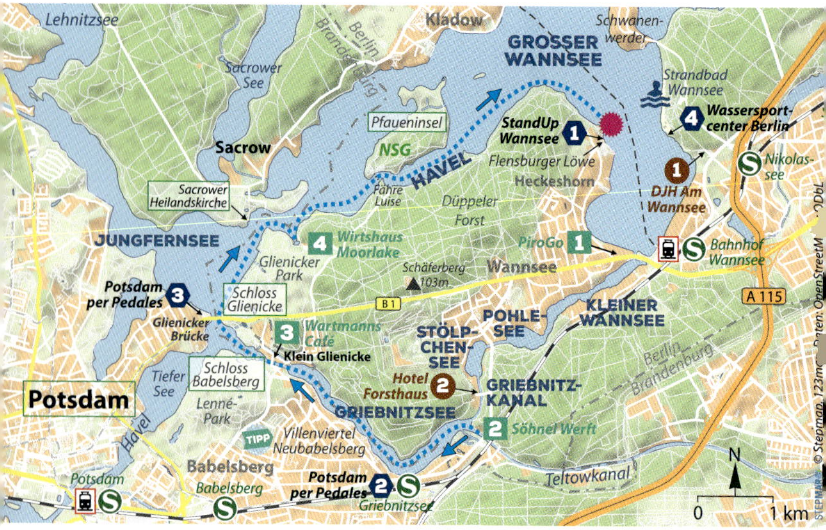

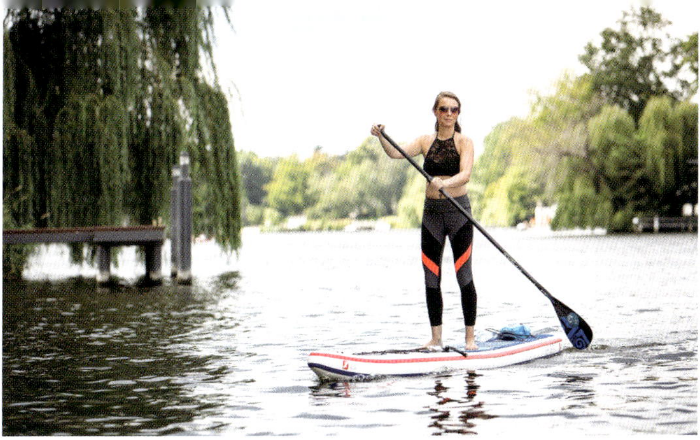

2 WEITER ZUR „AGENTEN-BRÜCKE" UND PFAUENINSEL

Wer noch richtig Saft im Akku hat, der kann auch die gesamt Wannsee-Insel umrunden und aus der Tour eine Rundtour machen. Von der **SÖHNEL WERFT** 2 sind es über Glienicker Brücke und Pfaueninsel gut 11 km bis zum Startpunkt in Heckeshorn. Bitte beachten: Die Strecke am Jungfernsee und hinter der Pfaueninsel ist etwas windanfälliger als der bisherige Verlauf.

Nach dem **GRIEBNITZSEE** (Eis essen bei **WARTMANNS CAFÉ** 3 in **KLEIN GLIENICKE** - sehenswertes Örtchen, früher DDR-Enklave, mit denkmalgeschützten Schweizerhäusern) und der kleinen **GLIENICKER LAKE** geht es rechts unter der **GLIENICKER BRÜCKE** hindurch, die in der Zeit des Kalten Krieges Schauplatz legendärer Agentenaustausche zwischen den Westmächten und dem Ostblock war.

Mit Blick auf die mediterran anmutende **SACROWER HEILANDSKIRCHE**, die zu DDR-Zeiten auf von Grenztruppen scharf bewachtem Gebiet stand, schwenkt man nach rechts in eine tief eingeschnittene idyllische Bucht zum historischen **WIRTSHAUS MOORLAKE** 4, das auf eine über 100jährige Tradition als beliebtes Ausflugsziel zurückschaut.

Nächstes Ziel ist dann schon die 88 Hektar große **PFAUENINSEL**, die nur zu Fuß erkundet werden kann. Anlegen darf man an ihr zwar nicht, aber die Fähre „Luise" verkehrt zwischen Wannsee-Insel und der zum UNESCO-Welterbe zählenden Insel. Friedrich Wilhelm II. erwarb sie im Jahre 1793 für sich und seine junge Geliebte und ließ ein schneeweißes Schloss in Form einer romantischen Ruine errichten. Den traumhaften Landschaftspark, in dem die Pfauen umher stolzieren, errichtete der Landschaftsarchitekt Peter Josef Lenné. Und nach Umrundung der nächsten Landspitze ist man auch schon wieder in **HECKESHORN** 1.

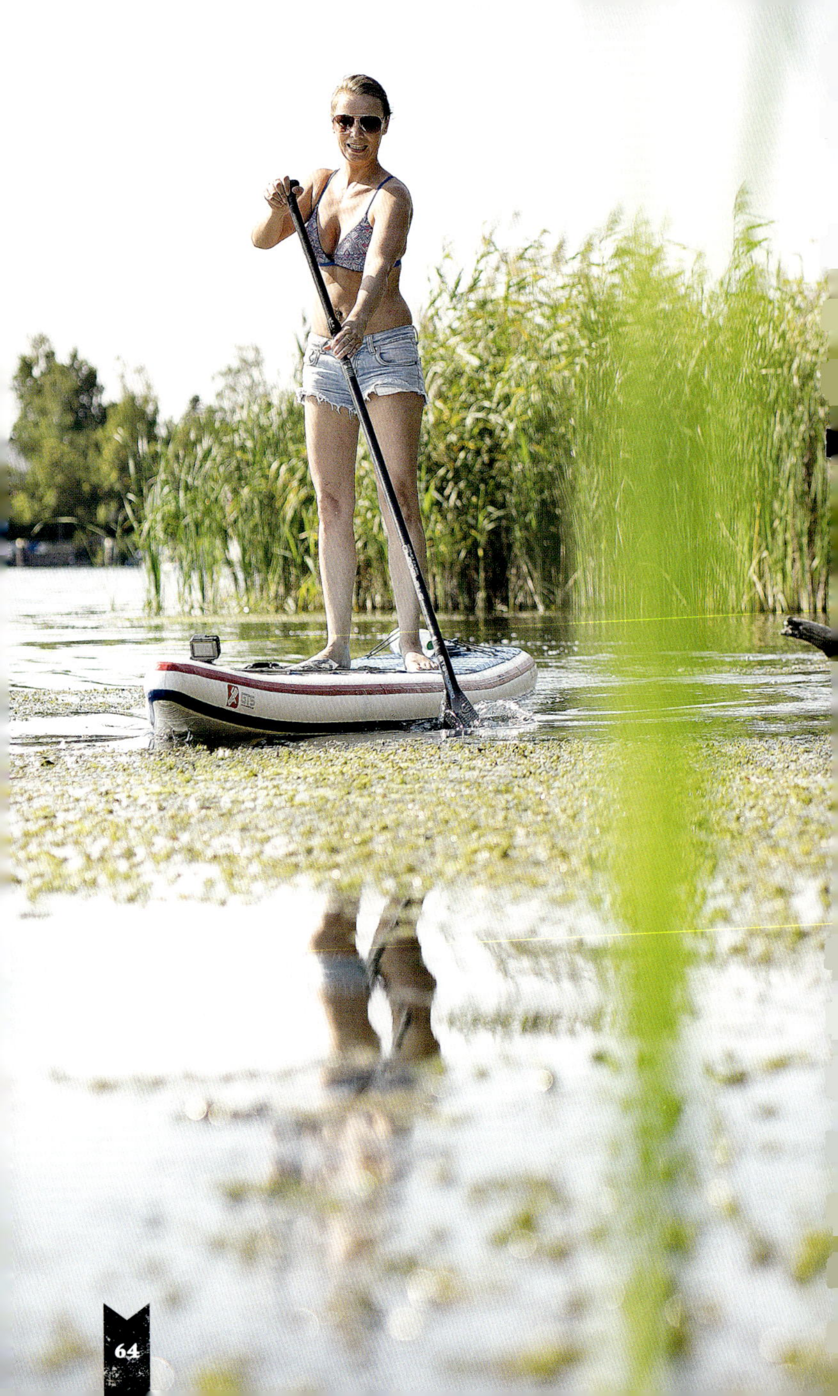

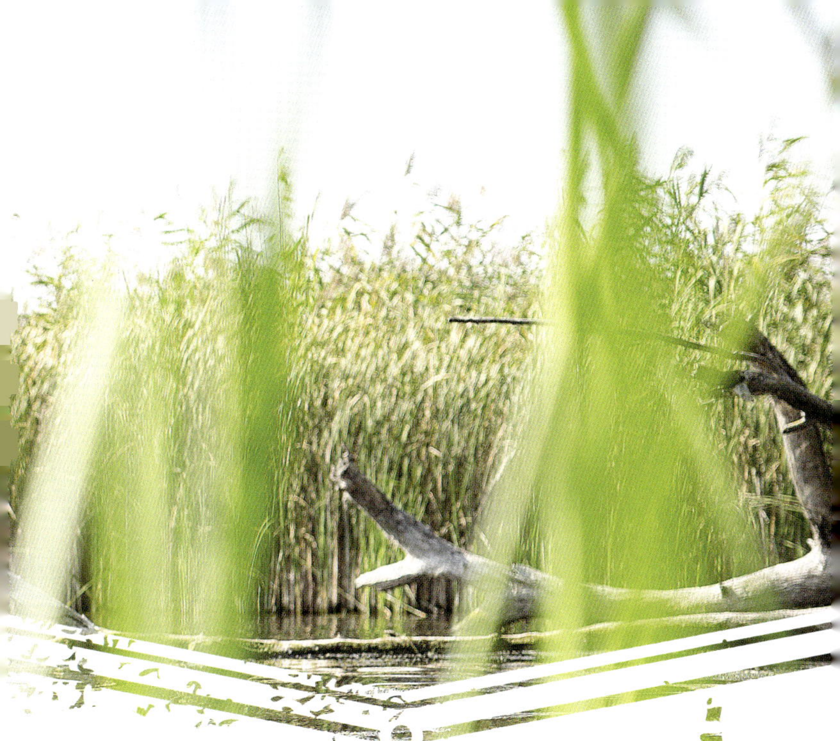

RUND UM DEN TEGELER SEE

ANSPRUCH

EINKEHR

Der mit kleinen Inseln geschmückte Tegeler See ist das Wassersport-Eldorado im Nordwesten! Mit seinen 450 Hektar ist er nach dem Müggelsee der zweitgrößte See Berlins. Doch seine eher längliche Ausdehnung und die Inseln machen ihn interessanter und weniger windanfällig als den großen Bruder im Südosten.

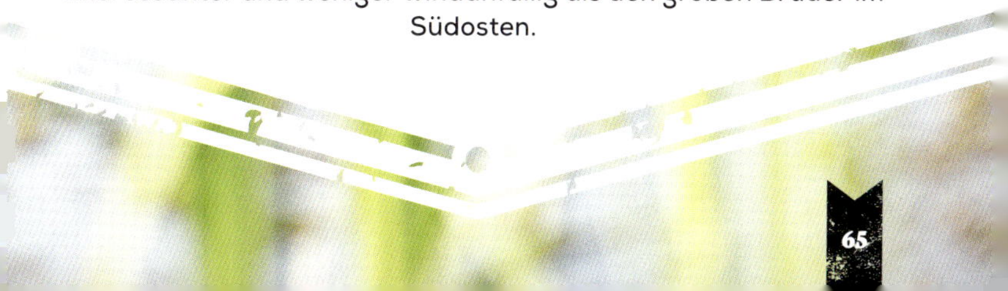

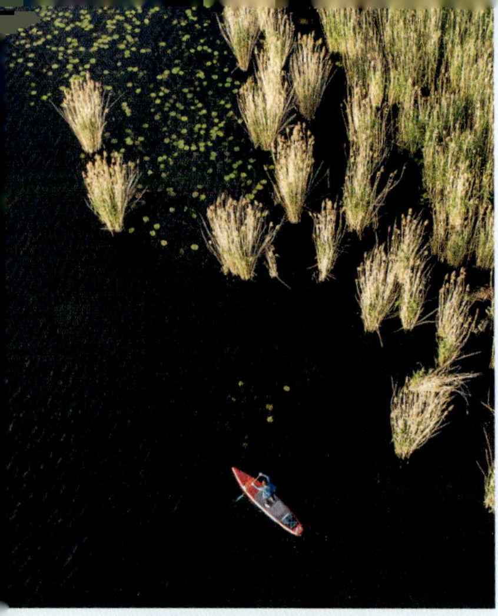

ANFAHRT MIT ÖPNV

Bushaltestelle „Weg nach Reiswerder" (Buslinie 133) an der Havelchaussee. Alternativ kann die Rundtour auch an der Greenwichpromenade ● in Tegel gestartet werden, die gut vom U-Bahnhof Alt-Tegel erreichbar ist (etwa 1 km Fußweg). Vom S-Bahnhof Tegel sind es etwa 300 m mehr.

BADEN

- **Strand Reiswerder** (Ostufer), Bernauer Str. 160, 13507 Berlin
- **Badestelle Reiherwerder** am Forsthaus (Nordwestufer), Schwarzer Weg 69, 13505 Berlin
- **Badestelle Saatwinkel** (Südostufer), Im Saatwinkel 65, 13599 Berlin
- **Strandbad Tegel** durch eine private Initiative 2021 wiedereröffnet.

WIND & WETTER

Die offenen Wasserflächen sind natürlich anfällig für Wind. Eventuell bei der Routenplanung die Windrichtung mit einbeziehen und den Windschatten der Inseln nutzen.

BEFAHRUNGSREGELN

Achtung: zwischen den Inseln Baumwerder, Valentinswerder und Maienwerder darf nicht hindurchgefahren werden - die Schilder sind deutlich zu erkennen.

ANFAHRT MIT DEM PKW

Von Berlin-Mitte den Saatwinkler Damm stadtauswärts nehmen, dann rechts abbiegen auf die Gartenfelder Str. und nach etwa 300 Metern weiter auf die Bernauer Straße. Sobald man in den Wald hineinfährt, sind es noch etwa 1,7 km.

PARKEN

An der Bernauer Straße befinden sich jede Menge Parkplätze am Straßenrand. Am besten auf Höhe des Strandes Reiswerder parken.

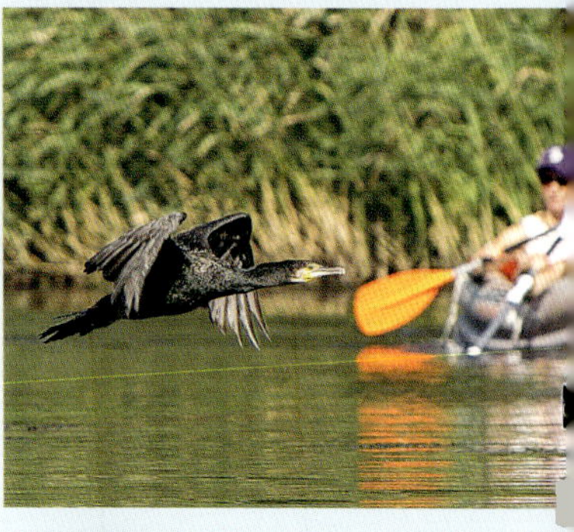

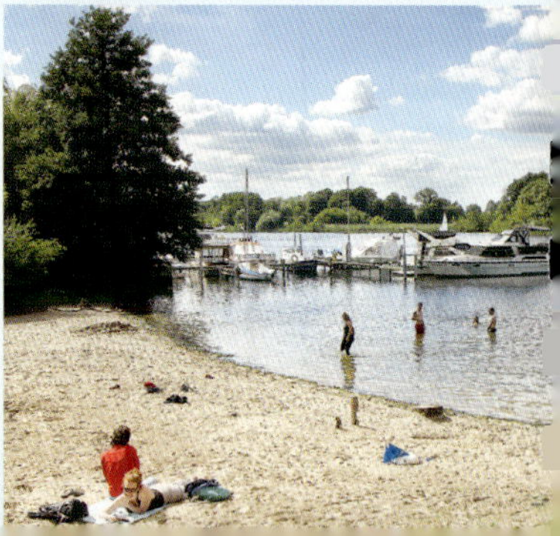

SEHENSWERT

» **Schloss Tegel** - Elternhaus der Brüder Humboldt und heute in Privatbesitz - zählt zu den frühen Bauwerken Karl Friedrich Schinkels und ist Paradebeispiel für klassizistische Architektur. Ein **Museum im Gutshaus** gewährt einen spannenden Einblick in die Lebenswelt der Brüder.

» **Stieleiche "Dicke Marie"**, vermutlich ältester Baum Berlins.

» **Tegeler Hafenbrücke**. Stählerne Fachwerkbogenbrücke von 1908 mit zwei Kassenhäuschen. Wegen dem „Sechser“ als Brückenzoll im Volksmund auch „Sechserbrücke“genannt.

TIPP EXTRA-TIPPS

Rund sechs Kilometer lange **Wanderung** am **Tegeler Fließ**, einem schmalen, rund 30 Kilometer langen Flusstal. Über Holzbohlen und Waldwege gehts vom Schloss Tegel entweder zur S-Bahnstation Waidmannslust oder man verbindet sie am Ende noch mit einem Abstecher zum sehr empfehlenswerten idyllischen **Café im Auenhof Hermsdorf** unweit des Hermsdorfer Sees. Im Bereich der Egidybrücke können Wasserbüffel auf den unter Naturschutz stehenden Sumpfgrasflächen beobachtet werden.

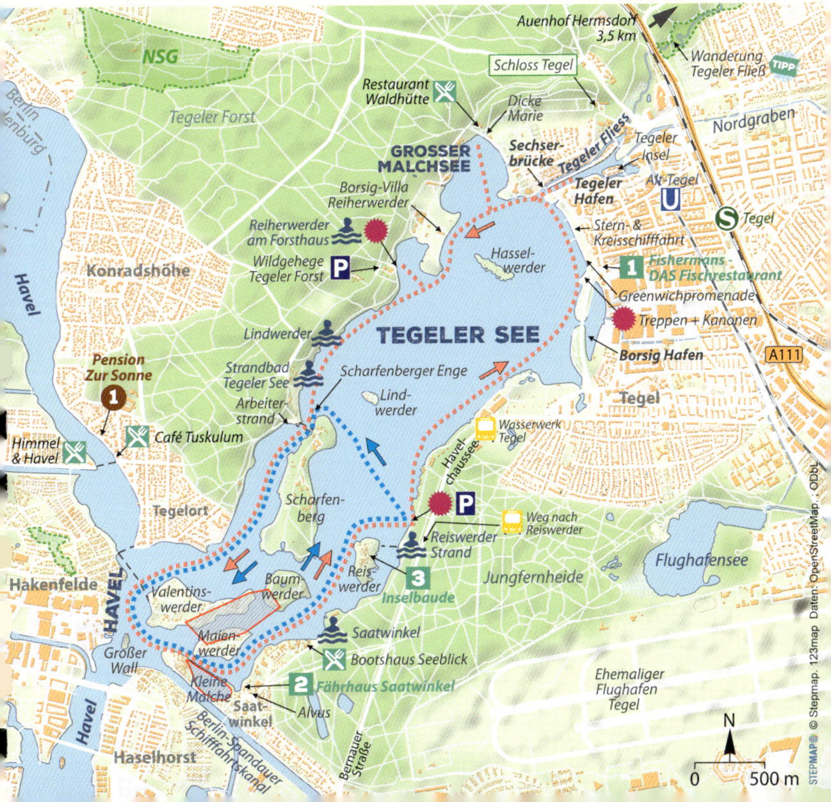

1 GROSSE RUNDE UM DEN TEGELER SEE

Die Rundtour um den See führt an der Greenwichpromenade in Tegel vorbei, weiter zur Villa Borsig und zwischen malerischen Inseln entlang.

| **LÄNGE** 10 km | **DAUER** 3-5 h

EIN- & AUSSTIEG ROUTE 1

Reiswerder Strand, bzw. am kleinen Strand etwa 100 Meter nördlich davon.

Die Rundtour kann theoretisch auch andernorts begonnen werden, zum Beispiel im Nordwesten an der Badestelle Reiherwerder am Forsthaus (Schwarzer Weg 69, 13505 Berlin). Hier befindet sich ein öffentlicher Parkplatz.

2 SUNDOWNER RUND UM DIE INSELN

Die kurze Variante der Rundtour lässt den Nordteil des Sees aus und führt vom Startpunkt gen Nordwesten um die Nordspitze von Scharfenberg herum. Dort dem Routenverlauf Tour 1 folgen.

| **LÄNGE** 5 km | **DAUER** 2 h

EIN- & AUSSTIEG ROUTE 2

Reiswerder Strand, bzw. am kleinen Strand etwa 100 Meter nördlich davon.

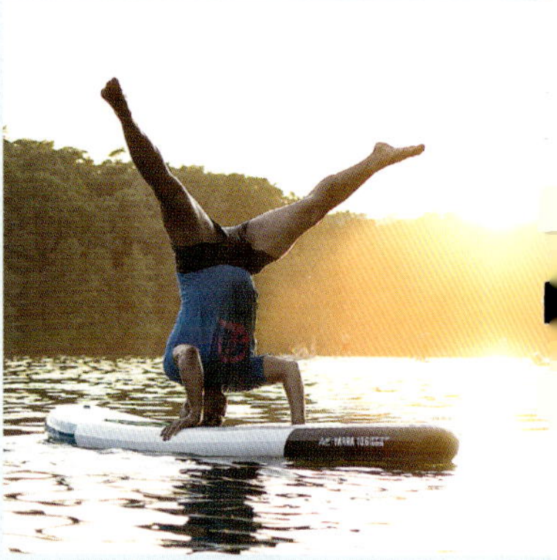

SUP-VERMIETUNG

1 SUP CENTER BERLIN

Eiswerderstraße 18, Gebäude 129
13585 Berlin
Tel. 0172-300 29 30
www.supcenter.berlin

2 WHATSUPBERLIN

Scharfe Lanke 109-131, 13595 Berlin
Tel. 0174 - 3772733
www.whatsupberlin.de

3 DER BOOTSLADEN

Brandensteinweg 37, 13595 Berlin
Tel. (030) 362 56 85
www.der-bootsladen.de

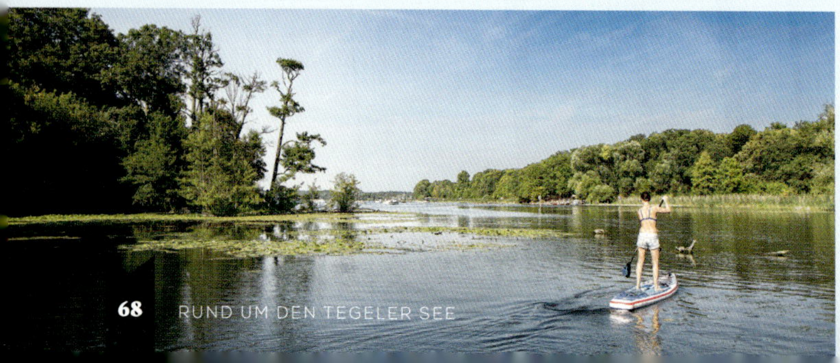

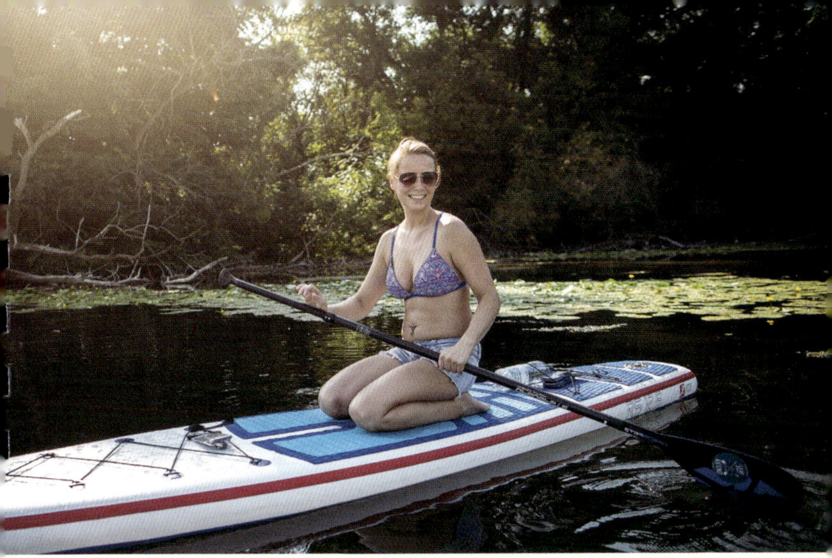

EINKEHR

1 FISHERMAN'S – DAS FISCHRESTAURANT

Eisenhammerweg 20
13507 Berlin
www.fishermans-berlin.de
Tel. (030) 437 46 470
Di-So ab 12 Uhr

KLASSIKER Zarte Matjes-Filets mit Speckbratkartoffeln

2 FÄHRHAUS SAATWINKEL

Im Saatwinkel 15
13599 Berlin
Tel. (030) 490 885 40
www.faehrhaus-saatwinkel.de
Apr-Sep tägl. 12-22 Uhr

KLASSIKER Hausgeräucherter Lachs im Kartoffelbrötchen

3 INSELBAUDE BEI UDO

Insel Reiswerder 138, 13507 Berlin
Tel. 0152-540 798 18
www.reiswerder.de
1.4.-15.10. Di-Do ab 11, Fr-So ab 10 Uhr

KLASSIKER Deftige Hausmannskost

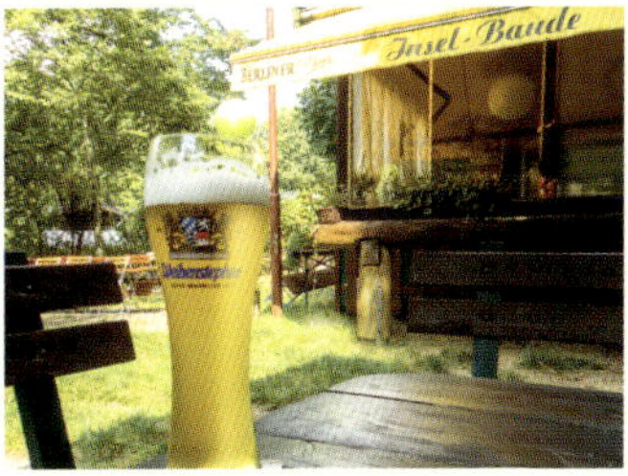

ÜBERNACHTUNG

1 PENSION „ZUR SONNE"
Edeltrautweg 8A, 13505 Berlin
Tel. (030) 431 11 05, www.zursonne.net

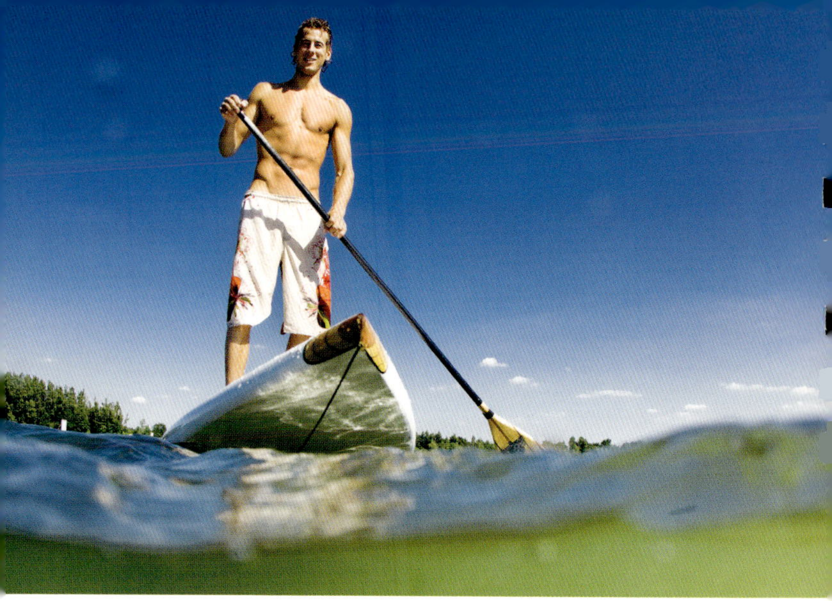

1 RUNDTOUR UM DEN TEGELER SEE

Eingebettet zwischen Tegeler Forst im Nordwesten und Jungfernheide im Südosten, ist der **TEGELER SEE** mit sieben natürlichen Inseln bestückt: Baumwerder, Hasselwerder, Lindwerder, Maienwerder, Reiswerder, Scharfenberg und Valentinswerder. Der See hat eine gute Wasserqualität und zählt zu den innerstädtischen Berliner Gewässern mit der größten Sichttiefe. Vorbei auch die Zeiten von Flugzeuglärm: der Flughafen Tegel ist nun geschlossen. Einige Badestellen zieren seine Ufer, welche ohne Eintrittskosten zugänglich sind. Aber genug der Lobhudelei, jetzt wird gepaddelt!

Wir starten unsere Tour vom **STRAND REISWERDER** gen Norden, Richtung Tegel. Ziemlich schnell tauchen am Horizont die Häuser der **GREENWICHPROMENADE** auf. Nach etwa einem Kilometer halten wir Abstand zur ausgetonnten Wasserskistrecke und passieren bald die Einfahrt in den **BORSIGHAFEN**. Hier, auf dem Gelände der Tegeler Borsigwerke, entstand 1922 das erste Berliner Hochhaus. 1827 von August Borsig gegründet, entwickelte sich die Firma schnell zu Europas größtem Lokomotiven-Hersteller. Der Turm wurde in den 1970er Jahren renoviert und dient heute als Bürogebäude, die Werkhallen wurden zur Einkaufspassage umgebaut.

Ein Stück weiter finden wir mit der großen **FREITREPPE** am Südende der Greenwichpromenade einen guten Ort für einen Landgang. Die **KANONEN** wurden vom Schotten William Carron of Falkirk gestiftet und haben ein Gewicht von jeweils zwei Tonnen. Mit schweren Geschützen fahren auch die badenden Enten auf - die breiten Stufen sind aufgrund der Hinterlassenschaften ziemlich rutschig, aber trotzdem eine gute Einsetzstelle bei Anfahrt mit ÖPNV.

Wir paddeln weiter entlang der Promenade, die ihren Namen übrigens von Reinickendorfs Partnerbezirk in London hat: Greenwich. Ausflugsdampfer wie „Moby Dick" und „Havel Queen" warten auf ihre Passagiere, die hier in den Sommermonaten zu einer Dampferfahrt über den See und die Havel aufbrechen. Am Ende der Promenade überspannt die **„SECHSERBRÜCKE"** die Einfahrt zum **TEGELER HAFEN**. Die stählerne Fachwerkbogenbrücke erhielt ihren Namen aufgrund des "Sechser"-Brückenzolls, der zu entrichten war, um die Mündung des Tegeler Fließes zu überqueren. Wer möchte, kann noch einen Abstecher in den Tegeler Hafen machen, ansonsten steuern wir nun am westlichen Ufer entlang Richtung Süden.

Rechts öffnet sich die **BUCHT „GROSSER MALCHSEE"**. Wer einen Abstecher machen will: Entlang der Ufer reiht sich ein Wassersportverein an den nächsten. Zwischen den Bootsstegen finden sich aber Lücken, um direkt am Uferweg anzulanden und im schönen Biergarten des **RESTAURANTS „WALDHÜTTE"** einzukehren. Direkt nebenan führt ein Weg zur **„DICKEN MARIE"**, eine 900 Jahre alte mächtige Eiche, die als ältester Baum Berlins gilt.

Gleich hinter der „Malche" befindet sich zur Linken die unter Landschaftsschutz stehende **INSEL HASSELWERDER**, zur Rechten die **VILLA BORSIG** auf der Halbinsel **REIHERWERDER**. Die denkmalgeschützte Villa ist ein herausragendes Beispiel großbürgerlicher Wohnkultur der Zeit vor dem Ersten Weltkrieg und war Wohnsitz einer der wohlhabendsten Industriellenfamilien Deutschlands. Heute ist die Halbinsel im Besitz der Bundesrepublik Deutschland, die Villa fungiert als Gästehaus für das Auswärtige Amt, das Kanzleramt und andere Ministerien. Eine Besichtigung des Areals ist nicht möglich, es herrscht Anlegeverbot.

In der kleinen Bucht dahinter benutzen wir den öffentlichen WC-Container der **BADESTELLE REIHERWERDER** aus Hygeniegründen besser nur im Notfall. Der Platz eignet sich als alternativer **EIN- UND AUSSTIEG** zur Tour, falls man von Nordwesten her anreist. Im Wald hinter dem Parkplatz können im **WILDGEHEGE TEGELER FORST** heimische Wildtiere beobachtet werden.

Die Route führt nun entlang des **TEGELER FORSTES** zur Rechten. Wir passieren die kleine **BADESTELLE LINDWERDER**, danach das nach 5-jähriger

Schließung (aus Kostengründen), nun endlich durch eine private und soziale Initiative wiedereröffnete **STRANDBAD TEGEL**, welches seit seiner Eröffnung 1933 zu den beliebtesten Attraktionen im Berliner Norden gehörte. Nun gelangen wir in die **SCHARFENBERGER ENGE**, an der die schuleigene Fähre die Schüler auf die **INSEL SCHARFENBERG** bringt. Die etwa einen Kilometer lange Insel war ursprünglich im Besitz der Familie von Humboldt, wird nun aber seit fast 100 Jahren als Schulinsel genutzt und beherbergt heute ein staatliches Ganztagsgymnasium mit angeschlossenem Internat. Rechts hinter der Fähre befindet sich der sogenannte **ARBEITERSTRAND**.

Am Ende von Scharfenberg könnten wir die Insel links umpaddeln und zum Ausgangspunkt zurückkehren, wir halten uns aber leicht rechts, passieren **TEGELORT** und umrunden noch die südlichen Inseln **VALENTINSWERDER** und **MAIENWERDER**. Achtung: zwischen beiden Inseln darf NICHT hindurchgefahren werden – die Verbotsschilder sind deutlich zu erkennen.

Wir fahren zwischen der Insel **MAIENWERDER** und der **„KLEINEN MALCHE“** (Laichschongebiet, Einfahrt verboten) hindurch. Maienwerder ist die südlichste der sieben Inseln im Tegeler See. Das 440 m lange idyllische Eiland beherbergt eine Kleingartenkolonie, Besucher sind allerdings nicht gern gesehen. Gegenüber von Maienwerder versteckt sich am Festlandufer zwischen den Segel- und Angelbooten der Anleger der **FÄHRE**, die zwischen Saatwinkel, Valentinswerder und Tegel Ort verkehrt. Von hier führt ein schmaler Durchgang vorbei am Bootshaus Marina Schulz zur Straße, auf der man rechts erst einen Imbiss, dann das **„FÄHRHAUS SAATWINKEL“** 2 erreicht (etwa 300 m vom Anleger). Gleich dahinter ist im alten Forsthaus der Revierförsterei die Imkerei der gemeinnützige Integrationsgesellschaft **„ALVUS“** untergebracht. Das Integrations-“Café im Bienenstock“ hat leider 2020 schweren Herzens zugemacht, aber noch immer kann man den tollen Honig aus schonender und naturbelassender Bienenhaltung bestellen (www.alvus.org).

Zurück auf dem See steuern wir die Boards weiter zwischen Festland und den Inseln nach Norden und passieren die **INSEL BAUMWERDER**, die zur Trinkwassergewinnung dient und nicht betreten werden darf. Am Ende der Bootsanleger liegt rechts am Festlandufer die **BADESTELLE SAATWINKEL**, auch hier kann im **IMBISS „SEEBLICK“** der kleine Hunger gestillt werden.

Nach weiteren 800 Metern liegt die **INSEL REISWERDER** vor uns. Wir steuern die Boards links um die Insel herum und stehen nun vor der Frage, ob wir direkt heim wollen oder dem Eiland einen Besuch abstatten. Zwischen Badestelle und Insel verkehrt im Sommer eine Fähre, ein Stück hinter dem Anleger finden wir einen Steg für den Landgang. Vom **FÄHRANLEGER** sind es nur wenige Schritte bis zur **„INSELBAUDE"** 3, die kleine Gerichte und sogar ihr eigenes Bier serviert - gebraut mit Reiswerder Wildhopfen. Von hier sind wir dann im Handumdrehen wieder am **STARTPUNKT** unserer Tour.

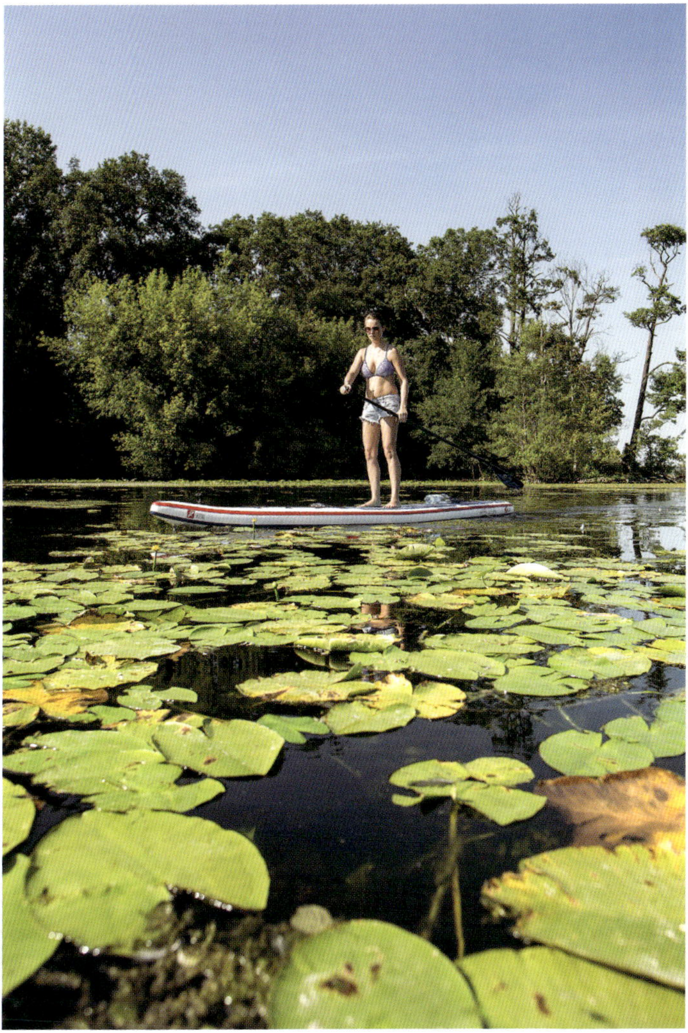

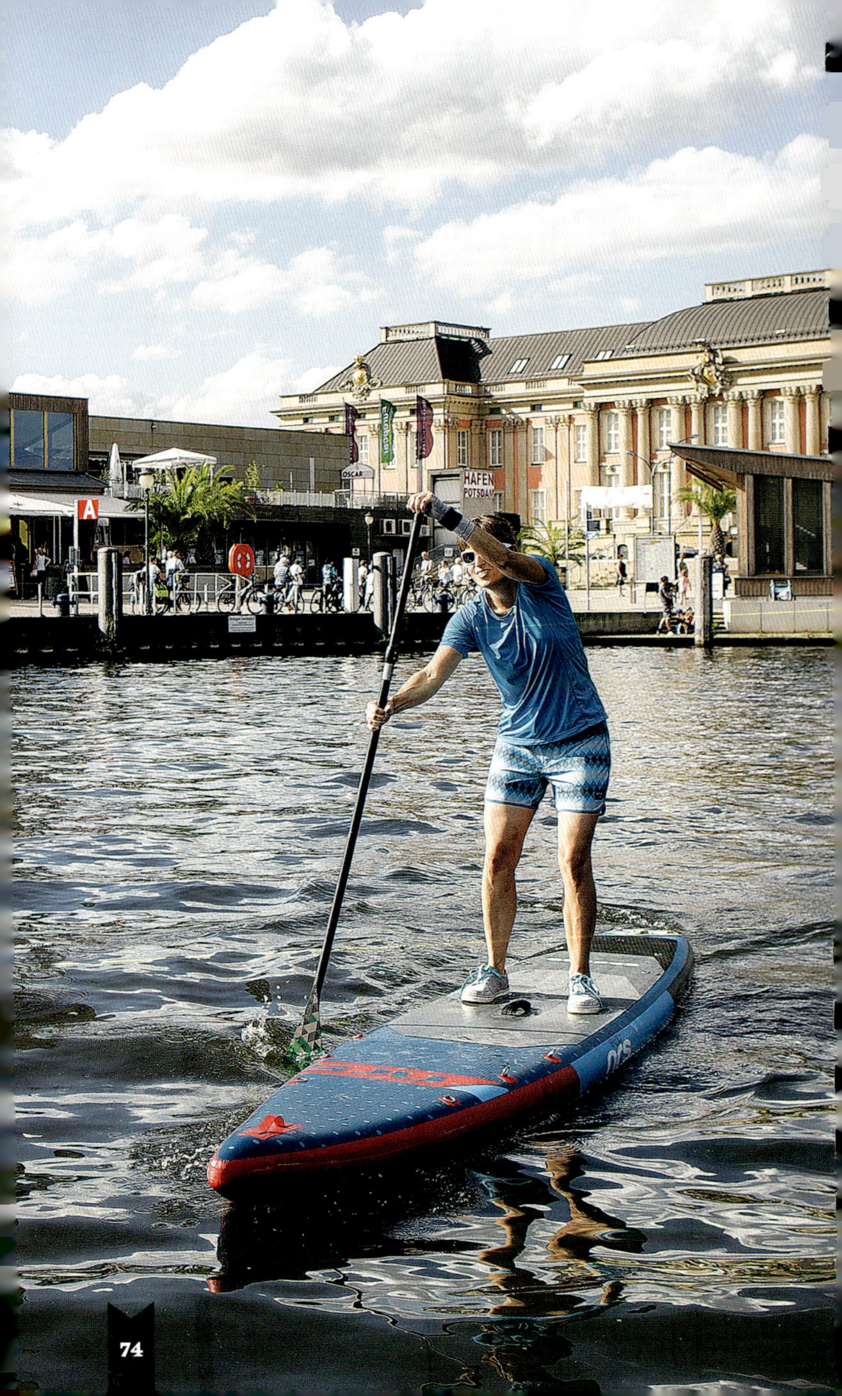
HAFEN
POTSDAM
A

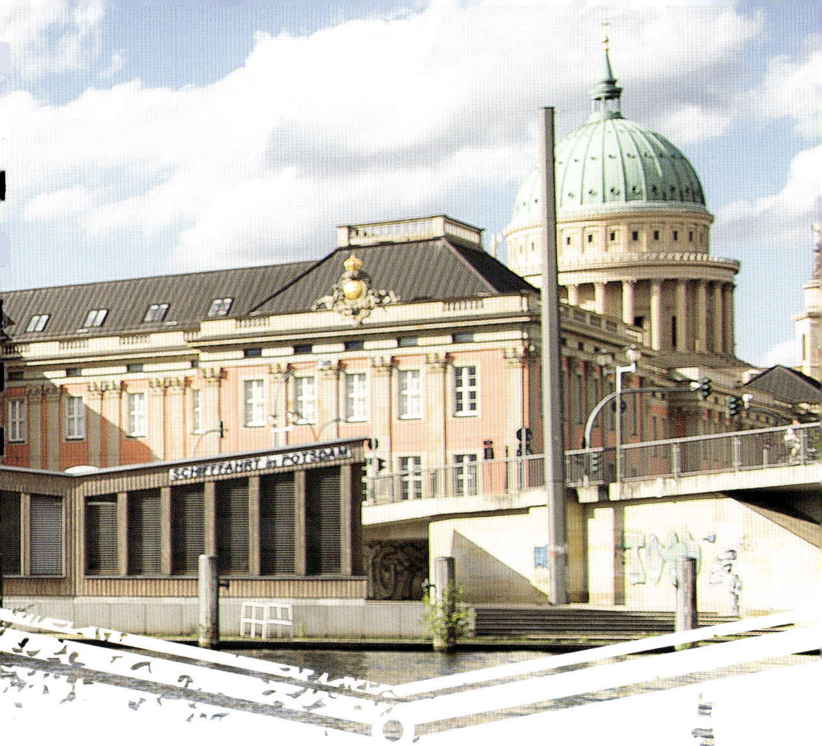

POTSDAM CITY TOUR

ANSPRUCH | EINKEHR

Günther Jauch wohnt hier irgendwo!! Wen das nicht überzeugt, der horche auf: Alte Fahrt, Tiefer See, Freundschaftsinsel, Hermannswerder, Schloß Babelsberg – klingt das nicht märchenhaft? Wer Stadt und Kultur mag, aber lieber übers Wasser flaniert als an der Uferpromenade, der ist in Potsdam genau richtig.

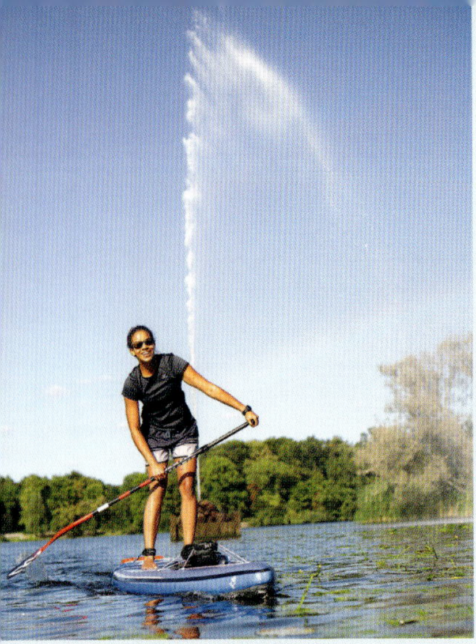

WIND & WETTER

Trotz Stadtgebiet sind einige Ecken windanfällig, gerade um Hermannswerder.

BEFAHRUNGSREGELN

Es gibt einige ausgeschilderte Seerosen-Sperrbereiche. Auch ist die „Neue Fahrt" motorisierten Booten vorbehalten, hier bitte die „Alte Fahrt"nehmen.

ANFAHRT MIT DEM PKW

Von Berlin über die A 115 durch den Grunewald raus aus Berlin, abfahren Ausfahrt 6 (Potsdam-Babelsberg) Richtung Potsdam-Zentrum. Der Schnellstraße „Nuthestraße" ca. 5 km folgen und dann auf die Friedrich-List-Straße Richtung Hauptbahnhof abbiegen.

PARKEN

EINSTIEG 1 In der Babelsberger Straße nahe dem Potsdamer Hauptbahnhof. (Navi: Humboldtring 5a, 14473 Potsdam).

EINSTIEG 2 (NORD) Der Einstieg befindet sich auf Höhe Böcklinstraße Ecke Menzelstraße (Navi: Menzelstraße 10, 14467 Potsdam). Parken am besten in der Boecklinstraße mit Parkschein.

EINSTIEG 3 In der Burgstraße oder in den umliegenden Straßen in 14467 Potsdam.

ANFAHRT MIT ÖPNV

In etwa einer halben Stunde Fahrtzeit gelangt man vom Berliner zum Potsdamer Hauptbahnhof. Von dort sind es keine 10 Minuten Gehzeit in den Nuthepark zur Mündung der Nuthe.

BADEN

» **Stadtbad Park Babelsberg**, Park Babelsberg 2, 14482 Potsdam
» **Waldbad Templin**, Templiner Str. 110, 14473 Potsdam

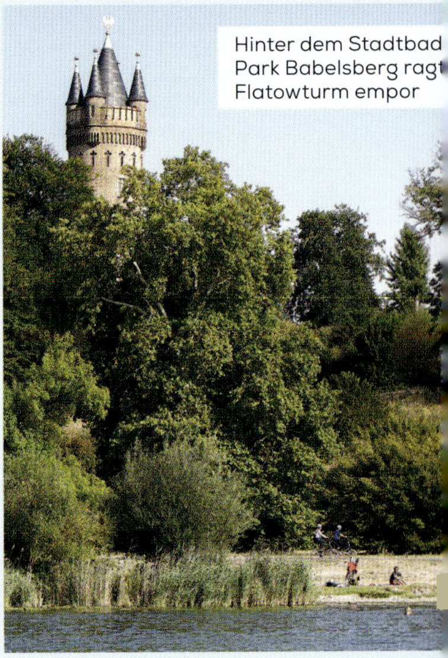

Hinter dem Stadtbad Park Babelsberg ragt Flatowturm empor

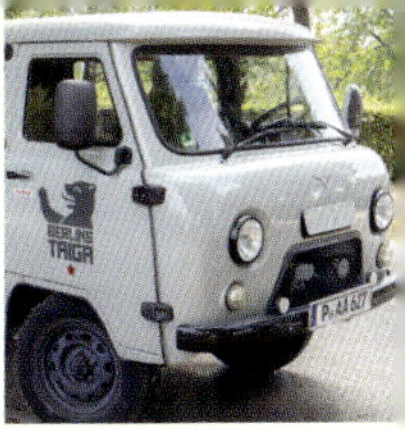

SEHENSWERT

Ob **Schlössertour** mit Sanssouci & Co, **Babelsberger Filmstudios** oder bummeln am **Alten Markt**: Potsdam hat allerhand zu bieten.

TIPP EXTRA-TIPPS

» **Stadtrundfahrt** mit einer **historischen Straßenbahn** (www.fritz-und-peter.de). Wahlweise mit einem Lindner-Motorwagen aus der Kaiserzeit, einem rundlichen Gothawagen aus den 1960er Jahren oder dem kantigen Tatra-Prototyp aus den 1970ern, vorbei am **Stadtschloss**, dem **Holländischen Viertel**, der **Russischen Kolonie Alexandrowka**, den **Prachtbauten Friedrichs des Großen** und durch die **Altstadt** des Soldatenkönigs.

» **Wanderung zum Belvedere** auf dem **Pfingstberg**, einem klassisch gestalteten Schloss aus dem 19. Jahrhundert, mit Landschaftsgärten und einem tollen Blick von den Türmen über Potsdam und die Havelseen.

» **Ausflug** in die sowjetische Geschichte Potsdams, Berlins und Brandenburgs **im Retro-Kleinbus UAZ "Buchanka"** (www.berlinstaiga.de).

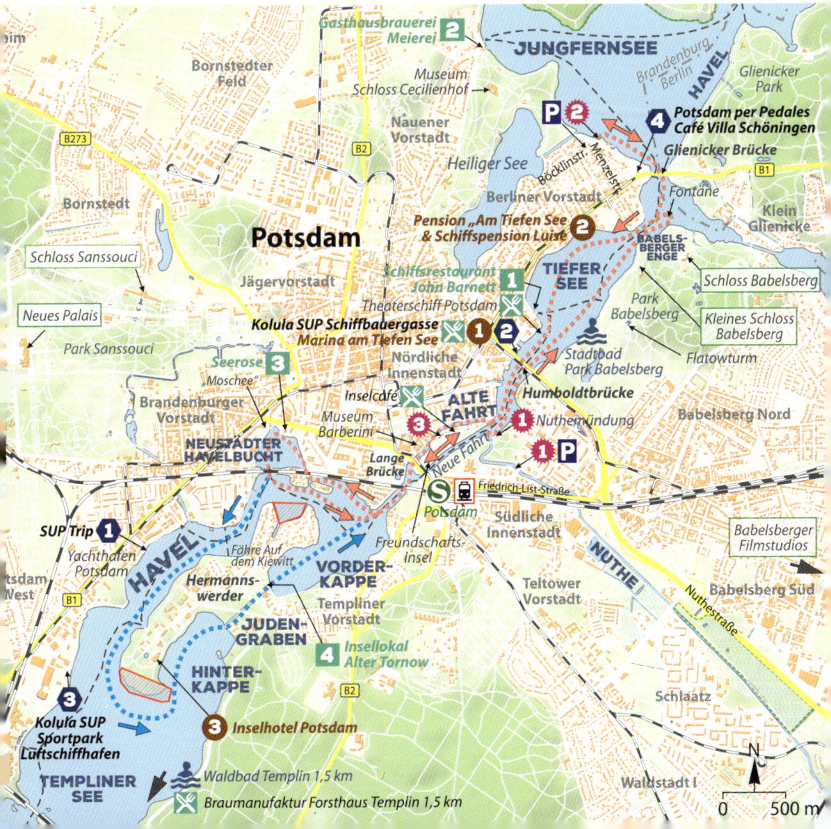

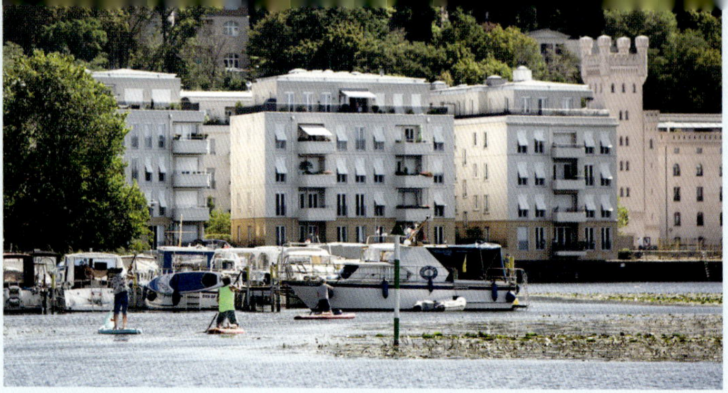

TOUREN

1 RUNDTOUR DURCH DIE LANDESHAUPTSTADT

Diese Rundtour führt erst in nördlicher Richtung zur Glienicker Brücke, und später durch die Alte Fahrt zur Neustädter Havelbucht.
Wer möchte, kann sogar noch die 5 Kilometer Extratour um die Insel Hermannswerder dranhängen.

| **LÄNGE** 10 (15) km | **DAUER** 4-6 h

EIN- UND AUSSTIEGE

EINSTIEG 1 Im Nuthepark nördlich der Einmündung der Nuthe in die Havel gibt es einen kleinen Sandstrand. Alternativ kann auch die Nuthe ein Stück aufwärts an der Brücke eingesetzt werden.

EINSTIEG 2 (NORD) Es besteht die Möglichkeit die Rundtour von Norden aus zu beginnen, dafür wird im Jungfernsee in der Nähe der Glienicker Brücke gestartet. Auf Höhe der Böcklinstraße gelang man gut ans Wasser, wo sich Einsetzmöglichkeiten bieten.

EINSTIEG 3 An den Treppenstufen vor der Fußgängerbrücke zur Freundschaftsinsel in der Alten Fahrt.

SUP-VERMIETUNG

1 SUP TRIP (Yachthafen)
Kastanienallee 22c, 14471 Potsdam
Tel. 0157-323 873 46, www.sup-trip.de

2 KOLULA SUP (Schiffbauergasse)
Schiffbauergasse 4I, 14467 Potsdam
www.kolula.com/station/schiffbauergasse/

3 KOLULA SUP (Luftschiffhafen)
Olympischer Weg 3a, 14471 Potsdam
www.kolula.com/station/sportpark-luftschiffhafen

4 POTSDAM PER PEDALES (SUP)
Café Villa Schöningen, Glienicker Brücke
Berliner Straße 86, 14467 Potsdam
Tel. (0331) 702 099 21
www.potsdam-per-pedales.de

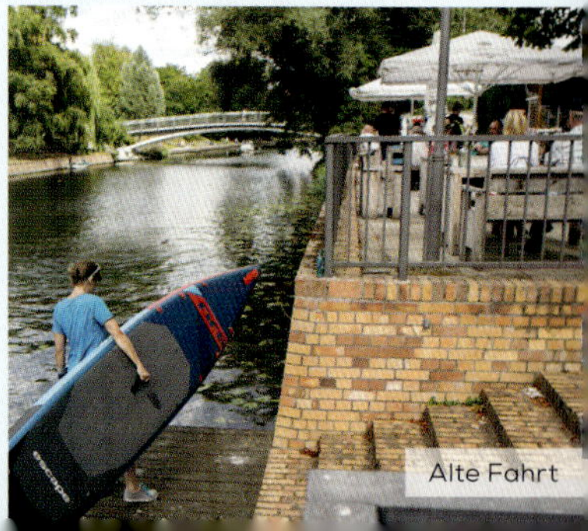
Alte Fahrt

EINKEHR

1 SCHIFFSRESTAURANT JOHN BARNETT

Schiffbauergasse 12A, 14467 Potsdam
Tel. (0331) 201 20 99
www.john-barnett.de
Mi-Fr ab 16, Sa-So ab 12 Uhr
Anlanden an breiter Steintreppe 80 m rechts

KLASSIKER Labskaus in origineller und uriger Location

2 GASTHAUSBRAUEREI MEIEREI (Foto unten)

Im Neuen Garten 10, 14469 Potsdam
Tel. (0331) 704 32 11
www.meierei-potsdam.de
Mi-So ab 12 Uhr

KLASSIKER Das Meierei-Weizen und die Berliner Boulette mit Kartoffelstampf

3 SEEROSE (in der Havelbucht)

Breite Str. 24, 14467 Potsdam
Tel. (0331) 201 47 08
www.seerose-potsdam.de
Di-Do 17-22, Fr 16-22, Sa-So 12-22 Uhr

KLASSIKER Pizza & Burger

4 INSELLOKAL „ALTER TORNOW“

(Hermannswerder)
Alter Tornow 1, 14473 Potsdam
Tel. (0331) 601 098 80 & 0162-334 20 68
www.gaststaette-alter-tornow.de
Mi-So ab 12 Uhr

KLASSIKER Geflügelleber mit Äpfeln & Zwiebeln und Kartoffelpü

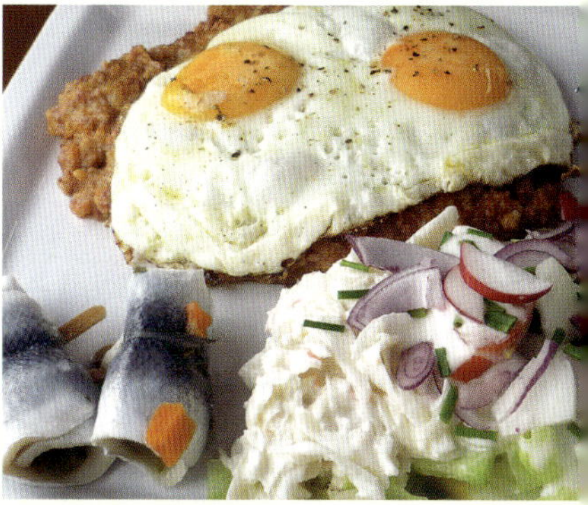

ÜBERNACHTUNG

1 MARINA AM TIEFEN SEE

Schiffbauergasse 8, 14467 Potsdam
Tel. (0331) 817 06 17
www.marina-am-tiefen-see.de

2 PENSION „AM TIEFEN SEE“ & SCHIFFSPENSION LUISE

Berliner Straße 58, 14467 Potsdam
Tel. (0331) 24 02 22, www.pension-tiefensee.de & www.schiffspension.de

3 INSELHOTEL POTSDAM

Hermannswerder 30, 14473 Potsdam
Tel. (0331) 232 00
www.inselhotel-potsdam.de

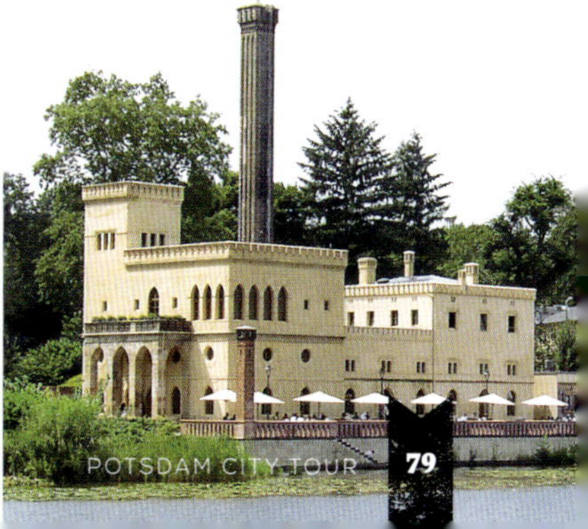

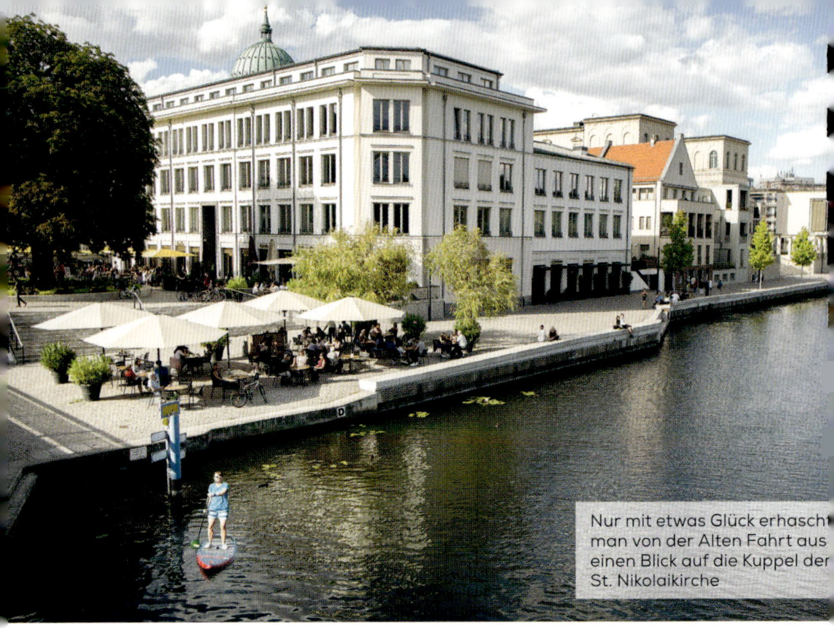

Nur mit etwas Glück erhascht man von der Alten Fahrt aus einen Blick auf die Kuppel der St. Nikolaikirche

1 RUNDTOUR DURCH DIE LANDESHAUPTSTADT

Wir starten unsere Havel-Städtetour beim **EINSTIEG** 1 an der **NUTHEMÜNDUNG** erstmal in nordöstliche Richtung – raus aus der Stadt Richtung **GLIENICKER BRÜCKE**. Hier können wir etwas Seeluft schnuppern und dem Wirken der einstigen Preußenkönige begegnen, bevor es später in südwestlicher Richtung in die Innenstadt geht.

Schnell erreichen wir die breite **HUMBOLDTBRÜCKE**, vor uns öffnet sich der **TIEFE SEE**. Hinter der Brücke links vermietet **KOLULA SUP** 2 beim Jachthafen **„MARINA AM TIEFEN SEE"** 1 SUPs. Nur wenige Meter weiter liegt das **THEATERSCHIFF** vertäut: ein Frachtschiff von 1924, das ganzjährig als Kulturort bespielt wird. Nostalgische Schiffsatmosphäre, Kunst und Kneipe machen den Besuch zu einem besonderen Erlebnis. Und gleich ums Eck lädt das **SCHIFFS-RESTAURENT JOHN BARNETT** 3 zum Labskaus oder Fischerfrühstück ein.

Das am Ufer gegenüberliegende „Strandbad Babelsberg" ist in den **PARK BABELSBERG** eingebettet und wartet mit feinem Sandstrand auf, dahinter lugt der **FLATOWTURM** über die Bäume. Die Schloss-, Park- und Seenlandschaft zwischen Berlin und Potsdam ist Höhepunkt der romantischen Landschaftsgestaltung des

19. Jahrhunderts und steht heute als Weltkulturerbe auf der Liste der UNESCO. Die bekannteste Potsdamer Schloss-Anlage „Sanssouci" ist auf dem Wasserwege nicht zu erreichen, dafür zeigen sich hier das Babelsberger **„KLEINE SCHLOSS"** und das **„SCHLOSS BABELSBERG"** vom Wasser aus. Das im Stil der englischen Neugotik errichtete Schloss Babelsberg thront direkt hinter der Babelsberger Enge majestätisch am Hang und wurde ab 1833 für den Prinzen Wilhelm von Preußen (später Kaiser Wilhelm I.) errichtet. Es diente dem späteren Königs- und Kaiserpaar über fünfzig Jahre als Sommerresidenz.

Die **WASSERFONTÄNE** unterhalb des Schlosses ist für uns Paddler ein Zeichen langsam umzudrehen. Linker Hand überspannt die **GLIENICKER BRÜCKE** das Wasser, rechts geht es zum Griebnitzsee. Neben all der schönen Natur und dem pompösen Treiben längst verstorbener Könige ist diese Ecke auch ein Schauplatz der Ereignisse des 20. Jahrhunderts: Am **SCHLOSS CECILIENHOF**, unweit von hier, fand 1945 die Potsdamer Konferenz statt. In der Dreimächtekonferenz von Berlin entschieden Truman, Churchill und Stalin über die Neuordnung Deutschlands nach dem Zweiten Weltkrieg. Auf der berühmten **GLIENICKER BRÜCKE** wurden während des Kalten Krieges Agenten ausgetauscht - und 1989 die Wiedervereinigung gefeiert.

Aber genug der Historie: Holen wir uns noch schnell eine majestätische Dusche an der Fontäne ab, bevor es in die Innenstadt geht. Zwar könnten wir von hier aus auch prima über den Jungfernsee zur **GASTHAUSBRAUEREI „MEIEREI"** 2 paddeln und **SCHLOSS CECILIENHOF** besuchen, oder wir könnten die Havel flussaufwärts erkunden und die Pfaueninsel umrunden - aber vielleicht sind das auch einfach Projekte für andere Tage.

Genau gegenüber der **NUTHEMÜNDUNG**, unserem ursprünglichen Startpunkt, geht es rechts ab in die **ALTE FAHRT**. Hier entlang wollen wir in den Innenstadtbereich Potsdams paddeln. Dieser Altarm der Havel, der zusammen mit der Neuen Fahrt die **FREUNDSCHAFTSINSEL** vom Festland trennt, ist für Paddler die ruhigere Alternative zur Hauptschifffahrtsrinne. Die Gartenlandschaft der Freundschaftsinsel vereint heute mehr als 1000 verschiedene Staudensorten und über 250

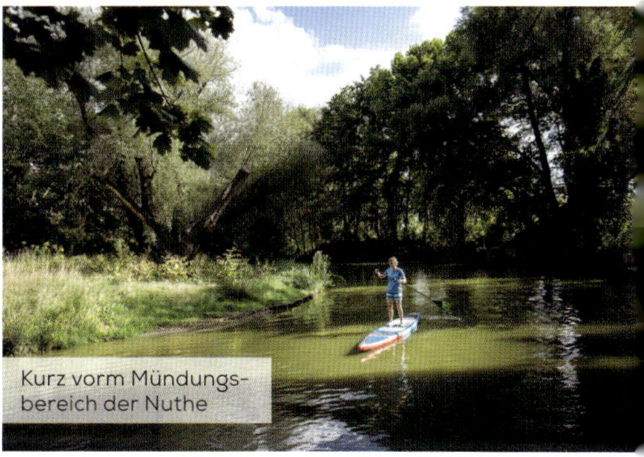

Kurz vorm Mündungsbereich der Nuthe

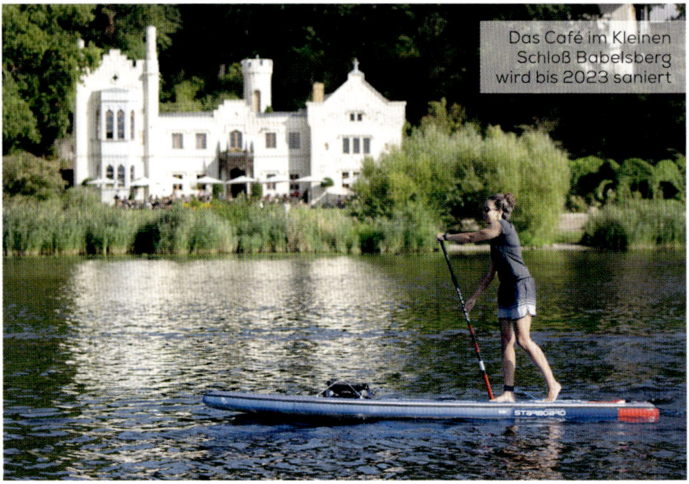

Das Café im Kleinen Schloß Babelsberg wird bis 2023 saniert

Schwertliliensorten in einem Wassergarten. Gleich links hinter der Fußgängerbrücke auf die Insel befindet sich das **INSELCAFÉ** mit Biergarten, etwas später liegen rechts die Treppenstufen des **MUSEUMS BARBERINI** über dem Wasser. Es herrscht buntes Treiben am **ADOLF-MIETHE-UFER**, gleich dahinter befindet sich der Brandenburger Landtag.

Die sogenannte **LANGE BRÜCKE** zeigt das Ende der Freundschaftsinsel an, hier vereinen sich Alte und Neue Fahrt. Vor dem riesigen Hotel Mercure befindet sich die Dampferanlegestelle: **VORSICHT!** Ungeübte Paddler sollten hier gut aufpassen, durch den jetzt zunehmenden Schiffsverkehr und die Spundwände in der Uferbebauung kann das Wasser hier gern mal „schwabbeln" und zusammen mit dem auffrischenden Wind für Unruhe am Brett sorgen.

Nach der Eisenbahnbrücke macht die **HAVEL** wieder auf und knickt nach rechts weg. Vor uns liegt die **VORDERKAPPE**, die nördliche Bucht bei Hermannswerder. Wir biegen jedoch nach rechts ab und hangeln uns am Ufer entlang: An den Motorbooten und den Seerosen vorbei gelangen wir durch einen kleinen versteckten Kanal, nochmal unter den Schienen hindurch, zur **NEUSTÄDTER HAVELBUCHT**. Hochhäuser ragen übers Wasser, am gegenüberliegenden Ufer ist die sogenannte **MOSCHEE** zu bewundern: das Gebäude wurde 1843 auf Wunsch König Friedrich Wilhelms IV. im maurischen Baustil errichtet und beherbergt das Pumpwerk, welches die Wasserfontänen von Sanssouci speist. Östlich des Pumpenhauses wird das extravagante Gebäude in Form einer

Blüte - die **„SEEROSE POTSDAM"** 3 - mit großer Seeterrasse als Steak- und Burgerbar genutzt. Die Treppen davor eigen sich hervorragend zum Landgang.

Wir verlassen die **HAVELBUCHT** in südliche Richtung unter der Eisenbahnbrücke hindurch und gelangen wieder zur Hauptrinne der **HAVEL**. Hier können wir uns entscheiden: Wer schon schwere Arme hat, sollte jetzt links den Heimweg antreten. Alle anderen können noch dem Havellauf gen Süden folgen und die Insel **HERMANNSWERDER** umrunden.

2 RUND UM HERMANNSWERDER

Die 5 Kilometer lange Extratour führt erst vorbei an der **SEILFÄHRE „AUF DEM KIEWITT"** und am **YACHTHAFEN POTSDAM**, wo auch **SUP-TRIP** 1 ihre Station haben. Am grünen Südzipfel von **HERMANNSWERDER** ist die Stadt auf einmal ganz fern, der Wind des **TEMPLINER SEES** bläst das letzten Quäntchen Alltag hinfort.

Auf der Ostseite Hermannswerders steuern wir in die **HINTERKAPPE**, wie die südliche Bucht auch genannt wird. Dort lädt der große Anleger des **INSEL-HOTELS POTSDAM** 1 Wassersportler ein, sich auf der Terrasse unter den großen, alten Eichen niederzulassen.

Danach gilt es den kleinen **JUDENGRABEN** zu finden, der Hermannswerder zur Insel macht und uns wieder nach Norden zur **VORDERKAPPE** in bekannte Gefilde Richtung Innenstadt bringt. Die Einfahrt liegt links neben dem Wassersportzentrum der Universität Potsdam. Und psst, bitte nicht weitersagen: Am Ende des Judengrabens befindet sich auf dem Gelände des Kleingartenvereins das **INSELLOKAL „ALTER TORNOW"** 4 , soll wohl ganz gemütlich sein. Die Geschichte des Gasthauses reicht bis in das 18. Jahrhundert zurück - und neuerdings kann man dort sogar Kanus und SUP-Boards mieten (Reservierungen 2-3 Tage vorher)!

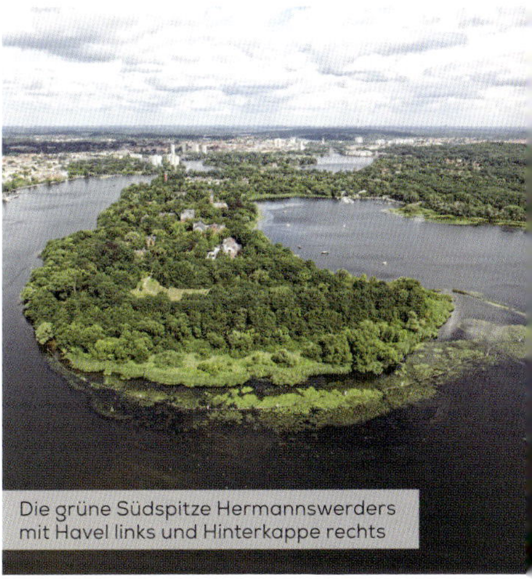

Die grüne Südspitze Hermannswerders mit Havel links und Hinterkappe rechts

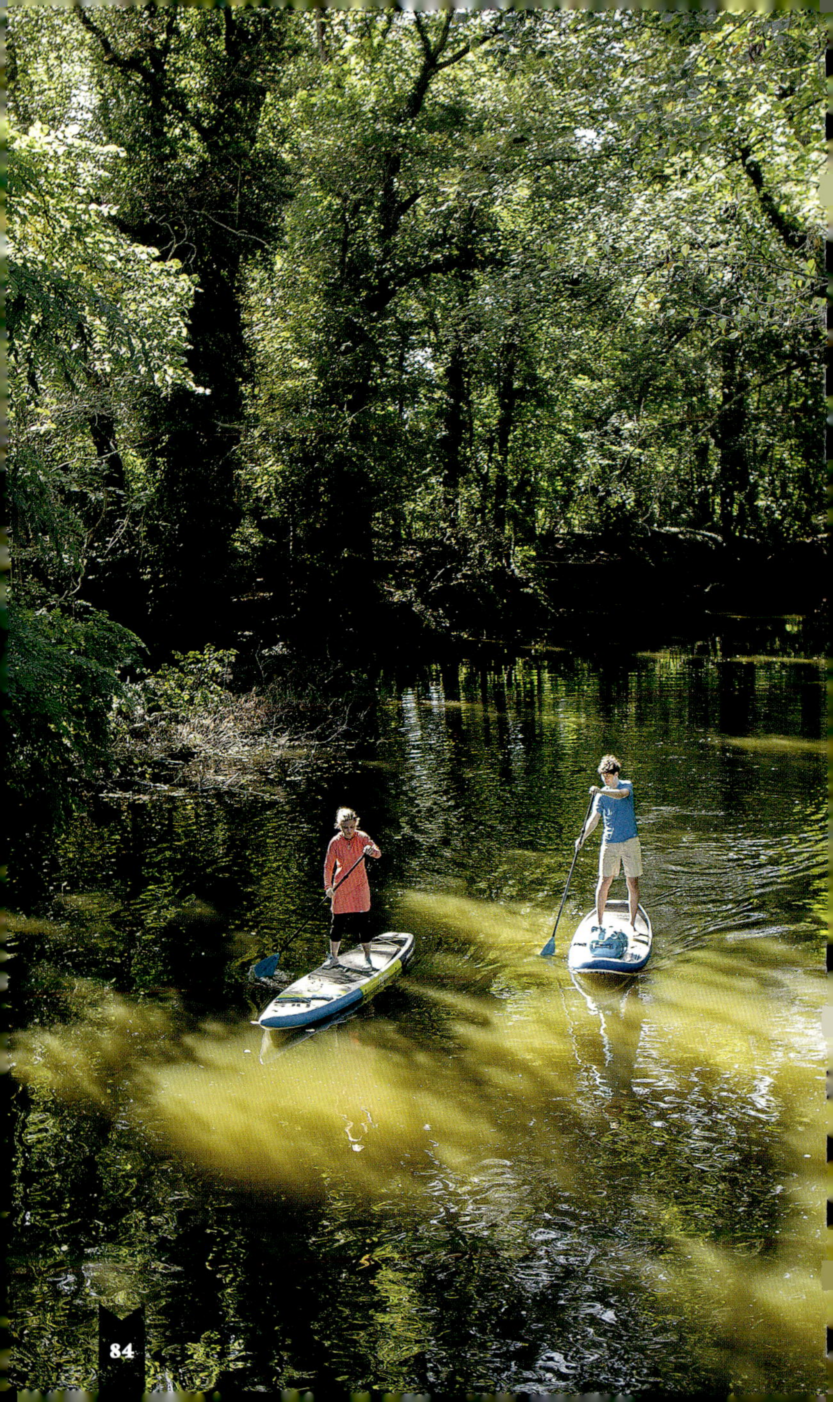

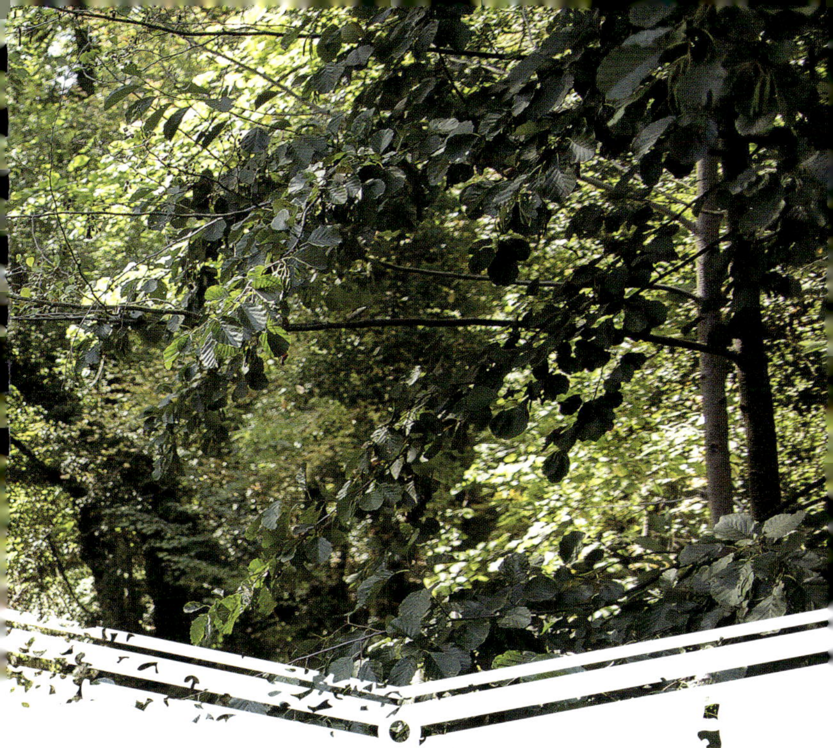

CAPUTHER RUNDE

ANSPRUCH | EINKEHR

Bei Caputh denken die meisten Menschen an Einsteins Sommerhaus oder das barocke Lustschloss des Kurfürsten Friedrich Wilhelm von Brandenburg. Paddler denken an den Schwielowsee, den Wentorfgraben und das Caputher Gemünde und an eine schöne Feierabendrunde!

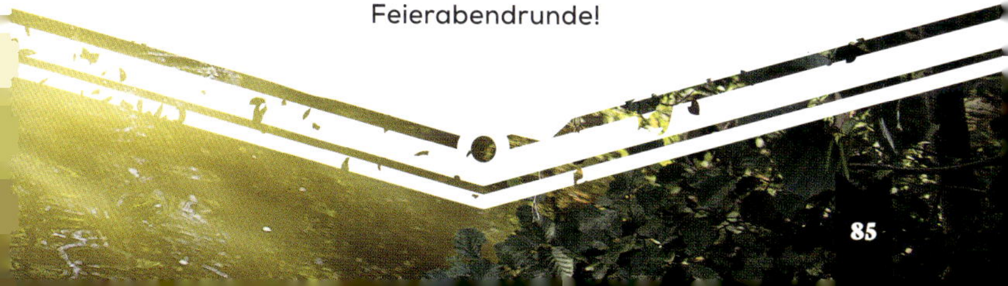

WIND & WETTER

Petzinsee, Wentorfgraben und Caputher Gemünde liegen recht geschützt. Das große Fragezeichen ist die kurze Strecke über den Schwielowsee, der auch bei leichten Windstärken schon sehr windanfällig ist. Unsichere SUPer sollten bei hohen Windstärken lieber umdrehen!

ANFAHRT MIT DEM PKW

Der Ort Caputh ist gut vom Berliner Autobahnring A10 über die Abfahrt Potsdam Süd / Michendorf zu erreichen. Die Geltower Seite erreicht man entweder mit der Caputher Fähre oder von Potsdam aus über die Bundesstraße B1.

PARKEN

Auf der Geltower Seite befindet sich ein Parkplatz am Caputher Gemünde (Eisenbahnbrücke) beim Seebad Caputh (Navi: Zum Strandbad 1, 14548 Schwielowsee) oder man parkt auf der Caputher Seite am kostenpflichtigen Parkplatz der Schiffsanlegestelle (Navi: Weinbergstraße 26, 14548 Schwielowsee / Caputh).

ANFAHRT MIT ÖPNV

Verkehrsmäßig ist Caputh durch den Regionalzug RB 23 und den Bus 607 mit dem Potsdamer Hauptbahnhof verbunden. Vom Bahnhof Caputh-Schwielowsee sind es nur wenige Meter zum Wasser, einfach parallel zu den Schienen entlang der Schwielowseestraße laufen und direkt neben der Eisenbahnbrücke einsetzen.

BADEN

» **Seebad Caputh** (schönes Ambiente mit Strandhaus und Seebrücke, aber hohe Preise), Zum Strandbad 1, 14548 Schwielowsee, www.seebad-caputh.de

» **Freie Badestelle Petzinsee** (direkt an der Eisenbahnbrücke), Am Petzinsee, 14548 Schwielowsee

» **Waldbad Templin,** mit FKK-Bereich, Templiner Str. 110, 14473 Potsdam

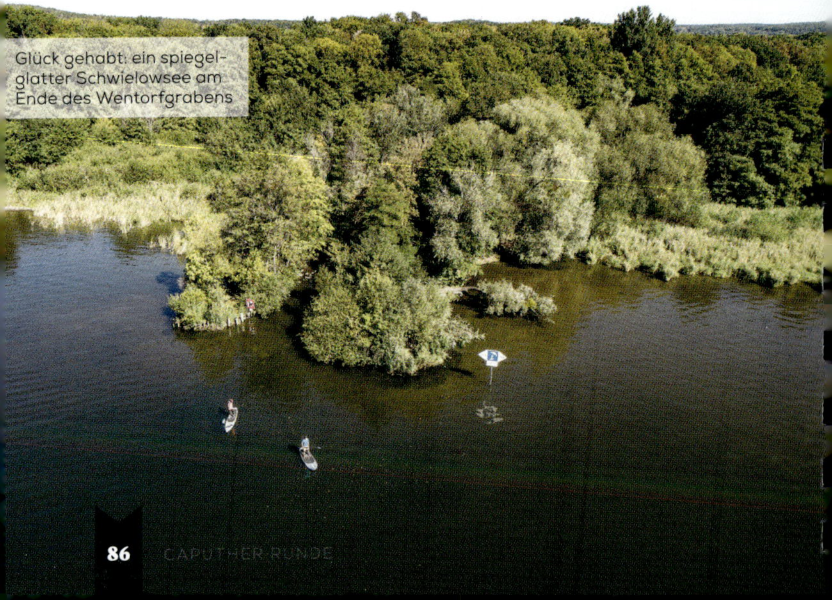

Glück gehabt: ein spiegelglatter Schwielowsee am Ende des Wentorfgrabens

SEHENSWERT

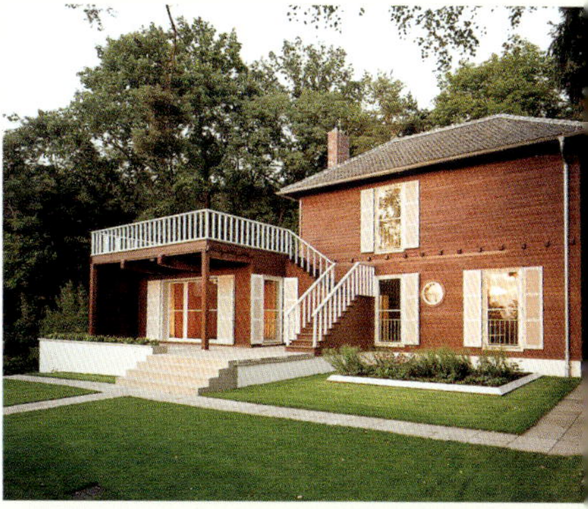

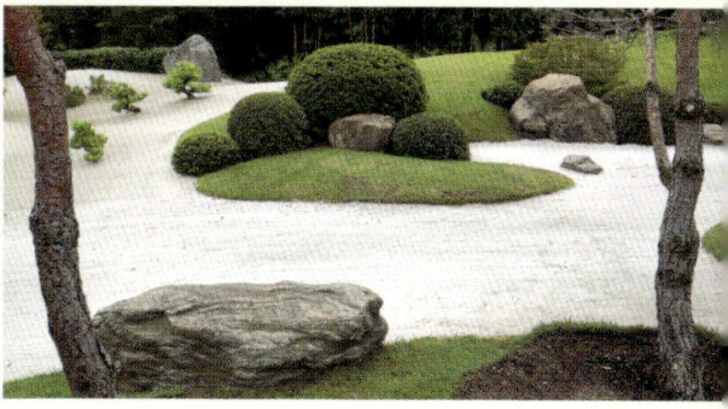

» **Schloss Caputh** war vom Ende des 16. bis Ende des 17. Jh. Sommersitz der brandenburgischen Kurfürstinnen. Sehenswert ist der Sommerspeisesaal mit ca. 7500 holländischen Fayencefliesen im Souterrain des Hauses.

» In **Einsteins Sommerhaus** kann man mit der Ausstellung „Einsteins Sommer-Idyll in Caputh" (Sa & So 10-18 Uhr) dem Geist von Albert Einstein nachspüren (Foto rechts).

» **Japanischer Bonsaigarten** (www.bonsai-haus.de) in **Mittelbusch** nördlich von **Ferch**. Gärtnerisches Kunstwerk und Zentrum japanischer Kunst und Kultur im Land Brandenburg. Auf der Sonnenterrasse des Teehauses werden mit Blick auf den Zen-Garten traditionelle Gebäck- und Teespezialitäten aus Japan serviert (Foto rechts).

TIPP EXTRA-TIPPS

» **Spaziergang** (⇄ 3 km) zum **Aussichtsturm** am **Wietkiekenberg**: Vom Bahnhof Ferch-Lienewitz geht's durch den Wald zur höchsten Erhebung der Zauche (124 m). Die Aussichtsplattform des Turmes bietet einen schöne Blick über die Havelseen. Hinterher kehrt man im rustikal-gemütlichen **Restaurant "Märkische Wildschweinbäckerei"** (Beelitzer Str. 68, Schwielowsee) zu einem leckeren Wildgericht ein. Dann verlängert sich die Tour allerdings um 5 km.

» Ebenfalls in **Ferch** sieht man im **Museum der Havelländischen Malerkolonie** Gemälde, Skulpturen, Grafiken, Fotografien und Dokumente zu den Landschaftsmalern, die um 1900 am Schwielowsee tätig waren.

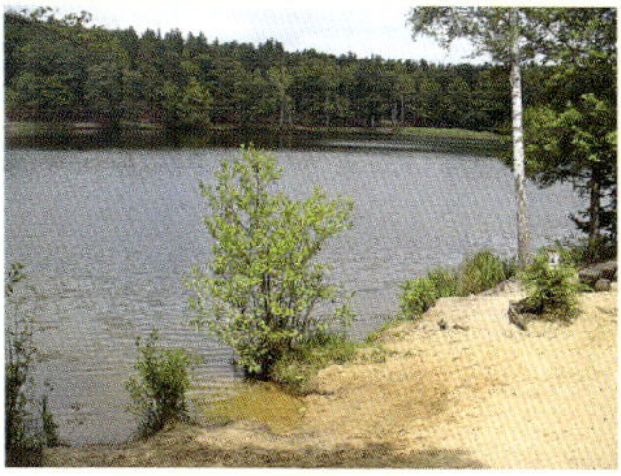

» Ein **Badetag** am **Großen** oder am **Kleinen Lienewitzsee** südlich von Caputh ist ein Genuss. Tief im Wald hat man die Wahl zwischen sandigem Ufer und weichem Gras. Am Westufer des Kl. Lienewitzsees steht eine gewaltige, rund 300 Jahre alte Eiche (Naturdenkmal).

TOUREN

1 CAPUTHER RUNDE

Die Runde um die Wentorfhalbinsel eignet sich hervorragend als sportliche Feierabendtour oder als gemütlicher Nachmittagsausflug. Ungemütlich wird es hier nur durch den Wind des Schwielowsees.

| **LÄNGE** 4 km | **DAUER** 2 h

EIN- UND AUSSTIEG

An der Eisenbahnbrücke, am Ende der Schwielowseestraße in Caputh.

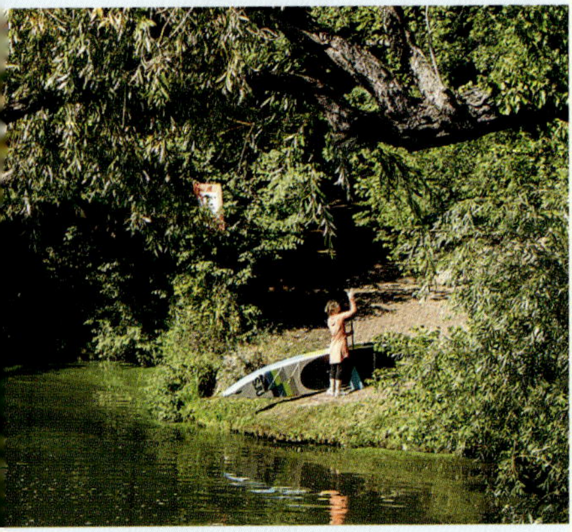

SUP-VERMIETUNG

1 KOLULA SUP IM CAMPINGPLATZ HIMMELREICH
Wentorf-Insel 38, 14548 Schwielowsee
www.kolula.com

2 CAPUTH BOOTE
Weberstraße 82
14548 Schwielowsee (OT Caputh)
Tel. (033209) 88 97 78
www.caputh-boote.de

EINKEHR

1 CAFÉ TRAUMSCHAUM

Weinbergstraße 86
14548 Schwielowsee (OT Caputh)
Di-So 12-18 Uhr

KLASSIKER Traumhafter Kuchen

2 FÄHRHAUS CAPUTH

Str. der Einheit 88
14548 Schwielowsee (OT Caputh)
Tel. (033209) 702 03
www.faehrhaus-caputh.de
Di-So ab 12 Uhr

KLASSIKER Deftige Hausmannskost

3 GASTSTÄTTE BAUMGARTENBRÜCK

14548 Schwielowsee (OT Geltow)
Tel. (03327) 552 11
Di-So 12-20 Uhr
www.baumgartenbrueck.de

KLASSIKER Wildschweinbraten

4 RESTAURANT MÄRKISCHES GILDEHAUS

Schwielowseestraße 58
14548 Schwielowsee (OT Caputh)
Tel. (033209) 22 80 30
www.restaurant-gildehaus.de
Fr-Mi ab 12 Uhr

KLASSIKER
Durchweg leckere Deutsche Küche

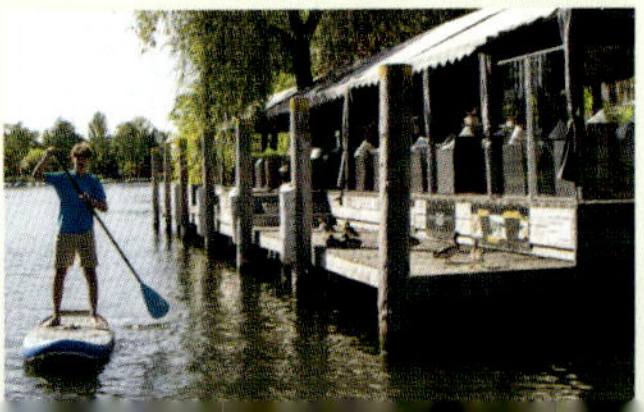

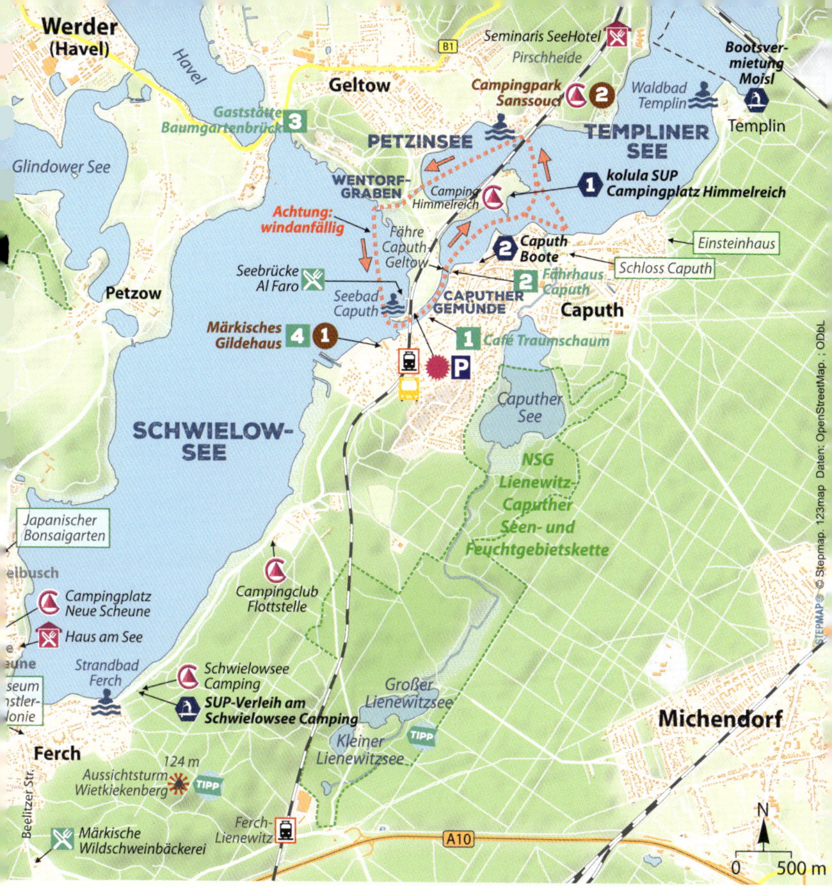

ÜBERNACHTUNG

1 MÄRKISCHES GILDEHAUS

Schwielowseestraße 58
14548 Schwielowsee (OT Caputh)
Tel. (033209) 77 90
www.maerkisches-gildehaus.de

2 CAMPINGPARK SANSSOUCI

An der Pirschheide 41
14471 Potsdam (Pirschheide)
Tel. (03319) 51 09 88
www.camping-potsdam.de

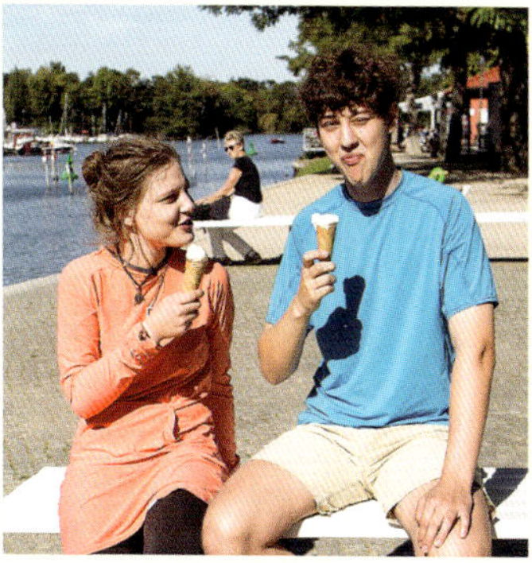

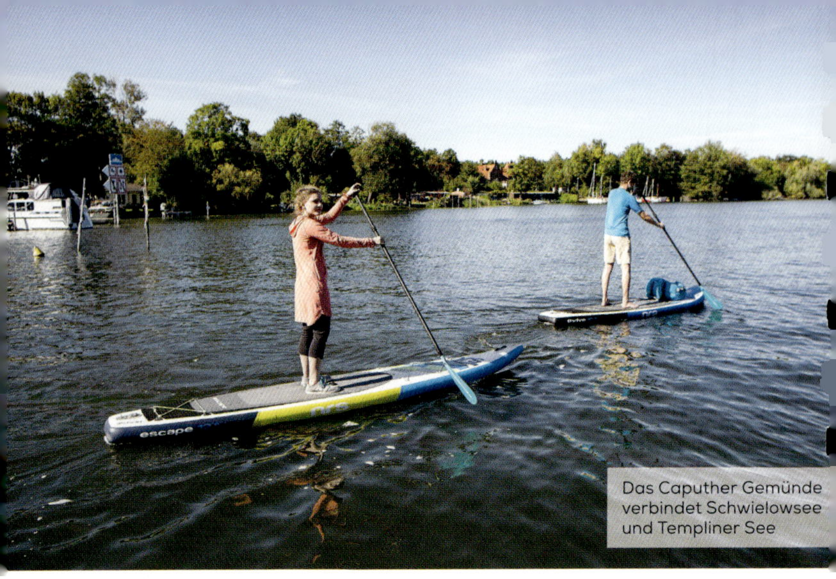

Das Caputher Gemünde verbindet Schwielowsee und Templiner See

1 „PFEIF AUF DIE WELT, KOMM NACH CAPUTH, WENN'S DIR GEFÄLLT"

Was haben Peter Fox und Albert Einstein gemeinsam? Beide träumten von einem Haus am See! Peter Fox hat bestimmt eines erworben mittlerweile, Einstein ließ es sich in Caputh errichten. Warum Caputh? "Pfeif auf die Welt, komm nach Caputh, wenn's dir gefällt." Mit diesen Worten soll er Freunde in seine Sommerresidenz eingeladen haben, zum Segeln auf den Seen oder zum Wandern in die Wälder. Zahlreiche Nobelpreisträger, Künstler, Schriftsteller und Aktivisten der Weimarer Republik waren somit zu Gast in Caputh, bis Einstein vor den Nazis in die USA fliehen musste.

Zum Glück müssen wir nur dem Alltag entfliehen, und so steuern wir unsere Boards vom **EINSTIEG** an der Eisenbahnbrücke erstmals durchs **CAPUTHER GEMÜNDE**, wie die Verbindung zwischen Schwielowsee und Templiner See genannt wird. An der Uferpromenade flanieren Touristen, genießen die Sonne und ein Eis. Wir hingegen sind voller Tatendrang, ignorieren die zum Anlanden einladenden Treppenstufen und bremsen nur für die blaue **„TUSSY II"**. Bereits seit 1853 befördert eine Seilfähre Kutschen, Fußgänger und Radfahrer über das Caputher Gemünde. Das weit über 100 Jahre alte **FÄHRHAUS CAPUTH** 2 mit seiner schönen Terrasse, die über dem Wasser schwebt, und dem historischen Gastraum sollte man sich als Einkehr nach der Tour aufheben – es lohnt!

Linker Hand vermietet beim **CAMPINGPLATZ HIMMELREICH** auf der Wentorf-Halbinsel **KOLULA SUP** 1 seine Boards, dann öffnet sich langsam der **TEMPLINER SEE** Richtung Potsdam. Wer möchte, kann nach rechts einen Ausflug zum **SCHLOSS CAPUTH** machen. Der öffentliche Gelbe-Welle-Anleger „Caputh-Ziegelscheune“ liegt etwa 300 m vom Schlosspark entfernt. Alternativ kann man auch ein Stückchen weiter in der kleinen Bucht neben dem Anleger der Weißen Flotte anlanden, um direkt zum Schloss hinaufzugehen.

Richtung **PETZINSEE** halten wir uns links und visieren den Durchlass unter der Eisenbahnbrücke an. Direkt nach der Brücke befindet sich rechts unter hohen Bäumen ein kleiner **SANDSTRAND**, der zum Baden einlädt. Aber wer will schon baden, wenn man auch paddeln kann und so saugen wir mit entspannten Paddelschlägen die Ruhe des Sees in uns auf.

Die Einfahrt zum **WENTORFGRABEN** wäre ohne Schilder nur schwer auszumachen, versteckt sie sich doch zwischen Schilf und Bäumen. Im Wentorfgraben wägt man sich in einer anderen Welt: die Blätter der hohen Bäume lassen den Himmel verschwinden, der Schatten ist an heißen Tagen eine Wohltat - nur die Straßenbrücke auf halber Strecke erinnert an die Zivilisation. Im Hochsommer verliert der Wentorfgraben bei niedrigen Wasserständen an Tiefe. Dann fällt das Paddeln immer schwerer und wir ziehen eine Welle hinter uns her. Kraftsparende und gleichmäßig ruhige Paddelschläge sind nun gefragt.

An windigen Tagen wird man schon am Ende des Wentorfgrabens von den Wellenausläufern des **SCHWIELOWSEES** begrüßt. Unsichere Paddler sollten dann ernsthaft in Erwägung ziehen, den Rückweg anzutreten. **ACHTUNG:** Der Schwielowsee ist aufgrund seiner Größe und Untiefen **EXTREM WINDANFÄLLIG**! Theodor Fontane schreibt nach einer Segelpartie in seinem Werk "Wanderungen durch die Mark Brandenburg“: "Der Schwielow ist gutmütig, so sagten wir; aber wie alle gutmütigen Naturen kann er heftig werden, plötzlich, beinahe unmotiviert, und dann ist er unberechenbar."

An ruhigen Tagen hingegen reitet man auf dem Schwielow wie Lucky Luke in den Sonnenuntergang. Ist es noch früh am Abend, könnte man sich auf dem See rechts halten, um zur empfehlenswerten **GASTSTÄTTE BAUMGARTENBRÜCK** 3 zu paddeln. Die 2 Kilometer hin und zurück lohnen sich, denn im lauschigen Biergarten, in dem schon Theodor Fontane speiste, serviert man leckere Märkische Küche.

Auf dem **SCHWIELOWSEE** halten wir uns aber diesmal links und paddeln die 500 Meter in Richtung **CAPUTHER GEMÜNDE**. Direkt hinter dem Strandbad Caputh mit seiner Südsee-Atmosphäre, geht es links hinein und unter der Eisenbahnbrücke hindurch und wir sind wieder am **AUSGANGSPUNKT**.

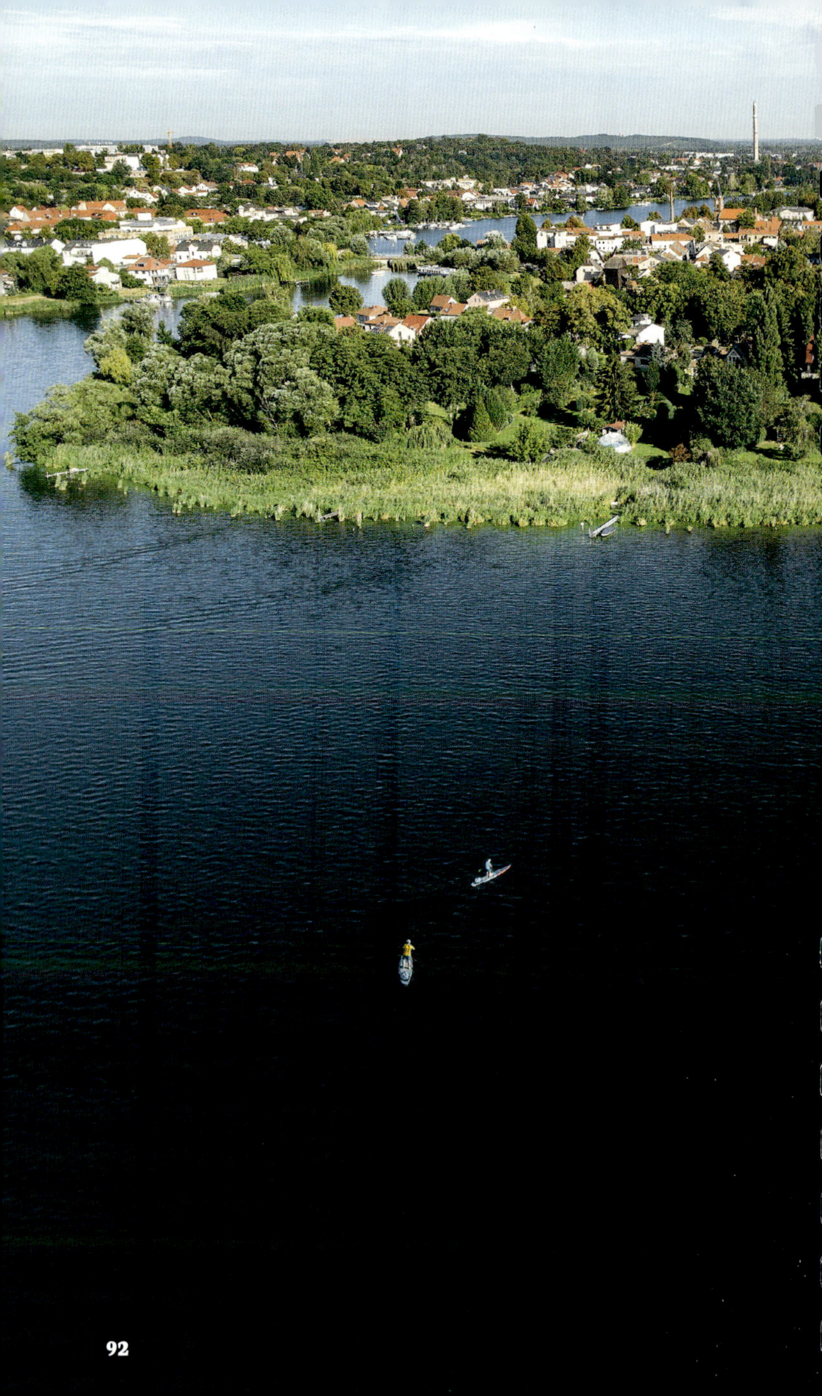

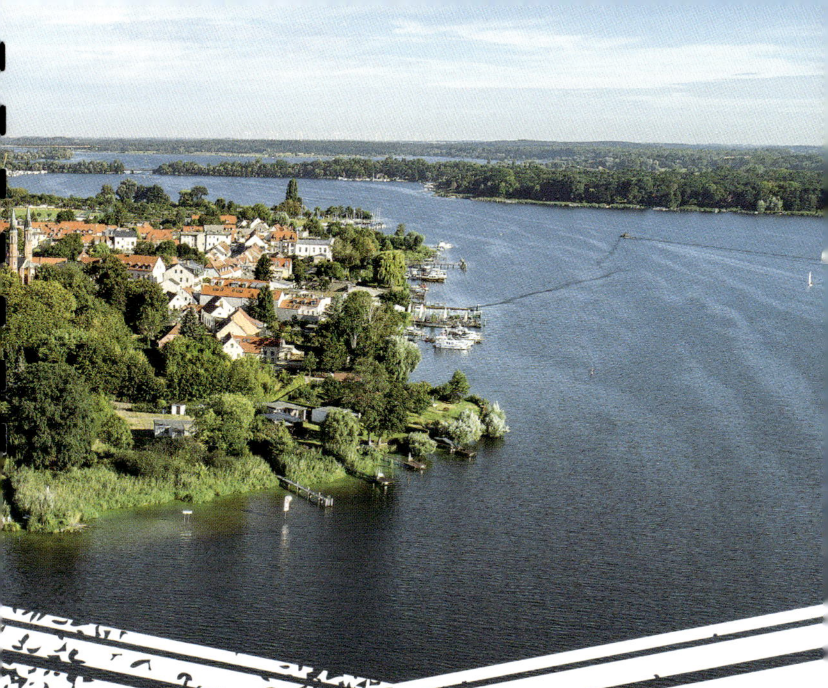

VON WERDER ZUR GRÜNEN WUBLITZ

ANSPRUCH

EINKEHR

Die Baumblütenstadt Werder mit ihrer malerischen Altstadtinsel ist ein idealer Ausgangspunkt für eine Tagestour über den Zernsee in die idyllische Wublitz zum Schloß Marquardt. Und dann heim mit Bus und Bahn. Im Süden von Werder laden der Glindower See und an windstillen Tagen auch der Schwielowsee zu einem Ausflug bis nach Ferch ein.

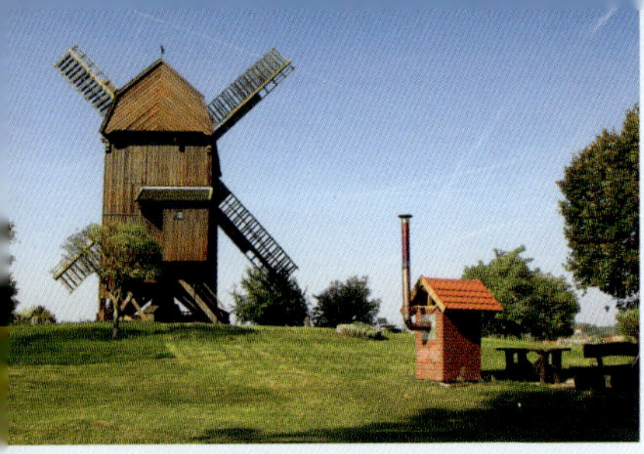

WIND & WETTER

Sehr windanfällig ist die Querung des Großen Zernsee. Gerade wer die Tour als Rundtour angeht, sollte auf dem Rückweg nicht am Gegenwind verzweifeln. Windstille Tage sind zu bevorzugen.

BEFAHRUNGSREGELN

In der Wublitz sind keine Motorboote erlaubt. Vorsicht an der Wasserski-Strecke am Zernsee.

ANFAHRT MIT DEM PKW

ROUTE 1+4 Auf den Berliner Ring A 10 bis Ausfahrt 23 (Phöben) fahren, dann die Phöbener Chaussee nach **WERDER** nehmen.

SCHLOSS MARQUARDT erreicht man über den Berliner Ring A 10, Abfahrt 25 (Potsdam Nord) oder direkt von Potsdam über die B 273 Richtung Wustermark.

ROUTE 2 Vom Potsdamer OT Golm den Golmer Damm Richtung **GUT SCHLOSS GOLM** nehmen. Kurz davor rechts auf den Feldweg Richtung Norden einbiegen. Nach etwa 800 Meter gelangt man zum Einstieg an einem Kanal. (Navi Gut Schloss Golm: Am Zernsee 1, 14476 Potsdam).

ROUTE 3 WILDPARK-WEST erreicht man von Geltow über die Ufer-Straße „Am Wasser" und von Potsdam über die Straße „Werderscher Damm".

PARKEN

EINSTIEG 1 In der Nähe des Wasserwanderrastplatzes befinden sich Parkplätze (Navi: Bernhard-Kellermann-Straße 13, 14542 Werder/Havel).

EINSTIEG 2 Direkt gegenüber des Einstiegs befindet sich eine kleine Parkbucht.

EINSTIEG 3 In der Havelpromenade nahe des Restaurants „Zur Anglerklause". Bitte Rücksicht auf die Anwohner nehmen! (Navi: Havelpromenade 2b, 14548 Schwielowsee).

ANFAHRT MIT ÖPNV

SUP-ROUTE 1+4 Mit dem Regionalexpress RE 1 in rund 30 Minuten von Berlin-Zoo bis Werder. Vom Bahnhof Werder sind es rund 2 km zu Fuß zum Wasserwanderrastplatz. Man könnte auch die Buslinie 630 vom Bahnhof bis zum Hartplatz (Werder) nehmen.

Oder man setzt gleich in Bahnhofsnähe ein, wenn auch nicht ganz so komfortabel. Dazu gibt es 2 Möglichkeiten: entweder vom Bf Werder am Parkhaus vorbei nach Westen zur Eisenbahnbrücke (etwa 500 m) gehen und **AN** oder **UNTER DER BRÜCKE** 1 einsetzen. Oder den Bahnhof nach Norden verlassen, der Straße „Am Zernsee" folgen, bis es rechts in die Luisenstraße geht. Am Ende der Luisenstraße befindet sich ein **SCHOTTERPARKPLATZ** 1, hinter dem man gut aufs Wasser kommt (etwa 600 m).

ROUTE 2 (GOLM) Anfahrt mit ÖPNV ist eher schwierig (Bf Golm 2,8 km).

Am Einstieg zur **ROUTE 3 (RUNDTOUR WERDER)** befindet sich die Bushaltestelle „Wildpark-West, Marktplatz".

BADEN

- Das **Strandbad Werder** liegt am Plessower See – Liegewiese, Kiosk (Am Plessower See 56, 14542 Werder).
- Auf der **Insel Werder** befindet sich eine kleine **Badestelle an der Nordwestspitze** der Insel.
- **Havel-Therme – Wellness, Spa, Sauna & Familienbad.** Innen- und Außenbecken mit Sanftsole gefüllt, Massagedüsen, Nackenduschen. Familienbad mit Wildbach, Breitwellenrutsche, Actionrutsche (www.havel-therme.de).
- **Badewiese** im Schlosspark **Marquardt.**
- **Strand** am **Glindower See** und **Strandbad Glindow** (Imbiss).

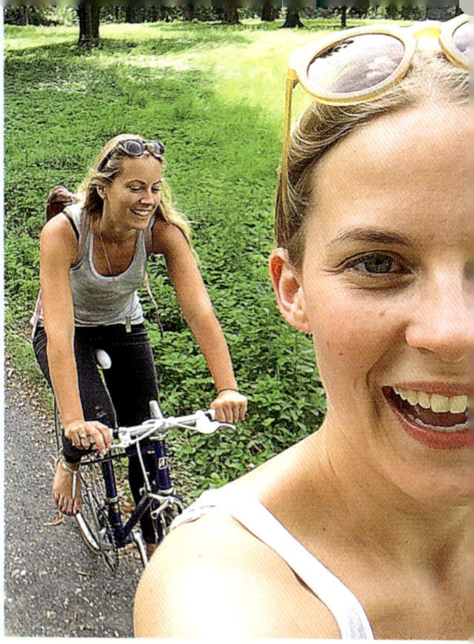

SEHENSWERT

- **Altstadtinsel Werder:** Heilig-Geist-Kirche, Bockwindmühle, Fischerhäuser uvm.
- **Marquardt:** Neogotische **Schlossanlage** und **Lennépark**.
- **Glindow:** Das **Ziegeleimuseum** vermittelt Wissenswertes über den Tonabbau seit 1462 und die bis heute betriebene Backsteinherstellung. Eine Führung geleitet durch das Industriedenkmal und die historischen Produktionsanlagen mit einem original Hoffmannschen Ringofen (Sa+So 10-16, www.ziegeleimuseum-glindow.de). **Heimatmuseum** im fünfachsigen Büdnerhaus im Kietz (So 11-17, www.glindow.de).
- **Petzow:** Schloss mit Lenné-Park, Dorfkirche von Schinkel, alte Schmiede, ehem. Fischerhaus (1818), Heimatmuseum „Waschhaus am Haussee" (um 1820).
- **Ferch:** Museum der **Havelländischen Malerkolonie,** Japanischer **Bonsaigarten**, **Fischerkirche** (17. Jh.), 1.000-jährige **Eiche**, Fercher ObstkistenBühne (Freilicht).

TIPP EXTRA-TIPPS

- Seit mehr als 140 Jahren läutet das einwöchige **Baumblütenfest** den Frühling ein, wenn Tausende unter blühenden Bäumen sitzen und regional gekelterte Obstweine trinken. An dem großen Festumzug über die Stadtinsel bis zum Marktplatz beteiligen sich über 1.000 Teilnehmer und auf mehreren Bühnen erklingt Livemusik.
- **Spaziergang** in die **Weinberge am Wachtelberg (Aussichsturm)**. Dort kann man in der **Straußenwirtschaft "Weintiene"** (Ostern–Oktoberferien) entspannt bei einem leckeren Glas Wein und einer Vesperplatte sitzen und über die Weinstöcke schauen, mit etwas Glück auch in einen atemberaubenden Sonnenuntergang.
- Auf einem zweistündigen Rundgang durch das **Naturschutzgebiet "Glindower Alpen"** informieren Infotafeln über die Flora und Fauna der 40 m hohen „aufgeschütteten Berge", die aufgrund jahrhundertelangen Tonabbaus entstanden.

1 WERDER ÜBER ZERNSEE & WUBLITZ NACH MARQUARDT

Diese tagesfüllende Tour bietet Natur- und Kulturliebhabern eine abwechslungsreiche Tour mit Anschluss an den öffentlichen Nahverkehr. Sportliche Fahrer können die Strecke auch als Hin- und Rücktour meistern.

| LÄNGE 11/22 km | DAUER 5-8 h

1 EIN- & AUSSTIEG ROUTE 1

EINSTIEG In Werder befindet sich ein Wasserwanderrastplatz an der Uferpromenade am Festland. In direkter Nachbarschaft gibt es einen Parkplatz mit 200 Stellplätzen, einen Reisemobilstellplatz sowie eine öffentliche Toilette.

Alternativ gegenüber auf der Insel an den Schwimmstegen (Regattastrecke). Parken an der Uferstraße möglich. Anfahrt: Straße Unter den Linden auf die Insel, gleich links in die Uferstraße.

AUSSTIEG Badewiese Schlosspark Marquardt (Im Park 2, 14476 Potsdam OT Marquardt).

2 WUBLITZFEIERABEND-RUNDE VON GOLM

Für eine kurze Rundtour auf der Wublitz eignet sich als Startpunkt das Nordostufer des Großen Zernsees bei Golm.

| LÄNGE 6 km | DAUER 2-3 h

2 EIN- & AUSSTIEG ROUTE 2

Etwa 500 m nördlich von Gut Schloss Golm befindet sich ein Wasserwanderrastplatz in einer Bucht, daneben kleiner „wilder“ Parkplatz neben einem Kanal.

3 RUND UM WERDER VON WILDPARK WEST

Diese kleine Rundtour um die Insel Werder startet am östlichen Ufer der Havel im Wildpark West. Von hier quert man am besten zur Nordspitze und umrundet die Insel entgegen des Uhrzeigersinns. Gleich im Norden der Westseite lädt ein kleiner Sandstrand zum Baden ein.

| LÄNGE 4 km | DAUER 2 h

3 EIN- & AUSSTIEG ROUTE 3

An der Havelpromenade Wildpark-West können wir an einer offiziellen Einsetzstelle (Betonrampe) hinter dem Restaurant „Zur Anglerklause“ einsetzen. Alternativ kann man die Tour natürlich auch auf der Havel-Insel an den Schwimmstegen beginnen oder gegenüber am Festland (siehe Route 1).

4 ÜBER HAVEL, GLINDOWER SEE UND SCHWIELOWSEE NACH FERCH

Eine schöne Tagestour führt von Werder in den Glindower See und zurück (oder Bus 607 von Petzow nach Werder).

Oder mit einer Umtragung in Petzow weiter in den Schwielowsee (NICHT für Anfänger, der See ist sehr windanfällig) bis nach Ferch. Von dort fährt der Bus 607 Potsdam-Caputh-Ferch-Petzow zurück nach Werder.

| LÄNGE 12/14 km | DAUER 4-6 h

EIN- & AUSSTIEG ROUTE 4

1 **EINSTIEG** wie Route 1, s. oben.

4 **AUSSTIEG** an der Marina Ferch.

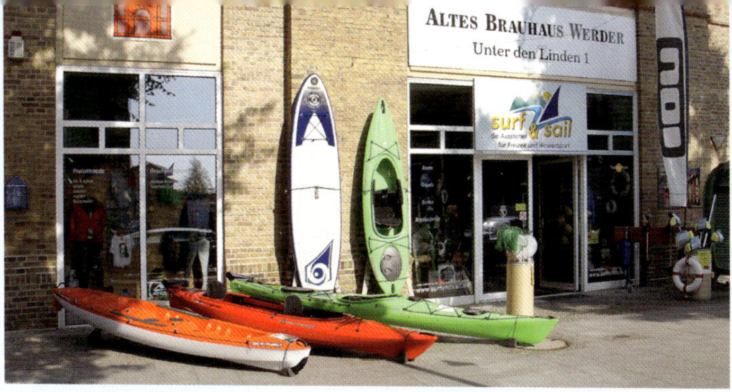

SUP-VERMIETUNG

1 KRÜGER & TILL WASSERSPORT WERDER
Unter den Linden 17
14542 Werder/Havel
Tel. (03327) 42 42 2
www.wassersport-werder.de

2 KAYAK24
Am Kanal 11
14469 Potsdam (OT Marquardt)
Tel. (0331) 279 720 72
www.kayak24.de

3 SUP TRIP (YACHTHAFEN POTSDAM)
Kastanienallee 22c
14471 Potsdam
Tel. 0157-323 873 46
www.sup-trip.de

4 SUP-VERLEIH AM SCHWIELOWSEE CAMPING
Dorfstr. 50, 14548 Schwielowsee
(OT Ferch), Tel. (033209) 70 295
www.schwielowsee-camping.de

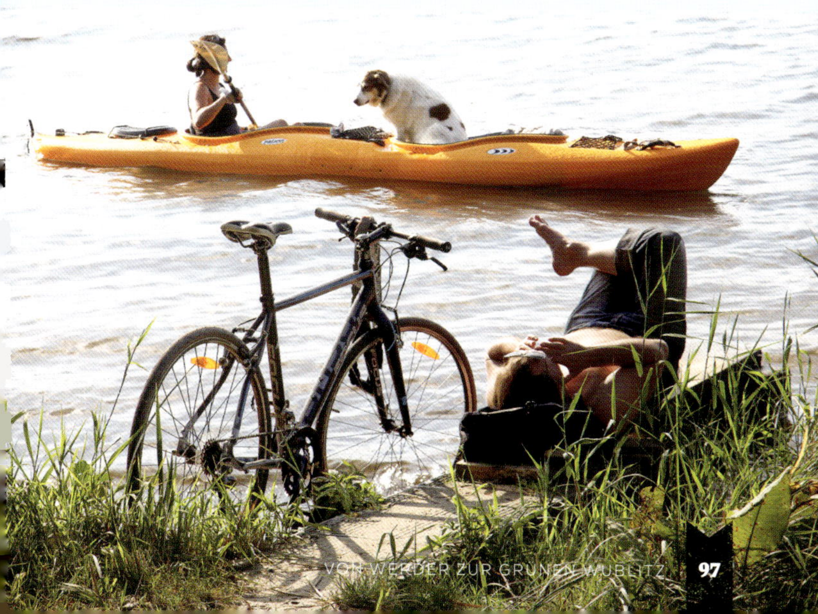

1 YVES'S RESTAURANT

Michaelis Str. 13, 14542 Werder/Havel
Tel. 0157-742 918 92
www.yves-s.de
Tägl. 12.30-21 Uhr

KLASSIKER Keine feste Speisekarte, aber immer frisches individuelles Essen (auch vegan)

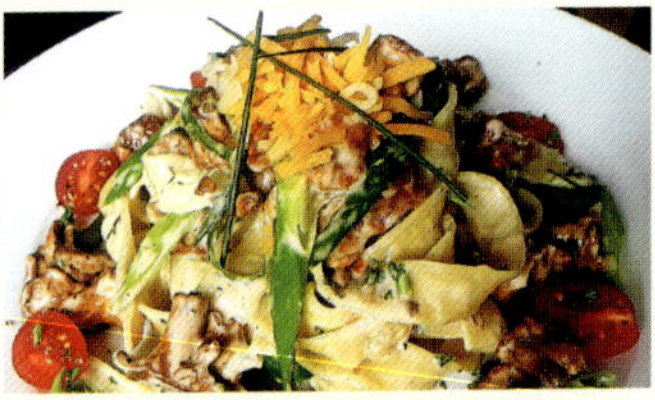

2 LANDGASTHOF „ZUM ALTEN KRUG“

Hauptstraße 2
14476 Potsdam (OT Marquardt)
Tel. (033208) 572 33
www.krug-marquardt.de
Di-Do ab 16, Fr-So ab 12 Uhr

KLASSIKER Wildschweinbouletten vom heimischen Wild mit Steckrübengemüse

3 ZUR ANGLERKLAUSE

Havelpromenade 2b
14548 Schwielowsee (OT Wildpark-West)
Tel. (03327) 554 84
www.anglerklause.de
Tägl. von 12-19 Uhr

KLASSIKER Wie wär's mit Mallorquinischer Kaninchenpfanne?

ÜBERNACHTUNG

1 RUDER-KLUB WERDER

Werderwiesen 18, 14542 Werder/Havel
Tel. (03327) 56 91 65
www.ruder-klub-werder.de
Günstige Übernachtung in Gästezimmern oder im Zelt

2 HOTEL ZUR INSEL

Am Markt 6, 14542 Werder/Havel
Tel. (03327) 661 60
www.hotel-zur-insel.de

3 BLÜTENCAMPING RIEGELSPITZE

Fercher Str. 4-9, 14542 Werder/Havel
Tel. (03327) 423 97
www.campingplatz-riegelspitze.de

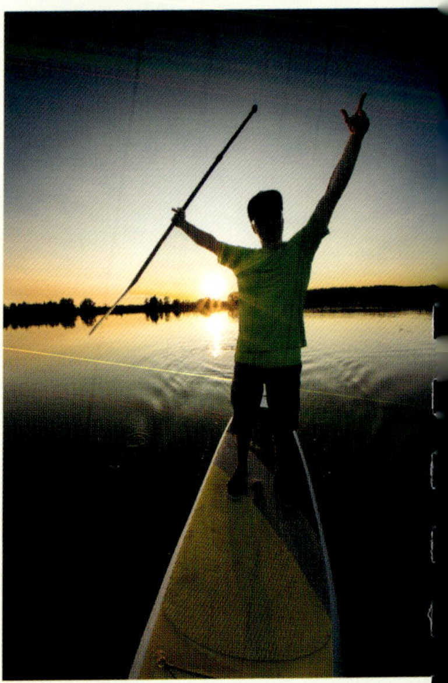

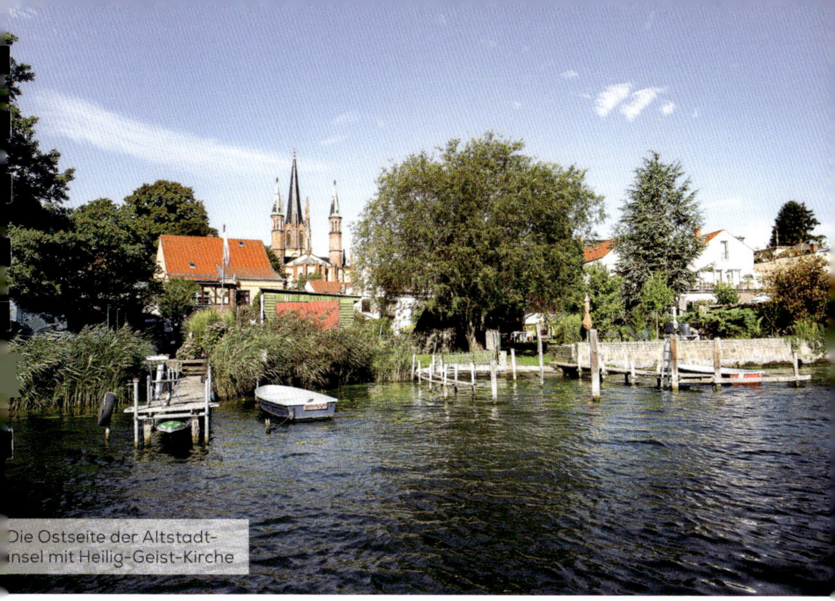

Die Ostseite der Altstadt-Insel mit Heilig-Geist-Kirche

1 VON WERDER ÜBER ZERNSEE & WUBLITZ NACH MARQUARDT

Start für die Tour ist die **UFERPROMENADE** 1 an der Brücke rüber auf die Altstadt-Insel von **WERDER**. Kurz vor der Brücke haben wir SUPer die Möglichkeit uns im Fachgeschäft **„SURF UND SAIL"** mit evtl. vergessenem Equipment auszustatten oder bei **KRÜGER & TILL WASSERSPORT** 1 ein SUP zu mieten.

Auch wenn das offene Wasser zu unserer Linken schon laut „Wublitz" ruft, paddeln wir rechter Hand unter der kleinen Bogenbrücke hindurch gen Süden. Hinter der Brücke hat man einen guten Blick auf die Wahrzeichen der Stadt, die markante gotische **HEILIG-GEIST-KIRCHE** und die **BOCKWINDMÜHLE**, die anstelle der abgebrannten Vorgängerin errichtet wurde. "Vom Wasser umschlossenes Land" bedeutet Werder im Slawischen – und tatsächlich liegt der älteste Teil der reizvollen Stadt inmitten der Havel auf einer Insel. Wir paddeln gemütlich um den grünen Südzipfel Werders herum und finden alsbald Gelegenheit für einen kurzen Landgang auf der Ostseite der Insel. Hier befindet sich, versteckt an einem kleinen Holzsteg, ein **WASSERWANDERRASTPLATZ**, von dem aus man über gepflasterte Gassen hoch zur Kirche schlendern kann. Da der restliche Teil der Paddeltour eher abseits der Zivilisation liegt, bietet sich bei **YVES'S RESTAURANT** 1 eine gute Gelegenheit das Bäuchlein zu füllen.

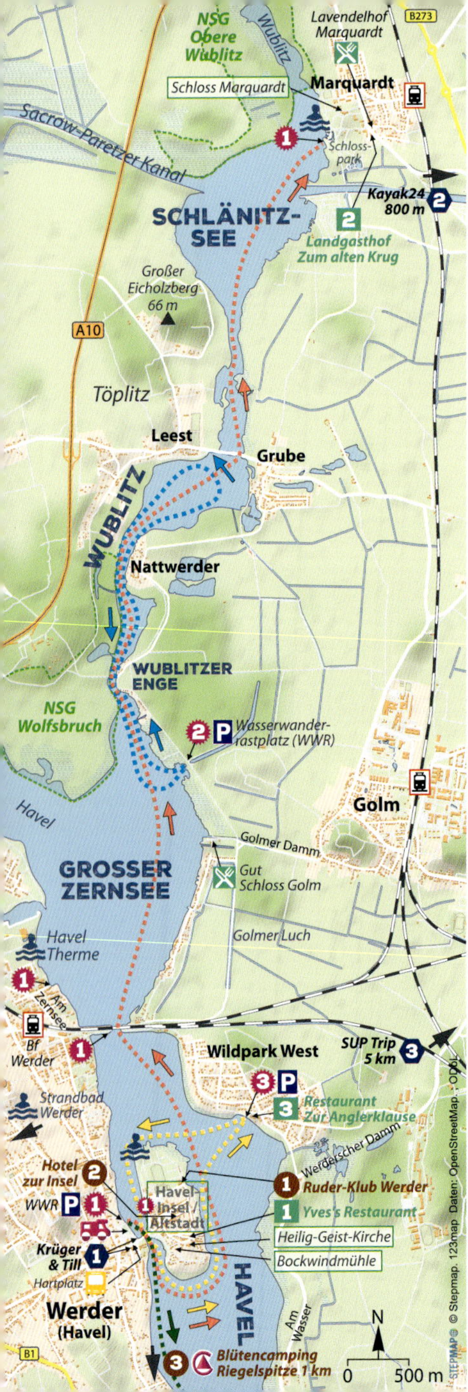

Zurück auf dem Brett zieren prächtige Weiden das Ufer, Haubentaucher und Kormorane bevölkern die Nordspitze der Altstadt-Insel, von der wir nun Abschied nehmen und die Eisenbahnbrücke in nördlicher Richtung anvisieren. Ein Auge gilt dabei immer der Schifffahrtsrinne der **HAVEL**, denn dieser Bereich ist teilweise hoch frequentiert und wir müssen die Hauptfahrrinne passieren.

Hinter der Brücke öffnet sich der **GROSSE ZERNSEE**. Linker Hand folgt die Schifffahrt der Havel hinab nach Brandenburg. Wir hingegen orientieren uns eher rechts auf unserem Weg zur motorbootfreien **WUBLITZ**. Eine renovierte Windmühle erhebt sich über den See, wir haben unsere Augen aber besser nach vorn gerichtet und machen um die Wasserski-Strecke inmitten des Sees einen Bogen.

Hinter den Weiden versteckt sich am Ufer der Ort **GOLM**, wo einst UFA Stars wie Marlene Dietrich von den Dreharbeiten in Babelsberg Entspannung fanden. Das berühmte Kurhaus erstrahlt nach umfangreicher Renovierung als **GUT SCHLOSS GOLM** in neuem Glanz.

Kurz bevor der Große Zernsee langsam enger wird und die

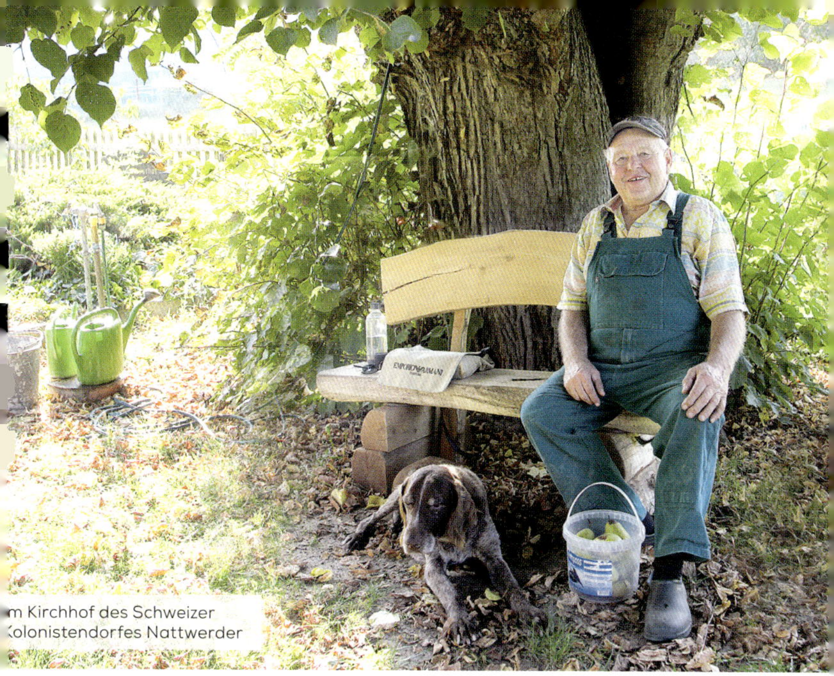

m Kirchhof des Schweizer Kolonistendorfes Nattwerder

WUBLITZ ankündigt, liegt rechts in einer Bucht ein kleiner **WASSERWANDER-RASTPLATZ** 2 und lädt zur Pause ein. Dieser Platz kann auch als **EINSTIEG** genutzt werden für eine Kurztour auf der Wublitz.

Spätestens hinter der Fußgängerbrücke in der **WUBLITZER ENGE** verbieten die Schilder die Weiterfahrt für Motorboote. Linker Hand liegt die **INSEL TÖPLITZ**, die vereinzelten Häuser zur Rechten gehören zu **NATTWERDER**, das von Schweizer Kolonisten im Jahre 1685 gegründet wurde. Auf einer gefährlichen Wasserreise von Bern über Aare, Rhein, Nordsee, Elbe und Havel, kamen damals 14 Auswanderer-Familien nach siebenwöchiger Fahrt im Golmer Bruch an und ließen sich hier nieder.

Ist man auf der wunderschönen **WUBLITZ** unterwegs, fällt es schwer zu glauben, dass sich in wenigen Kilometern Luftlinie die Hauptstadt des Landes Brandenburg befindet. Die Schilfgürtel und Baumriesen lassen die Zivilisation vergessen. Aber so unberührt ist die Wublitz nicht: das Quellgebiet bei Falkenrehde ist durchkreuzt vom Havelkanal und dem Autobahnring, den Schlänitzsee durchkreuzt der Sacrow-Paretzer Kanal, das Moorgebiet Golmer Luch im Südwesten musste jahrelang als Mülldeponie für Berlin herhalten. Zum Glück stehen heute weite Teile des Ufers der Wublitz sowie das Golmer Luch unter Naturschutz!

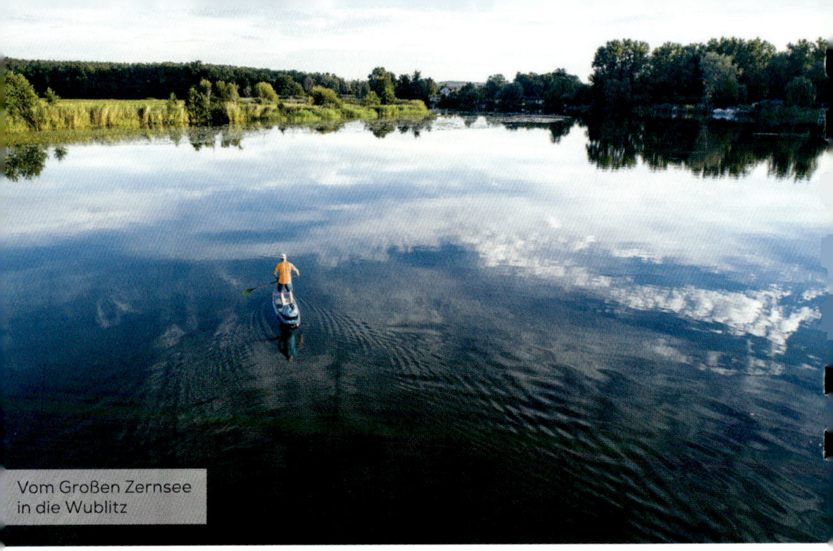

Vom Großen Zernsee in die Wublitz

Hinter Nattwerder verbreitert sich die **WUBLITZ** seeartig, bekommt jedoch von der bald folgenden Autobrücke zwischen **GRUBE** und **LEEST** den Gürtel wieder angelegt. Etwa einen Kilometer danach kommen wir zum **SCHLÄNITZSEE**, und unser Tagesziel rückt in greifbare Nähe. Vorher durchkreuzt die Hauptrinne des **SACROW-PARETZER KANALS** den See, dahinter halten wir uns rechts und peilen den Strand des **SCHLOSSPARKS MARQUARDT** an. Dieser wurde 1823 nach Plänen von Peter Josef Lenné gestaltet. Das Schloss diente im Laufe der Jahrhunderte als Sommersitz des Adels, als Hotel, als Lazarett und als Universitätsinstitut. Abseits der Touristenströme, die es zu den bekannteren Schlössern im nahen Potsdam zieht, steht es größtenteils leer. Nur der Ballsaal wird für Feiern vermietet, außerdem zieht das morbide Ambiente Film- und Fernsehproduzenten an.

Wer einkehren möchte, findet etwa 400 Meter entfernt in der Dorfmitte **MARQUARDTS** (vom Park aus leicht rechts halten) den **LANDGASTHOF „ZUM ALTEN KRUG“** 2, wo brandenburgische Spezialitäten auf der Speisekarte stehen und je nach Saison frischer Beelitzer Spargel oder Wildgerichte im Biergarten serviert werden. Nebenan hat der **„LAVENDELHOF“** am Wochenende seinen Garten geöffnet. Freitag Nachmittag ab 14 Uhr gibt es Brot und Kuchen, später auch leckere Pizza aus dem Holzbackofen.

Zum **BAHNHOF** geht man vom Strand eher links hoch, am Schloß vorbei, zum Haupteingang des Schlossparks und folgt dann der Fahrländer Straße etwa 500 Meter.

4 ZUR HAVELLÄNDISCHEN MALERKOLONIE FERCH

Eine tolle Tour führt von **WERDER** 1 nach Süden und auf Höhe des Kirchturms des gegenüberliegenden Geltows nach rechts in die Durchfahrt zum buchtenreichen **GLINDOWER SEE**, der guten Windschutz bietet. Wer sich die Füße vertreten will, besucht das **ZIEGELEIMUSEUM** oder macht einen Spaziergang durch die **„GLINDOWER ALPEN"** TIPP. Im Süden des Sees nutzt man die **UMTRAGUNG** in **PETZOW** zur Besteigung des Turmes der **DORFKIRCHE**, mit fantastischem Blick über die Havelseenlandschaft.

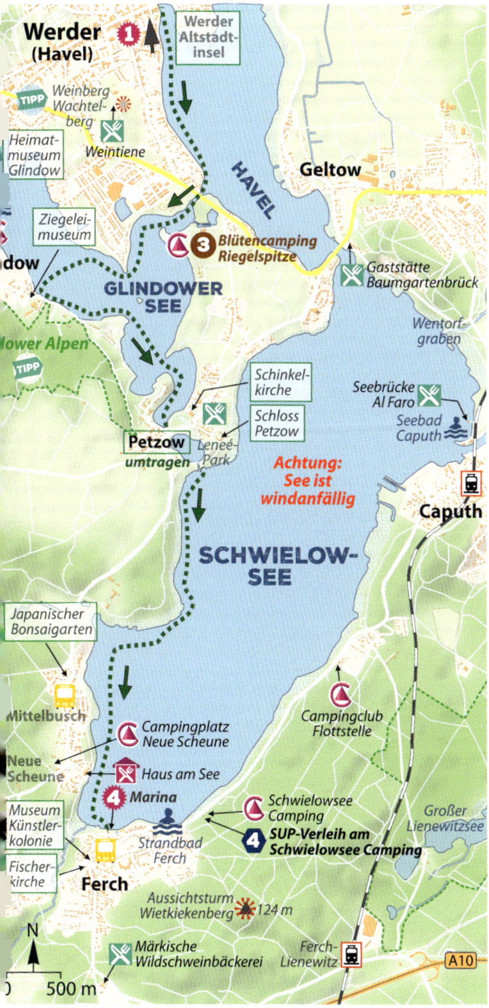

Wenn der Wind mitspielt, setzt man seine Fahrt dicht am Ufer des **SCHWIELOWSEES** fort. Unser Ziel **FERCH** 4 war bereits Ende des 19. Jahrhunderts bei Künstlern beliebt. Sie schätzten die reizvollen, inspirierenden Motive und die Nähe zu Berlin und Potsdam. Auch wir sind froh, dass wir mit dem **BUS** über Petzow nach Werder zurückfahren können. In **FERCH** gute Einkehr und Übernachtung im **HAUS AM SEE** (www.hotel-hausamsee.de).

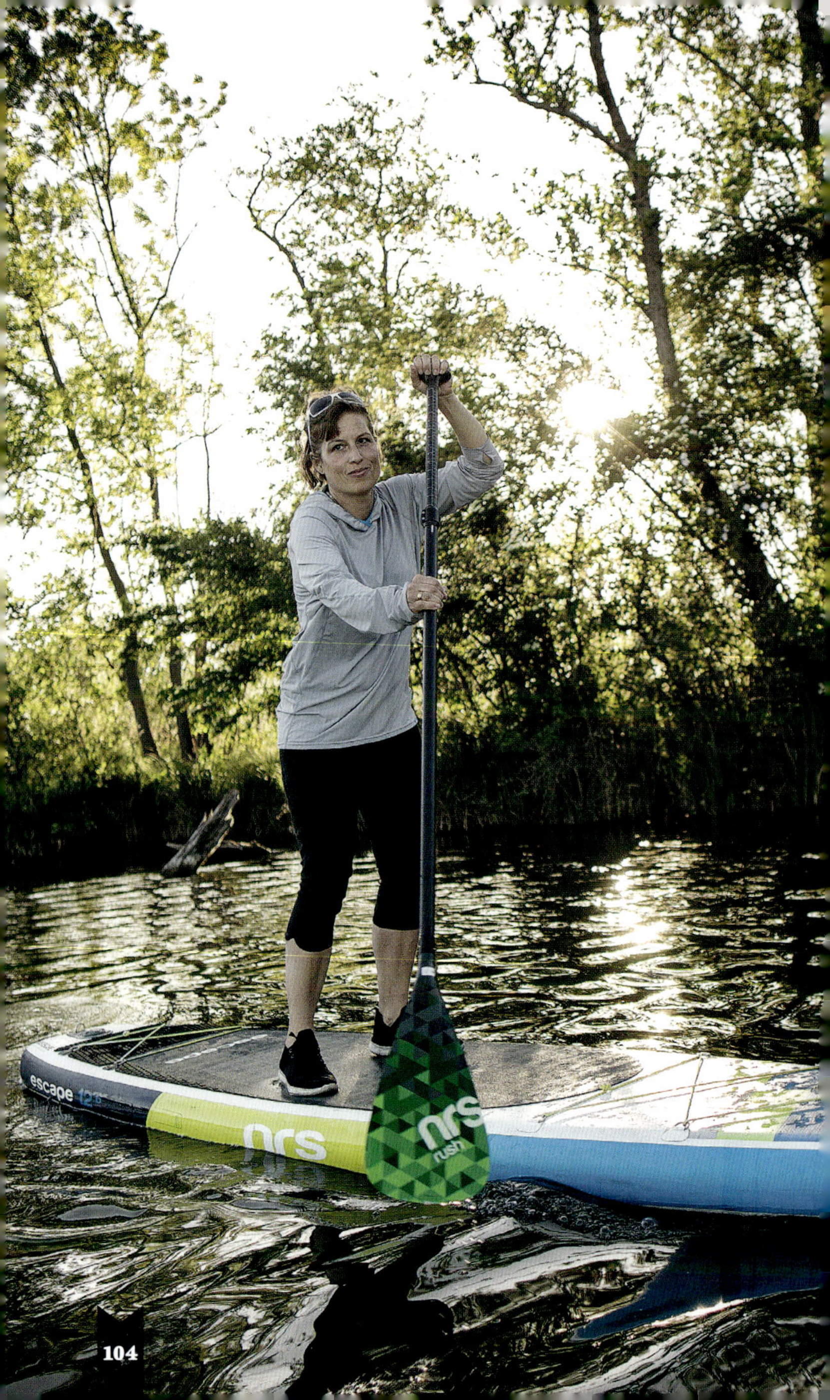
escape
nrs
nrs
rush

KETZINER TONSTICHE

ANSPRUCH

EINKEHR

Das Wasserlabyrinth am **Ketziner** Ortsteil **Brückenkopf** ist ein kleines Naturparadies im Havelland. Die schon lange mit Wasser aufgefüllten Tongruben (**Erdelöcher**) der ehemaligen Ziegeleien sind heute Landschaftsschutzgebiet und prädestiniert für eine Erkundungstour mit dem SUP.

Vom kleinen Strand neben der **FÄHRE KETZIN** 1 geht es nach Nordwesten am Ufer der Havel entlang. Vorbei an der Badestelle, dem Stadthafen und der Havelpromenade, an der am Wochenende Tagesgäste auf und ab flanierend sehnsüchtig aufs Wasser blicken, lassen wir das Fischerstädtchen hinter uns. Wo die Schrebergartenhäuschen beginnen, schwenken wir nach rechts in den **ZIEGELEIKANAL** Richtung **BRÜCKENKOPF** 3. Die Möglichkeiten für Erkundungen rund um das Ketziner Wasserwirrwarr sind dank der vielen Inseln und Einstiche schier unbegrenzt.

Die folgenden Meter erinnern irgendwie an den Spreewald: Dichte Baumriesen zieren das Ufer und lassen ihre Äste teilweise bis ins Wasser hängen.

Danach öffnete sich die Landschaft schnell, aus der engen Fahrrinne bilden sich erste seeartige Erweiterungen. Wir folgen dem Hauptwasser und widerstehen am besten erstmal in die seitlichen Kanäle einzubiegen, da sich hier viele Privatgrundstücke bis ans Wasser ziehen.

Schnell zeigen sich erste größere Wasserflächen, die zahlreichen Erdlöcher als Überreste der Ziegelindustrie bilden ein verzweigtes System von miteinander verbundenen kleinen Seen und laden zum selbständigen Erkunden ein. Im Prinzip ist es einfach: immer geradeaus bis zum Ende, und spätestens auf dem Rückweg immer mal wieder links und rechts abbiegen.

Kompakt TOUR

WIND & WETTER

Zwar sind die meisten Bereiche klein und verwinkelt, dennoch sind die größeren Wasserflächen und der offene Bereich der Havel windanfällig.

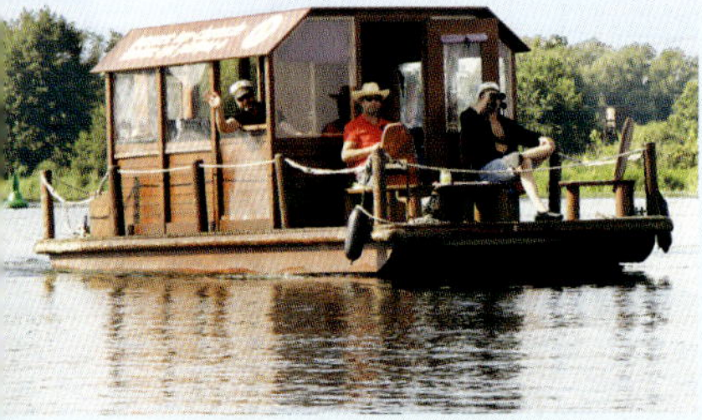

BEFAHRUNGSREGELN

Achtung LSG! Die Brückenkopf-Seen sind ein Biotop für Tiere und Pflanzen. Es gibt selten gewordenen Populationen Schutz und Lebensraum und sollte durch Paddler nicht gestört werden. „Zur Schonung der Schilfbestände ist ein Mindestabstand von 10 m einzuhalten"; besagt die Satzung des LSG Ketziner Bruchlandschaft. Außerdem bitte immer ausreichend Abstand halten – Abstand zur Tierwelt, Abstand zu Anglern, Abstand zu den Vorgärten. Für ein friedliches Miteinander!

ANFAHRT MIT DEM PKW

Mit dem Auto erreicht man Ketzin über den westlichen Berliner Ring (A 10), indem man diesen an der Abfahrt 25 Potsdam-Nord / Ketzin verlässt und von dort über Uetz und Paretz in weniger als 10 Minuten am Ziel ist. In Ketzin führt die Seitenstraße hinter dem Wirtshaus „Redo XXL Ketzin" links zur Fähre.

PARKEN

EINSTIEG 1 Auf den letzten Metern, bevor es zur Fähre hinuntergeht, kann neben der Straße geparkt werden. (Navi: An der Fähre 1, 14669 Ketzin).
Der Parkplatz des Restaurants „An der Fähre" ist NUR FÜR KUNDEN DES RESTAURANTS, daher bitte NICHT benutzen!
Von der Hauptstraße biegt man dann zu Fuß rechts in den Uferweg ein, nach wenigen Metern befindet sich links ein kleiner Ministrand zum Einsetzen.

EINSTIEG 2 Direkt an der Einfahrt von der L 92 (Brandenburger Chaussee) in den Lilienweg befinden sich rechts ein paar Parkplätze. Bitte Rücksicht auf die Anwohner nehmen. Der Wasserwanderrastplatz befindet sich etwa 100 Meter weiter auf der linken Seite. (Navi: Lilienweg 10, 14669 Ketzin OT Brückenkopf).

ANFAHRT MIT ÖPNV

Ketzin ist nicht per Bahn, aber mit dem Bus erreichbar. Von Potsdam fährt die Buslinie 614 (Richtung Gutenpaaren), von Wustermark die Buslinie 642 und von Nauen die Buslinie 658 (Infos unter www.havelbus.de).

In Ketzin angekommen, läuft man von der Haltestelle „Am Markt" die Albrechtstraße hinunter zum Wasser und gelangt direkt zur Slip-Anlage (Betonrampe), an der man gut ins Wasser kommt.

BADEN

Badestelle Ketzin am ehemaligen Strandbad im Friedrich-Ludwig-Jahn-Weg 31 (Imbiss).

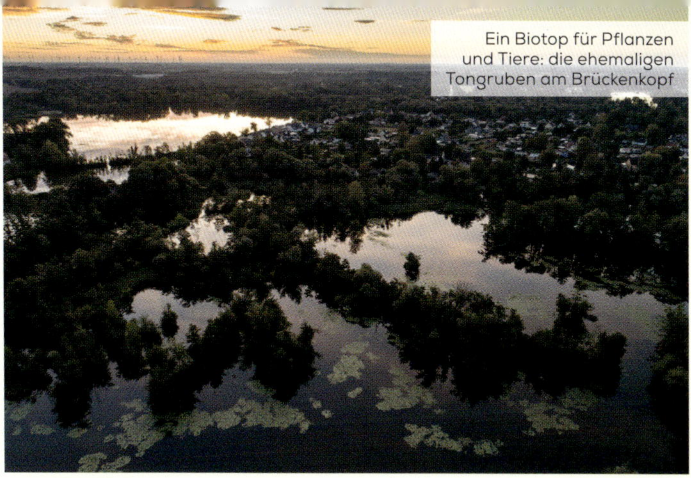

Ein Biotop für Pflanzen und Tiere: die ehemaligen Tongruben am Brückenkopf

EXTRA-TIPPS

» Im August findet in **Ketzin** alljährlich das **Fischerfest** mit einem großen Fischzug auf der Havel und anschließender Fischversteigerung statt. Die Kutterruder-Meisterschaften, ein großer Festumzug durch die Altstadt, der Mittelaltermarkt, ein bunter Schaustellerpark und viele kulinarische Angebote locken dann bis zu 30.000 Menschen am Wochenende in das kleine Fischerstädtchen (www.ketziner-fischerfest.de).

» Das nahe Dorf **Paretz** wurde im Zuge der Errichtung des **Paretzer Schlosses**, das Kronprinz Friedrich Wilhelm III. für sich und seine Gemahlin Luise als Sommerresidenz in Auftrag gab, vom Architekten David Gilly als architektonisches Gesamtkunstwerk umgestaltet. Nach aufwändiger Sanierung kann man das kleine Schloss Paretz wieder in seiner ursprünglichen Schönheit mitsamt seinen berühmten Paretzer Papiertapeten besichtigen. Des Weiteren im Dorf zu bestaunen: Pumpenhaus, Schlossremise (Ausstellung), Gotisches Haus (Einkehr), Eiskeller, Dorfkirche (1797, vermutlich älteste Dorfkirche der Neugotik), Bockwindmühle (Ende 19. Jh.), Scheunencafé, Künstlerhäuser und Ateliers uvm.

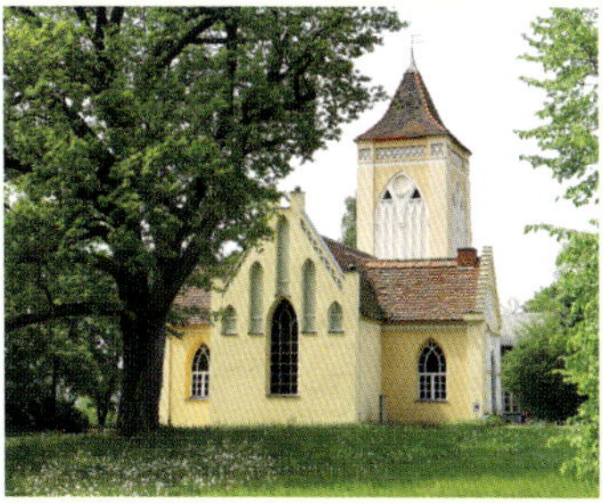

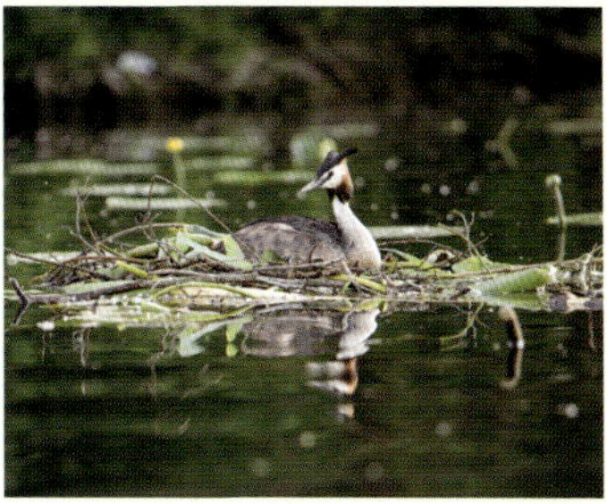

TOUREN

1 KETZINER HAVEL & TONGRUBEN BRÜCKENKOPF

Von der Ketziner Fähre die Havel entlang der Uferpromenade, weiter in die alten Tongruben am Brückenkopf und zurück.

| **LÄNGE** 10 km | **DAUER** 3-5 h

1 EIN- & AUSSTIEG ROUTE 1

An der Fähre Ketzin (Navi: An der Fähre 1, 14669 Ketzin). Alternativ bei ÖPNV-Anreise an der Slip-Anlage.

2 SUNDOWNER TONGRUBEN BRÜCKENKOPF

Einstieg direkt am Brückenkopf, dadurch wird die Tour um etwa die Hälfte verkürzt.

| **LÄNGE** 5 km | **DAUER** 2-3 h

2 EIN- & AUSSTIEG ROUTE 2

Am Wasserwanderrastplatz (WWR) im Lilienweg (Navi: Lilienweg 10, 14669 Ketzin OT Brückenkopf).

SUP-VERMIETUNG

1 BADESTELLE „KETZINER HAVELSTRAND“

Friedrich-Ludwig-Jahn-Weg 31
14669 Ketzin
Tel. 0171-971 15 47
www.ketziner-havelstrand.de

2 WASSERSPORTZENTRUM ZIERUS

(Termin vereinbaren!)
Brandenburger Chaussee 5
14669 Ketzin (OT Brückenkopf)
Tel. (033233) 304 54 & 0160-552 50 43
www.wassersportzentrum-ketzin.de

EINKEHR

1 RESTAURANT & CAFE „AN DER FÄHRE“

An der Fähre 1, 14669 Ketzin
Tel. (033233) 806 32
www.an-der-faehre.de
Di–So ab 12 Uhr

KLASSIKER Tolle Fischgerichte

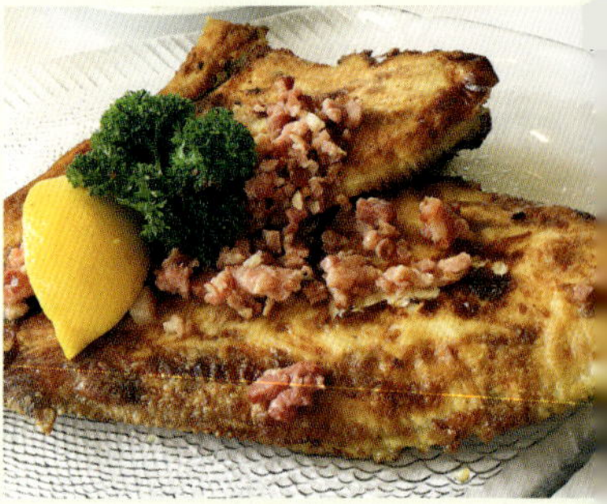

ÜBERNACHTUNG

1 FERIENHOF HAVELBLICK

(Camping & Fewo)
Fischerstraße 8, 14669 Ketzin
Tel. (033233) 27 90 56
www.ferienhof-havelblick.de

2 PENSION NO. 12

Rathausstr. 12, 14669 Ketzin
Tel. 0152-262 639 13
www.pension-no-12-ketzin.de

3 HAUS BRÜCKENKOPF

(Ferienhäuser & Pension)
Brandenburger Chaussee 1
14669 Ketzin
Tel. (033233) 218 26
www.haus-brueckenkopf.de

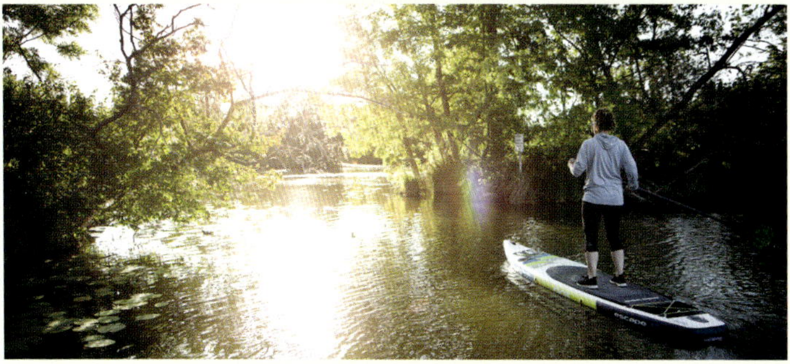

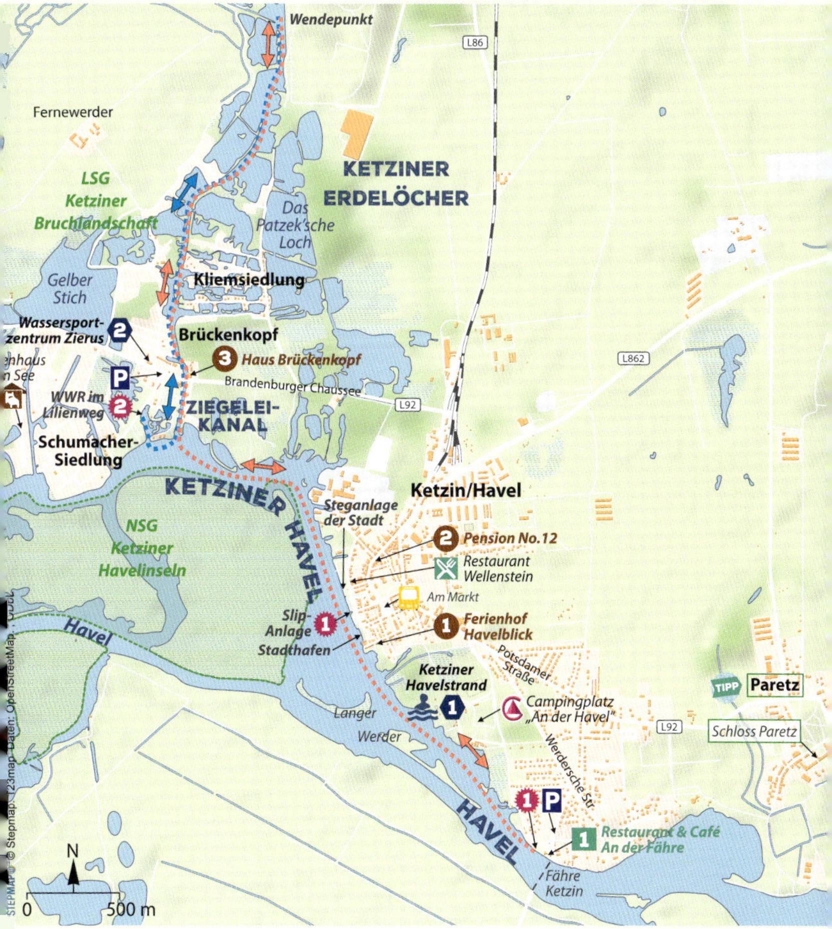

Wendepunkt
L86
Fernewerder
LSG
Ketziner
Bruchlandschaft
KETZINER
ERDELÖCHER
Das
Patzek'sche
Loch
Gelber
Stich
Kliemsiedlung
Wassersport-
zentrum Zierus
Brückenkopf
Haus Brückenkopf
Brandenburger Chaussee
L862
L92
WWR im
Lilienweg
ZIEGELEI-
KANAL
Schumacher-
Siedlung
KETZINER
HAVEL
Ketzin/Havel
Steganlage
der Stadt
NSG
Ketziner
Havelinseln
Pension No.12
Restaurant
Wellenstein
Am Markt
Havel
Slip-
Anlage
Stadthafen
Ferienhof
Havelblick
Potsdamer
Straße
Ketziner
Havelstrand
TIPP
Paretz
Campingplatz
„An der Havel"
Langer
Werder
Schloss Paretz
Werdersche Str.
HAVEL
Restaurant & Café
An der Fähre
Fähre
Ketzin
N
0
500 m

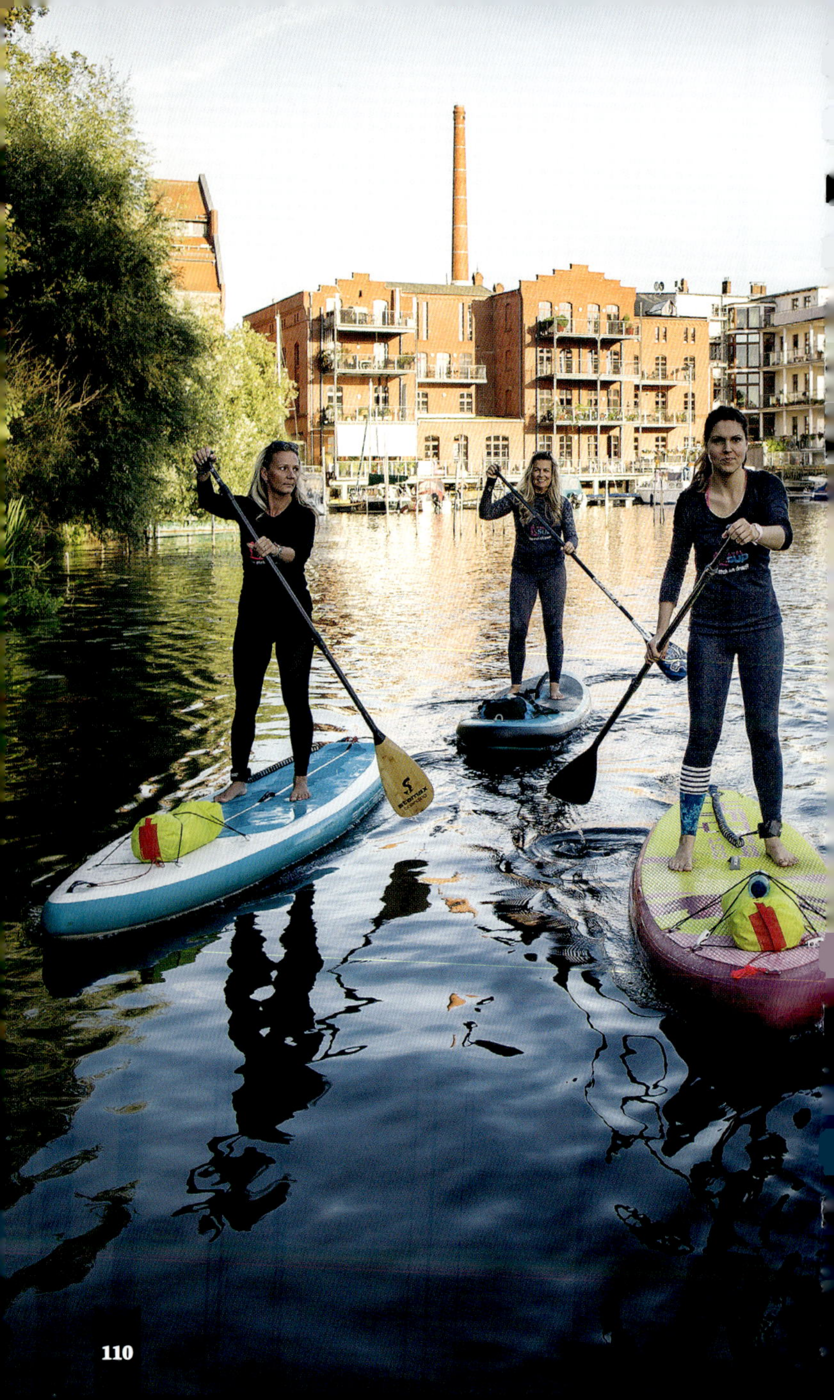

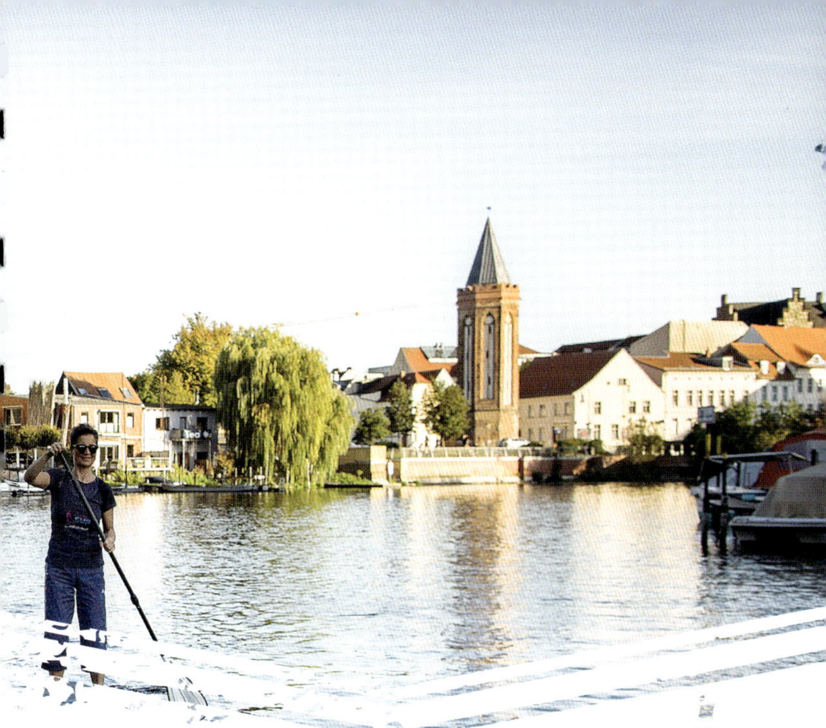

BRANDENBURG CITY

ANSPRUCH

EINKEHR

Umgeben von einer traumhaften Fluss- und Seenlandschaft lädt die gemütliche Kleinstadt mit mittelalterlichem Stadtkern zum Stadtbummel auf dem Wasser und anschließender Einkehr in eines der zahlreichen Cafés am Wasser ein. Da die Havel mit vielen kleinen Nebenarmen, Buchten und Seen die gesamte Stadt umschließt, wird Brandenburg auch gerne „Klein-Venedig" genannt.

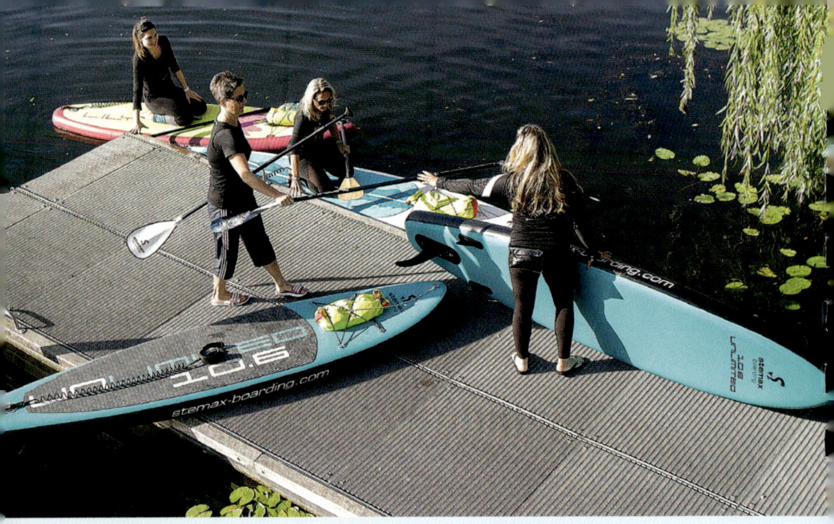

WIND & WETTER
Nicht sehr windanfällig, da größtenteils im Stadtgebiet gepaddelt wird.

BEFAHRUNGSREGELN
Mitunter reger Verkehr auf dem Wasser, ob Paddler, Ruderer, Motorboot oder Ausflugsdampfer. Großen Booten Vorfahrt gewähren!

ANFAHRT MIT DEM PKW
Von der A2 an der Ausfahrt 78 (Brandenburg) abfahren und auf der B102/B1 stadteinwärts fahren. Nach der Aral-Tankstelle rechts in die Potsdamer Straße Richtung Innenstadt abbiegen. Am Neustädtischen Markt geht es geradeaus in die Fußgänerzone, hier biegen wir rechts ab Richtung Dom und erreichen am Neustädtischen Mühlentorturm den Mühlendamm, wo wir später noch unsere Boards umtragen werden. Hinter der Dominsel links abbiegen auf den Grillendamm, nach etwa 200 Metern befindet sich links ein Wohnmobil-Stellplatz mit Wasserzugang.

PARKEN
Wohnmobil-Stellplatz am Dom, Grillendamm 4, 14776 Brandenburg/Havel

ANFAHRT MIT ÖPNV
Vom Hauptbahnhof die Buslinie B zum Grillendamm (oder Mühlendamm) nehmen oder alternativ mit der Straßenbahn 6 zur Jahrtausendbrücke und die Tour dort beginnen. Da es sich um eine Rundtour handelt, kann prinzipiell an unterschiedlichen Punkten gestartet werden.

BADEN
» **Badestelle Grillendamm** am **Kleinen Beetzsee** (Restaurant Schifferstübchen).

» **Badestelle Massowburg** an der Regattastrecke **Beetzsee** (Imbiss).

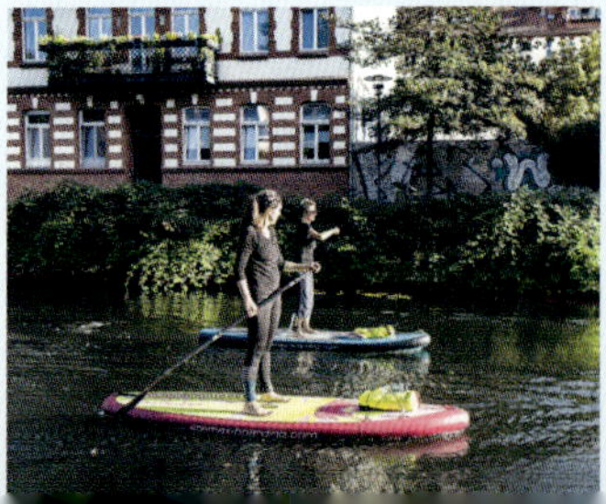

SEHENSWERTES IN BRANDENBURG AN DER HAVEL

» Der **Dom „Sankt Peter und Paul"** (1165) gilt als „Wiege der Mark Brandenburg" und beherbergt wertvolle Kunstwerke vom Mittelalter bis ins 20. Jahrhundert. Das Domstiftsarchiv ist das älteste Archiv östlich der Elbe.

» Ehemalige **Franziskanerkirche St. Johannis** (1250-70) mit fast 600 Jahre alten Wandmalereien und komplett modern verglaster Westfassade.

» Mitten in der Stadt wurde im **Slawendorf Brandenburg** auf 10.000 Quadratmetern eine slawische Siedlung aus der Zeit des 11. Jahrhunderts originalgetreu nachgebaut (www.slawendorf-brandenburg.de).

» Die 1320 errichtete **Kapelle Sankt Jakob** wird im Volksmund auch **Verrückte Kapelle** genannt, nachdem sie 1892 in einer ingenieurtechnischen Meisterleistung um 11 m in einem Stück aus der Straßenfront der Jakobstraße nach Westen geschoben wurde, um einer Straßenerweiterung Platz zu machen.

» Spannend ist das **Archäologische Landesmuseum** im **Paulikloster**. Neben Faustkeilen und Pfeilspitzen ist eines der ältesten Textilien der Welt, das Tragenetz aus Friesack, zu sehen. Jungsteinzeitliche Goldringe aus einer Grabbestattung und der erhaltene Schädel einer erfolgreichen operativen Schädelöffnung, aber auch der große slawenzeitliche Münzschatz von Plänitz aus dem 11./12. Jahrhundert sind zu bewundern (www.landesmuseum-brandenburg.de).

» Im mittelalterlichen **Steintorturm**, dem mächtigsten Torturm in Brandenburg an der Havel, zeigt das Stadtmuseum eine **Dauerausstellung über die Havelschifffahrt**.

» **Rundweg** durch die Stadt mit **Waldmöpsen** von Loriot (gebürtiger Brandenburger).

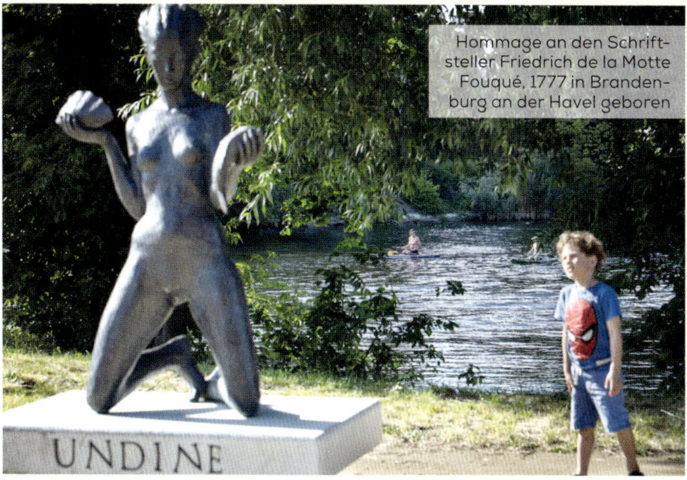

Hommage an den Schriftsteller Friedrich de la Motte Fouqué, 1777 in Brandenburg an der Havel geboren

TOUREN

1 STADTRUNDTOUR

Die Rundtour durch die Stadt führt erst über die Unterhavel zur Sportschleuse und dann über den Stadtkanal zur Oberhavel. Die Tour kann je nach Bedarf durch Abstecher erweitert werden.

| **LÄNGE** 7-10 km | **DAUER** 3-4 h

EIN- UND AUSSTIEG

Im Domstreng am Wohnmobilparkplatz (Grillendamm 4, 14776 Brandenburg/Havel)

SUP-VERMIETUNG

1 HAVEL-SUP
Krakauer Str. 3, (im Domstreng)
Hammerstr. 5, (in der Näthewinde)
Tel. 0173-206 19 61
www.havel-sup.de

2 SPREECRUISER
(in der Ski Arena)
Gotthardtwinkel 4
Tel. (03381) 563 01 39
www.spreecruiser.de

3 KOLULA SUP
Wredowstr. 9 / Franz-Ziegler-Str. 28
Tel. (0331) 901 433 84
www.kolula.com

4 SUP-SAFARI BRANDENBURG
Tel. 0176-32 68 08 46
www.sup-safari-brandenburg.de

4 BOOTSHAUS AM DOM
Tel. 0162-296 84 36
www.bootshausamdom.de
beide Bootshaus am Dom, Burghof 8

EINKEHR

1 RISTORANTE TOTÒ

Ritterstraße 69
14770 Brandenburg/Havel
Tel. (03381) 79 41 39
www.ristorante-toto.com
Tägl. ab 12 Uhr

Klassiker Die hauchdünnen knusprigen Pizzen

2 DIE WERFT

Hauptstraße 77
14776 Brandenburg/Havel
Tel. (03381) 328 17 99
www.werft-brandenburg.de
Mo, Mi, Do, Fr ab 17, Sa & So ab 12 Uhr

Klassiker Der WERFT Cheese Burger

3 FISCHEREI „FISCH AM MÜHLENDAMM“

Mühlendamm 1N
14776 Brandenburg/Havel
Tel. (03381) 21 17 24
www.fischerei-muehlendamm.slue.io

Klassiker Leckere Fischbrötchen

4 GASTSTÄTTE „ZUM BOOTSHAUS“

Hammerstraße 5
14776 Brandenburg/Havel
Tel. (03381) 328 76 90
www.facebook.com/ZumBootshaus
Mo-Fr 16-22, Sa & So 12-22 Uhr

Klassiker Orientalische vegane Platte „1000 & 1 Nacht“

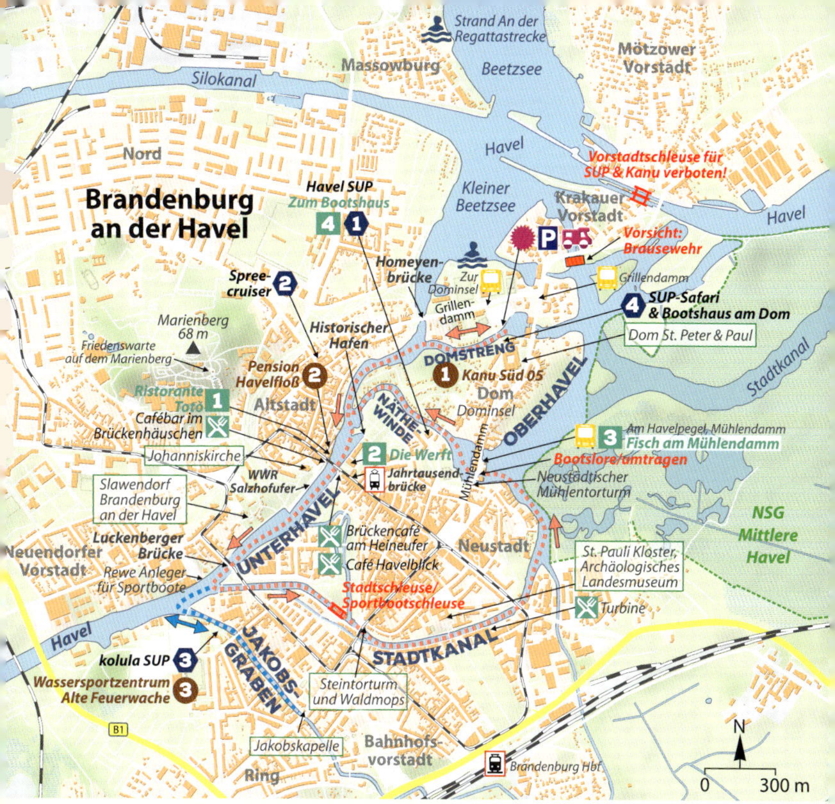

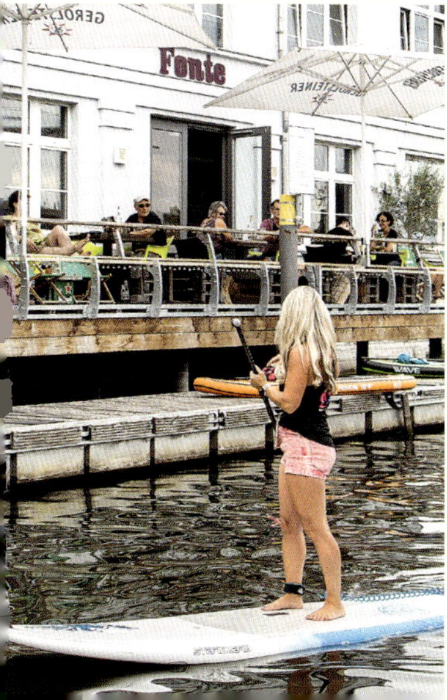

ÜBERNACHTUNG

❶ KANUVEREIN „KANU SÜD 05"
(zelten), Burgweg 4A
DKV (Deutscher Kanu Verband)-Station:
Fabian Korbaniak, Tel. 0170-663 50 11
www.kanu-sued05.de

❷ PENSION HAVELFLOSS
Altstädtische Fischerstr. 2
Tel. (03381) 26 90 22
www.pension-havelfloss.de

❸ WASSERSPORTZENTRUM ALTE FEUERWACHE (Zelt, Hütte, Zimmer)
Wredowstr. 9 / Franz-Ziegler-Str. 28
Tel. (03381) 22 20 18, www.wassersport-zentrum-alte-feuerwache.de

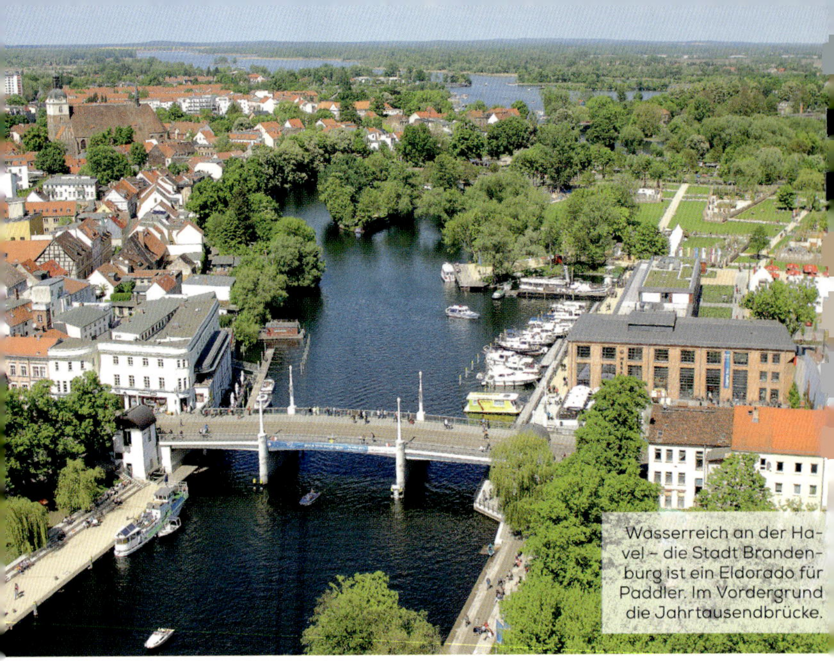

Wasserreich an der Havel – die Stadt Brandenburg ist ein Eldorado für Paddler. Im Vordergrund die Jahrtausendbrücke.

1 ZWISCHEN GRÜNER IDYLLE UND ALTER INDUSTRIEKULTUR

BRANDENBURG AN DER HAVEL gehörte im Mittelalter zu den politisch und wirtschaftlich wichtigsten Städten des Reiches und gilt als Wiege der Mark Brandenburg. Später wurde die Stadt zu einem der bedeutendsten Industriestandorte östlich der Elbe mit Flugzeugbauern, Opel- und Brennabor-Werke und riesigem Stahlwerk. Nicht nur die Nähe zu Berlin, auch die gute Zugänglichkeit der Stadt vom Wasser aus machten Brandenburg so interessant. Heute erinnern sanierte und unsanierte Industriedenkmäler der Stadt an diese Zeit. Die Industrie ist weg, die Paddler kommen!

Wer möchte, kann direkt am **EINSTIEG** im **DOMSTRENG** eine Runde im Becken der heute als Wohngebäude restaurierten Mühle aus dem 13. Jahrhundert drehen. Unsere Fahrt um die Dom- und Altstadt-Insel führt jedoch westwärts nach rechts, raus aus dem Domstreng Richtung Havel. Kleine Gärten zieren das Ufer, bevor wir nach wenigen hundert Metern auf die **HAVEL** treffen. Rechter Hand können wir unter der **HOMEYENBRÜCKE** hindurch den kleinen Beetzsee erahnen, doch wir halten uns links Richtung **INNENSTADT**.

Schnell gelangen wir zum **HISTORISCHEN HAFEN** im Becken der alten Wiemann-Werft, wo historische Fahrgastschiffe ankern und deren Halle heute als **RESTAURANT** 2 genutzt wird. Die direkt vor uns liegende **JAHRTAUSEND-BRÜCKE** ist Teil der Fußgängerzone und wird lediglich von der Straßenbahn befahren. (Wer mit öffentlichen Verkehrsmitteln anreist, kann seine Tour auch hier starten.)

Das große Gebäude rechter Hand direkt vor der Brücke beherbergt den „Fonte", wie die Kultureinrichtung Fontane-Klub bei den Brandenburgern genannt wird. Wen jetzt schon Hunger oder Durst plagen, der kann die Gelegenheit nutzen und am hauseigenen Steg des angeschlossenen **RISTORANTE TOTÒ** 1 sich bewirten lassen. Aber auch die **JAHRTAUSENDBRÜCKE** selbst bietet Gelegenheit zum Snacken, befindet sich doch in beiden Brückenpfeilern jeweils ein **CAFÉ**.

An der Uferpromenade der **UNTERHAVEL** hinter der Jahrtausendbrücke tummeln sich die Brandenburger am Wasser, warten Schwäne auf ihre Fütterung und Ausflugsdampfer auf ihre Gäste. Rechts am **WASSERWANDERRAST-PLATZ SALZHOFUFER** blicken wir auf die **JOHANNISKIRCHE**, linker Hand am Heine-Ufer verbergen sich nicht nur öffentliche Toiletten, sondern auch ein schöner Piratenspielplatz hinter den Bäumen.

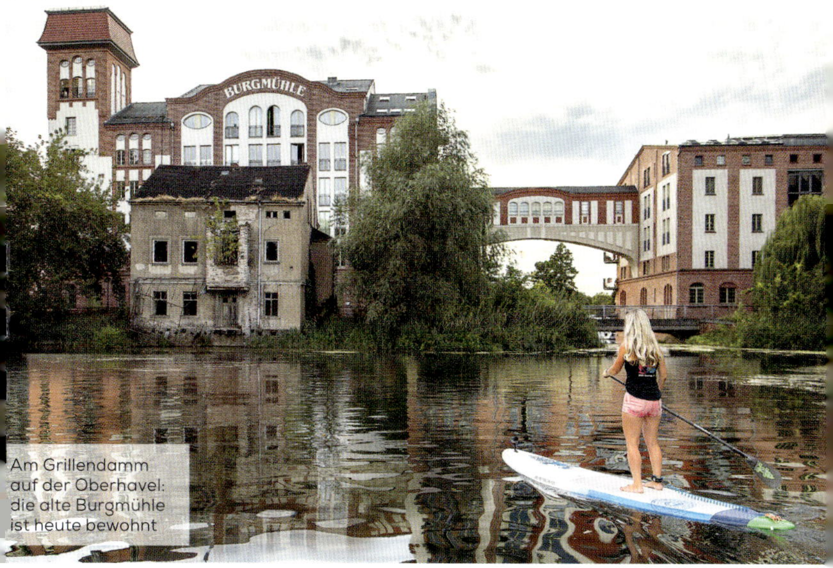

Am Grillendamm auf der Oberhavel: die alte Burgmühle ist heute bewohnt

ABSTECHER: Wer keine Lust auf Tumult hat, paddelt die nächsten 500 Meter weiter geradeaus und lässt die hübsch geschwungene **BAUCHSCHMERZENBRÜCKE** an der Einmündung zu einem Wasserarm links sowie das historische **SLAWENDORF** hinter dem Steg des Sportboot-Liegeplatzes rechts liegen. Hinter der nächsten Straßenbrücke, der **LUCKENBERGER BRÜCKE**, besteht nach 150 m am Sportboot-Anleger des Rewe-Markts die Möglichkeit einkaufen zu gehen. Gegenüber zweigt der **STADTKANAL** ab und nur 150 m weiter käme man über den **JAKOBSGRABEN** zur **JAKOBSKAPELLE**. Welcher Nicht-Brandenburger weiß schon, dass es eine wirklich "verrückte" Kapelle in Brandenburg an der Havel gibt? Lest nach unter "Sehenswertes". **ENDE ABSTECHER**

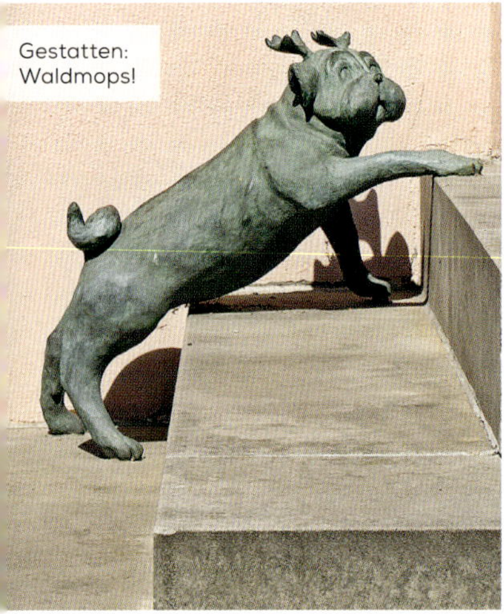

Gestatten: Waldmops!

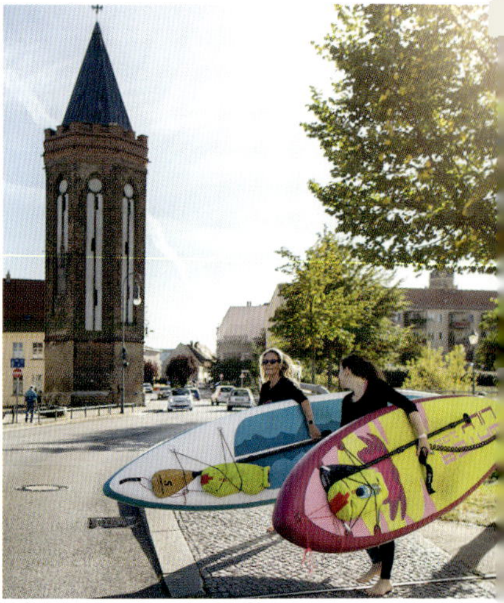

Wir machen uns aber gleich auf in den **STADTKANAL** und lassen uns alsbald in der **SPORTBOOTSCHLEUSE** vom Schleusenwärter auf Oberhavel-Niveau heben. Wenige Meter hinter der Schleuse wartet links ein Zeuge der mittelalterlichen Wehranlage der Stadt: der knapp 28 Meter hohe **STEINTORTURM**, der größte der Brandenburger Tortürme und einzige begehbare – von oben hat man einen tollen Blick. Zu Ehren Loriots steht hier ein **„WALDMOPS"**, eine etwa 50 Zentimeter hohe Mops-Skulptur aus Bronze mit Ringelschwanz und Gehörn. Vicco von Bülow alias Loriot wurde in Brandenburg geboren und die im ganzen Stadtgebiet verteilten Mops-Skulpturen sind eine Hommage an einen seiner Sketche, bei dem er als Tierforscher den Mops evolutionär auf den Elch zurückführt.

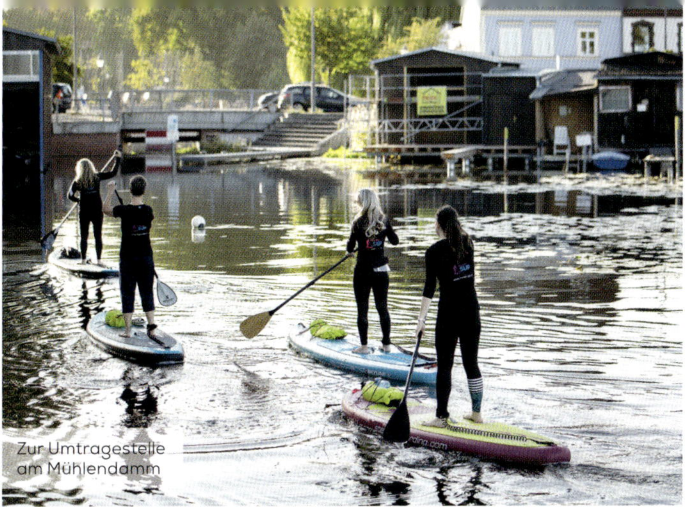

Zur Umtragestelle am Mühlendamm

Unsere Reise geht nun weiter entlang des **STADTKANALS**. An der folgenden Fußgängerbrücke erahnen wir linker Hand das im **ST. PAULI-KLOSTER** untergebrachte **„ARCHÄOLOGISCHE LANDESMUSEUM BRANDENBURG“.** Unweit dahinter können wir uns am Yachtanleger am Jungfernsteig an den Sankt-Annen-Höfen die Füße vertreten. Die vielgelobte Bar **„TURBINE“** mit leckerem Essen öffnet leider erst um 18 Uhr.

Hinter der nächsten Straßenbrücke gelangen wir langsam in offeneres Gewässer. Schilfgürtel kündigen den seeartigen Teil der **OBERHAVEL** an der **DOMINSEL** an. Jetzt können wir über die ausgewiesene Bootsschleppe links hinter der Aussichtsplattform über den **MÜHLENDAMM** wieder auf die **UNTERHAVEL** umtragen. Neben einem weiteren Waldmops und dem Neustädtischen Mühlentorturm fallen vor allem die Bootshäuser der kleinen Fischer auf, an denen man **FRISCHEN HAVELFISCH** oder einen **FISCH-IMBISS** 3 bekommen kann (leider am Wochenende nur samstags bis 12 geöffnet).

Am Steg unterhalb des Mühlendamms kommt man bequem wieder aufs Wasser. Wer möchte, kann links an der Fischtreppe ein wenig mit der Strömung spielen, alle anderen setzen ihren Weg zurück zum Start fort. Dafür paddeln wir durch die **NÄTHEWINDE**, wie der kleine Seitenarm heißt, zurück Richtung Havel. Links hinter der Fußgängerbrücke befindet sich ein Ruderclub, in dem auch bei **HAVEL-SUP** 1 Boards gemietet werden können. Auch die **GASTSTÄTTE „ZUM BOOTSHAUS“** 4 befindet sich auf dem Gelände.

Am Ende der Nähtewinde erreichen wir die **HAVEL** beim **HISTORISCHEN HAFEN**, hier geht es nun rechter Hand auf bekannten Gewässern zurück.

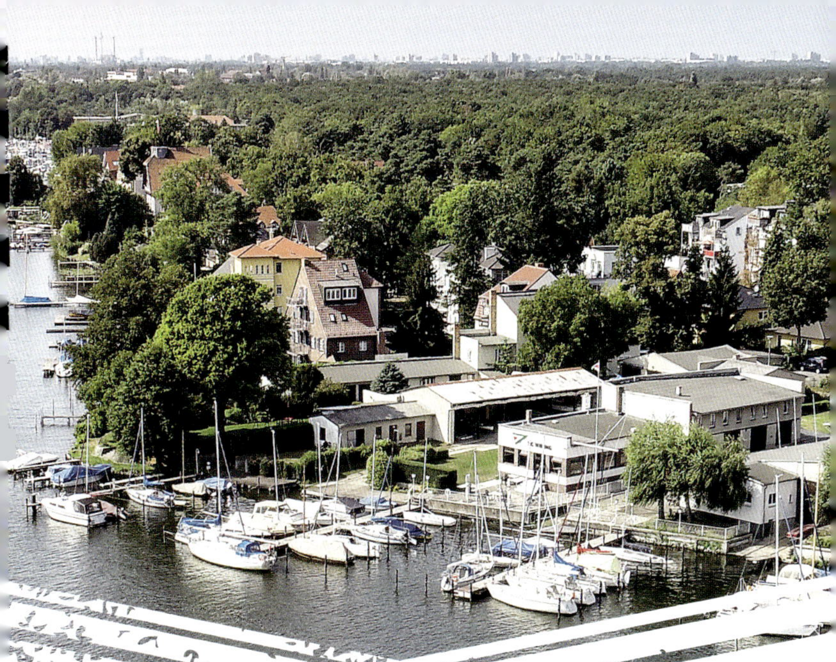

VON KÖPENICK ZUM MÜGGELSEE

ANSPRUCH

EINKEHR

Berlins Gangster Nummer eins, der Hauptmann von Köpenick, machte die Stadt Anfang des 20. Jahrhunderts weltberühmt. Der Ortsteil im Südosten Berlins hat aber mit Dahme, Spree und Müggelsee gerade für Wasserfreaks mehr als nur ein schönes Rathaus zu bieten. Während der Müggelsee für Stand-Up-Paddler aufgrund des Windes schwieriges Terrain ist, bietet die Tour von Köpenick zum Müggelsee zumindest einen Ausblick auf Berlins größten See.

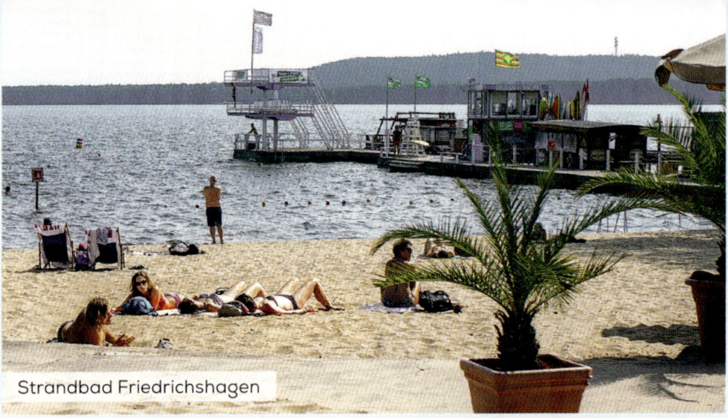

WIND & WETTER

Wem es auf dem Müggelsee zu windig wird, dreht vorher um!

BEFAHRUNGSREGELN

Dies ist eine vielbefahrene Strecke, also Vorsicht vor Ausflugsdampfern und den zahlreichen privaten Booten auf der Müggelspree.

ANFAHRT MIT DEM PKW

Auf der A100 und weiter auf der A113 über Adlershof und Glienicker Weg / Glienicker Straße oder auf der A96a über Niederschöneweide und die Schnellerstraße / Oberspreestraße.

PARKEN

EINSTIEG 1 (FRAUENTOG) Parkplätze Rosenstraße / Ecke Kirchstraße oder Parkplatz Ecke Rosen- / Jägerstraße.

EINSTIEG 2 (ALTE SPREE) In der Straße „Am Generalshof", 12555 Berlin-Köpenick. Da der Park am Einstieg momentan teilweise bebaut wird, bessert sich die Parksituation dort auch in Zukunft nicht.

EINSTIEG 3 (OBERSPREE) Irgendwo am Straßenrand (Navi: Bruno-Bürgel-Weg 149, 12439 Berlin).

ANFAHRT MIT ÖPNV

S3 bis Haltestelle Köpenick oder S9 bis Adlershof. Zum **EINSTIEG 1** mit der Tram zur Haltestelle „Schloßplatz Köpenick" (oder „Rathaus Köpenick"). Zum **EINSTIEG 2** mit Bus oder Tram bis Bahnhofstr./Lindenstr. (Berlin).

BADEN

» **Flussbad Gartenstraße** (kleines, ältestes noch betriebenes Berliner Flussbad), Gartenstr. 46-48, 12557 Berlin

» **Badestelle Müggelspree,** Müggelseedamm 14-36, 12587 Berlin

» **Strandbad Müggelsee**, Fürstenwalder Damm 838, 12589 Berlin

» **Badestelle "Teppich",** Müggelschlößchenweg 1, 12559 Berlin

» **Strandbad Friedrichshagen**, Müggelseedamm 216, 12587 Berlin

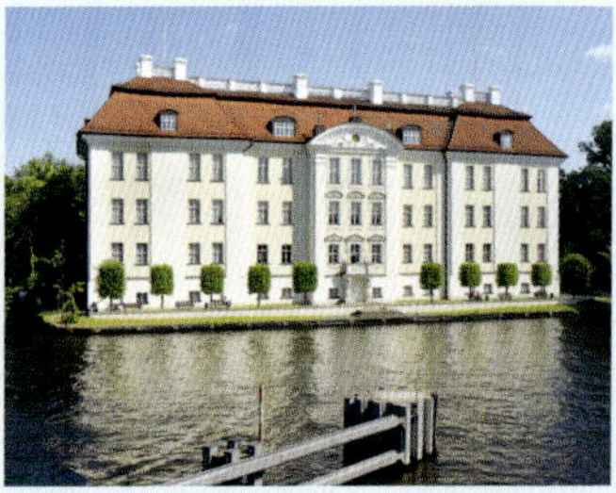

SEHENSWERT

» Die historische **Köpenicker Altstadt** mit den kleinen Gassen und nostalgischen Fachwerkhäusern, das **Rathaus** in Backsteingotik und **Schloss Köpenick**.

» Spannend ist eine 120 minütige kostenlose Führung (Di 10, Fr 13, 1. Sa im Monat 10 Uhr) durch das 1893 in Betrieb genommene **Alte Wasserwerk Friedrichshagen**, damals das größte und modernste Wasserwerk Europas. Heute geht man in diesem Museum mit seiner Maschinenhalle mit Kolbendampfmaschinen auf eine Zeitreise in die historische Wasserversorgung und Stadtentwässerung Berlins.

TIPP EXTRA-TIPPS

» **Spaziergang** im Bereich der **Straßen "Kietz" und "Gartenstraße"** durch den historischen **Fischerkietz** von Köpenick, dessen Geschichte bis ins 13. Jahrhundert zurückreicht. Zwischen niedrigen Häusern und alten Laternen tun sich immer wieder kleine Gässchen auf, die teils ans Wasser führen.

» Rund 15 km lange **Wanderung** rund **um den Müggelsee** mit einem Abstecher über den **Naturlehrpfad** zum sagenumwobenen **Teufelsseemoor** und zum **Müggelturm**. Über einen Holzsteg gelangt man trockenen Fußes durchs Sumpfgebiet und kann Molch, Natter, fleischfressende Pflanzen und blühende Seerosen aus nächster Nähe beobachten.

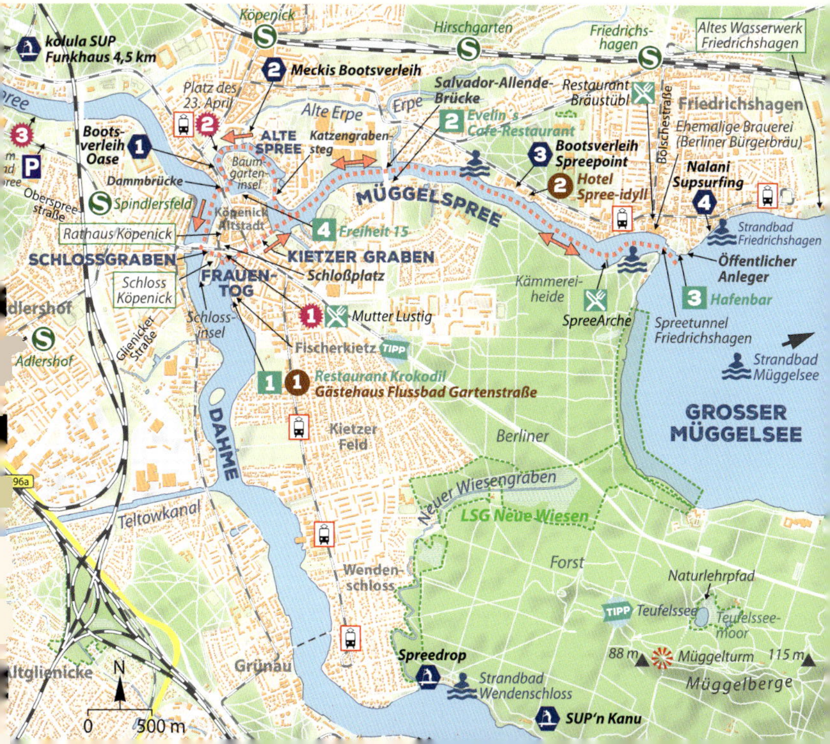

1 AUF DER MÜGGELSPREE VON KÖPENICK ZUM MÜGGELSEE

Die Tour startet in Köpenick, führt die Müggelspree entlang bis zum Müggelsee und endet mit der Umrundung der historischen Altstadt Köpenicks.

| **LÄNGE** 10 km | **DAUER** 3-6 h

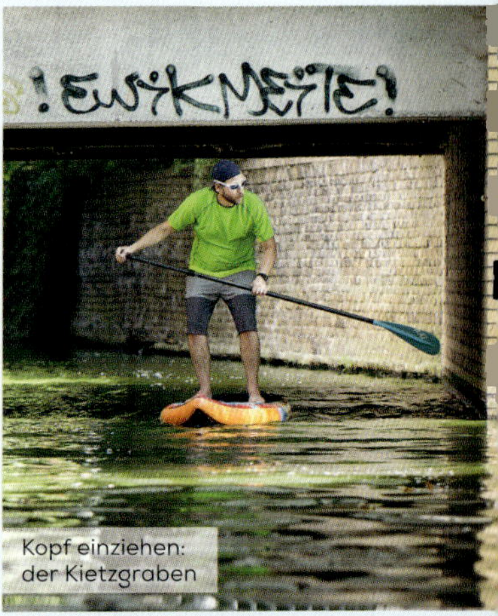

Kopf einziehen: der Kietzgraben

EIN- UND AUSSTIEG

EINSTIEG 1 An der Bucht „Frauentog". Öffentlicher Anleger an der Müggelheimer Str. neben dem Ausflugslokal „Mutter Lustig". 100 m bis zur Tram (Schlossplatz Köpenick) und 800 m bis zum S-Bahnhof Spindlersfeld.

EINSTIEG 2 Alte Spree beim „Platz des 23. April". Neben der Anlegestelle der Reederei Kutzker befindet sich ein öffentlicher Steg. 1 km zum Bf Köpenick.

EINSTIEG 3 Kleiner Waldpark beim ehemaligen „Freibad Oberspree" an der Spree. Neben der Kleingartenanlage „Am Freibad Oberspree" kann man durch den Wald zum Wasser laufen, hier bieten sich ein paar kleine Buchten zum Einstieg an.

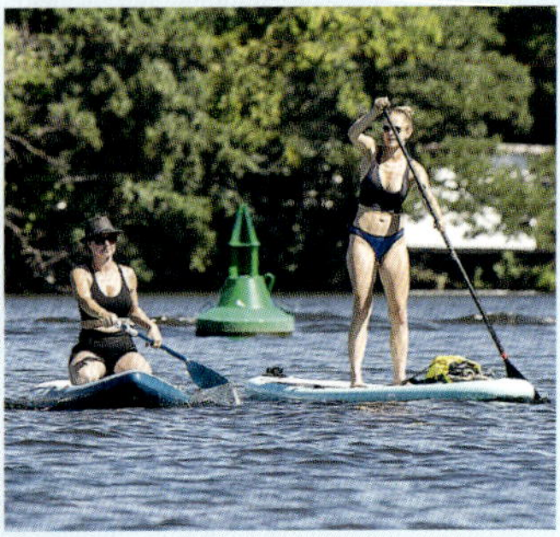

SUP-VERMIETUNG

1 BOOTSVERLEIH OASE
Lindenstr. 1a, 12555 Berlin
Tel. 0177-240 10 66
www.bootsverleih-oase.de

2 MECKI'S BOOTSVERLEIH
Friedrichshagener Str. 3
12555 Berlin
Tel. 0173-601 72 04
www.bootsverleih-koepenick.de

3 BOOTSVERLEIH SPREEPOINT
Müggelseedamm 70, 12587 Berlin
Tel. 0171-714 08 16
www.spreepoint.de

4 NALANI SUPSURFING IM STRANDBAD FRIEDRICHSHAGEN
Müggelseedamm 216, 12587 Berlin
Tel. 0160-963 870 17
www.nalani-supsurfing.com

EINKEHR

1 RESTAURANT KROKODIL
Gartenstr. 46-48
12557 Berlin-Köpenick
Tel. (030) 658 800 94
www.der-coepenicker.de
Mo-Fr ab 17, Sa ab 15, So ab 12 Uhr

KLASSIKER Toller Sonntagsbrunch

2 EVELIN'S CAFE-RESTAURANT (an der Müggelspreepromenade)
Salvador-Allende-Str. 80
12559 Berlin-Köpenick
Tel. (030) 655 53 51
www.cafebistroevelin.de

KLASSIKER Die Fischplatte

3 HAFENBAR AM MÜGGELSEE
Josef-Nawrocki-Str. 25,
12587 Berlin (OT Friedrichshagen)
Tel. 0179-231 37 32
www.strandhaus-berlin.de
Mo-Fr 14-19, Sa & So 11-19 Uhr

KLASSIKER
Spektakuläre Sonnenuntergänge

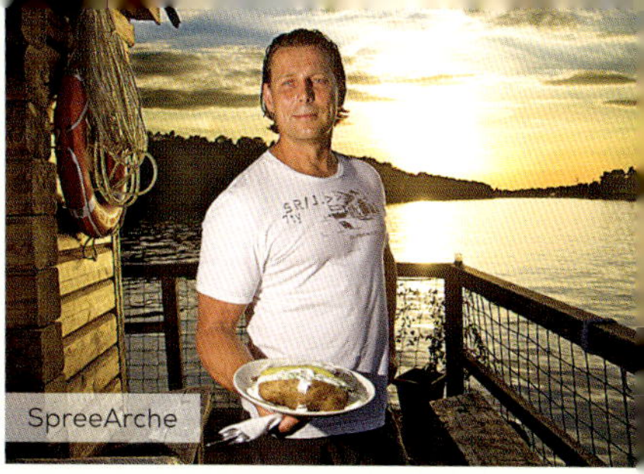
SpreeArche

4 FREIHEIT FÜNFZEHN
Freiheit 15, 12555 Berlin-Köpenick
www.freiheit15.com
Tel. (030) 658 878 25
Sa & So 10-18 Uhr

KLASSIKER Leckeres vom Grill

ÜBERNACHTUNG

1 GÄSTEHAUS FLUSSBAD GARTENSTRASSE (Restaurant Krokodil)
Gartenstr. 46-48,
12557 Berlin-Köpenick
Tel. (030) 658 800 94
www.hotel-pension-berlin.eu

2 HOTEL SPREE-IDYLL
Müggelseedamm 70
12587 Berlin
Tel. (030) 641 94 00
www.hotel-spree-idyll.berlin

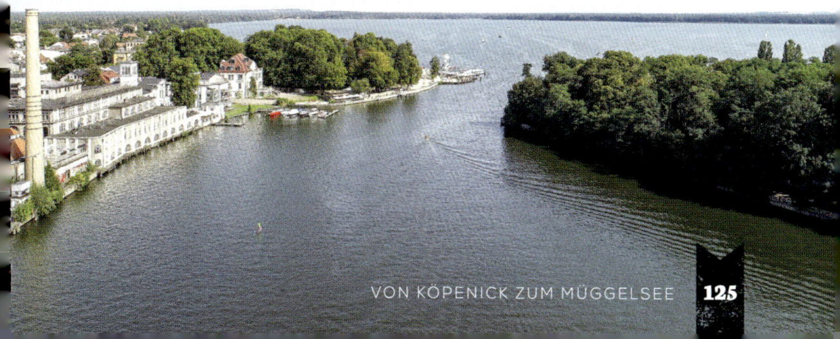

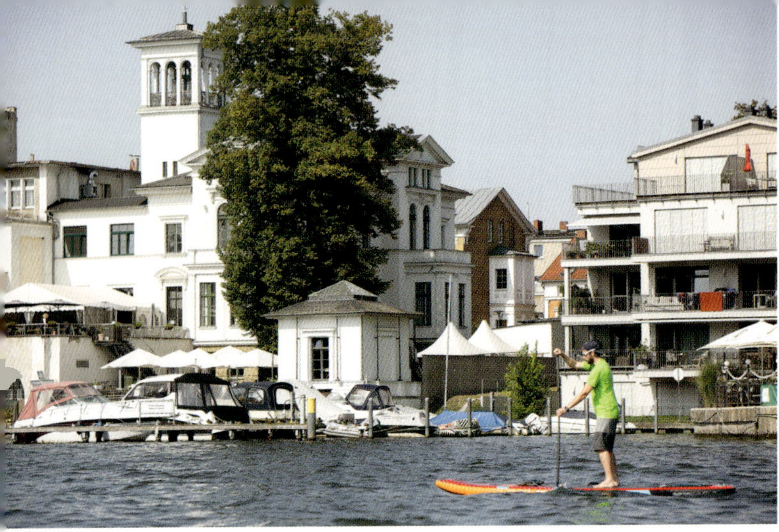

1 ZWISCHEN BACKSTEINGOTIK UND RIESENSEE

KÖPENICK ist nicht nur der größte Ortsteil Berlins, es ist auch der grünste und wasserreichste. An der Altstadtinsel vereinen sich Müggelspree und Dahme zur Spree, Möglichkeiten zum Paddeln gibt es somit fast in alle Himmelsrichtungen. Die ehemals eigenständige Stadt ist von den Bomben des Zweiten Weltkriegs verschont geblieben, dadurch ist die Altstadt mit seinen denkmalgeschützten Gebäuden aus der Kaiserzeit vollständig erhalten.

Neben unserem Einstieg im **„FRAUENTOG"** 1, wie die Bucht hier genannt wird, befindet sich das **DENKMAL „MUTTER LUSTIG"** und das gleichnamige **AUSFLUGSLOKAL** direkt am Wasser. Henriette Lustig gründete 1835 in Köpenick die erste Wäscherei, von der sich später ein regelrechtes Dienstleistungsgewerbe für Berlin entwickelte. Die Bezeichnung "Frauentog" bezieht sich übrigens auf eine alte Sage, nach der Fischerfrauen in der Notzeit des Dreißigjährigen Krieges dort reichen Fischfang machten, nachdem einer Fischersfrau diese Stelle im Traum erschienen war. Südlich von hier, knapp außerhalb der Bucht, liegt das **FLUSSBAD GARTENSTRASSE** mit schönem Sandstrand sowie **RESTAURANT KROKODIL** 1 und **GÄSTEHAUS** 1. Das historische Gelände der ältesten, noch in Betrieb befindlichen Flussbadeanstalt der Stadt, präsentiert sich als Oase am Rande der Großstadt und wurde von der engagierten, privaten Initiative "Coepenicker" nach der Wende vor dem Abriss gerettet und neu aufgebaut.

Aber genug geschwafelt: Wir wollen paddeln, und so steuern wir vom Steg linker Hand vorbei an den großen Trauerweiden am **RESTAURANT „SEETERASSEN"** direkt in die Unterwelt Köpenicks: in den **KIETZER GRABEN**. Schon unter der ersten Brücke heißt es den Kopf einziehen. Der ziemlich flache, etwa 350 Meter lange Kanal ist nur wenige Meter breit, zwischen Häusern und Stadtmauern tief eingegraben und wurde im 18. Jahrhundert als Entwässerungsgraben im damaligen Fischerkietz von Köpenick angelegt. Noch heute ist das Gebiet östlich der Bucht „Frauentog" durch den alten Fischerkietz geprägt, viele der kleinen Häuschen stehen unter Denkmalschutz.

Am Ende des Grabens erreichen wir die **MÜGGELSPREE**, unser Blick fällt unweigerlich auf das Neubaugebiet Krusenick am anderen Ufer – keine schlechte Aussicht für eine Stadtwohnung! Linker Hand verbindet die Fußgängerbrücke **KATZENGRABENSTEG** das Neubaugebiet mit der Altstadt-Insel, wir allerdings steuern halb rechts und machen uns auf den Weg Richtung Müggelsee.

Nach etwa einem Kilometer erreichen wir die **SALVADOR-ALLENDE-BRÜCKE**, hinter der man sich im Biergarten bei **EVELIN'S CAFÉ** 2 schonmal einer kleinen Stärkung unterziehen könnte, aber eigentlich ist es ja noch früh am Tag.

Bald knickt die Müggelspree leicht nach rechts ab, am linken Ufer blicken wir auf eine schöne Badestelle, hinter der sich auf den folgenden Metern ein Wassersportverein an den nächsten reiht. Auf der rechten Seite hingegen hat die Natur das Kommando und immer wieder lassen sich schöne Stellen am Ufer finden, an denen man gut eine Rast einlegen kann. Die Müggelspree verbreitert sich zusehends, am bald folgenden Linksknick befindet sich rechts in der Bucht ein schwimmendes Blockhaus: die **SPREEARCHE**. Auf der Speisekarte dieser witzigen Floß-Konstruktion stehen mediterrane Fischgerichte und deutsche Küche – und wer nicht auf eigenem Kiel unterwegs ist, kann am Ufer klingeln, um sich mit der Fähre übersetzen zu lassen.

Die Bebauung am linken Ufer wird nun urbaner, vor allem das markante **BRAUEREI-GEBÄUDE** mit dem braunen Ziegelschornstein des stillgelegten Berliner Bürgerbräus überstrahlt die Szenerie. Das Ende der 1920er-Jahre erbaute Gebäude gilt als älteste Brauerei der Stadt und soll zu einem Wohnkomplex mit Blick auf den Müggelsee umgebaut werden. So langsam bläst uns der Wind des **MÜGGELSEES** ins Gesicht, sind es doch nur noch wenige Meter zum größten Berliner See. Übrigens: ohne dass wir es merken, spazieren etwa acht Meter unter uns gerade ein paar Fußgänger durch den **SPREETUNNEL**. Äh, bitte was? Ja, richtig: Der Fußgängertunnel verbindet **FRIEDRICHSHAGEN** zu unserer Linken mit dem **STADTWÄLDCHEN KÄMMEREIHEIDE** am Westufer des **MÜGGELSEES**.

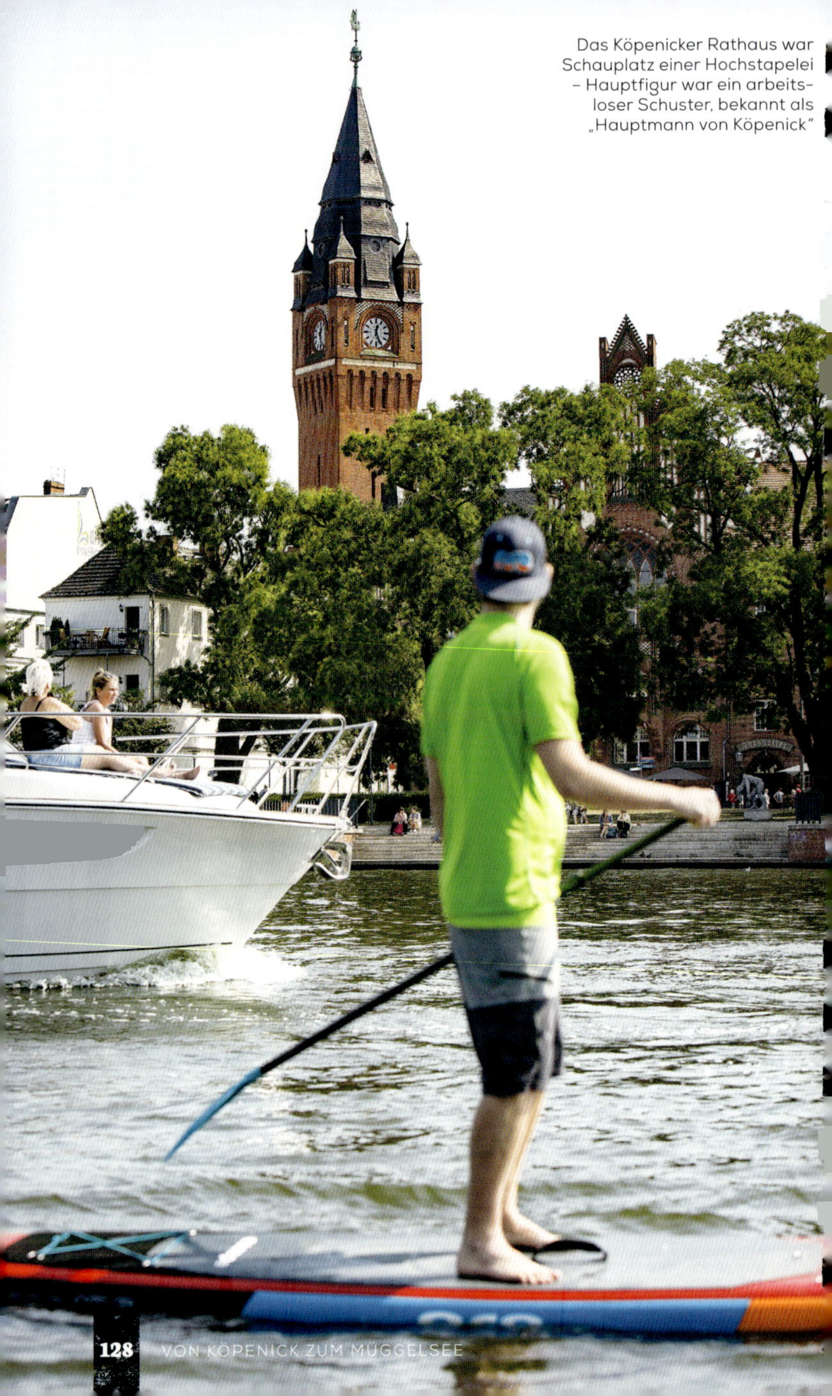

Das Köpenicker Rathaus war Schauplatz einer Hochstapelei – Hauptfigur war ein arbeitsloser Schuster, bekannt als „Hauptmann von Köpenick“

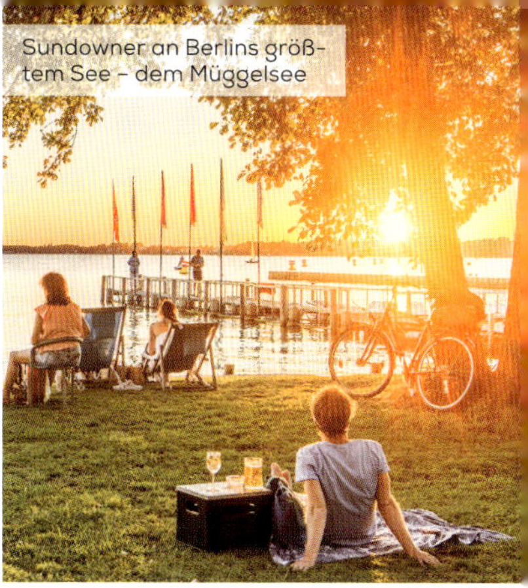

Sundowner an Berlins größtem See – dem Müggelsee

Der erste Eisenbetontunnel Deutschlands wurde 1926/27 zur Entlastung der Prahmfähre gebaut, um dem Touristenandrang am Müggelsee gerecht zu werden.

Den See vor uns, können wir nun – wenn der Wind es zulässt – noch eine kleine Runde im offenen Wasser drehen, oder linker Hand hinter den Fähranlegern neben dem Turm der Wasserrettung am öffentlichen Anleger anlanden und es uns in der **HAFENBAR** 3 gut gehen lassen, bevor wir den Rückweg antreten.

Zurück in **KÖPENICK** ignorieren wir den Kietzer Graben und halten uns rechts Richtung **KATZENGRABENSTEG**. Vor der 110 Meter langen Schrägseilbrücke haben wir nun die Wahl: Nach rechts schlägt die **ALTE SPREE** einen Bogen um die **BAUMGARTENINSEL**, geradeaus gelangen wir auf direktem Wege zur **DAMMBRÜCKE**. Die Baumgarteninsel, die früher den ansässigen Wäschereien als Bleich- und Trockenplatz diente, ist heute eine der vielen Berliner Kleingartenanlagen, die allerdings nur mit dem Boot zu erreichen ist.

Südlich vor der **DAMMBRÜCKE** haben wir über einen kleinen Steg noch die Gelegenheit den Biergarten **„FREIHEIT 15"** 4 zu besuchen. Paradox: Ausgerechnet in der Straße mit dem Namen "Freiheit" befand sich einst das Köpenicker Gefängnis. Zum Spaß hat man in eine der leeren Zellen den Hauptmann von Köpenick gesetzt. Im Biergarten gibt es extra eine Plattform für den besseren Blick hinter die Gitterstäbe.

Nach der Dammbrücke halten wir uns links und biegen ab auf die **DAHME**. Am linken Ufer thront das **KÖPENICKER RATHAUS**, das 1905 im Stil der märkischen Backsteingotik fertiggestellt wurde. Berühmt wurde es ein Jahr später, als der arbeitslose Schuster Wilhelm Voigt sich mit einer vom Trödler erstandenen Uniform verkleidete und dann nacheinander das Rathaus besetzte, den Bürgermeister verhaften und die Stadtkasse beschlagnahmen ließ. Eine Statue vor dem Rathaus zeigt das Konterfei des "Hauptmanns", der Carl Zuckmayer als Vorlage für seinen berühmten Roman diente.

Hinter der nächsten Brücke leuchtet links die weiße Schlossfassade in der Nachmittagssonne. Das prächtige Bauwerk des holländischen Barock wurde 1685 fertiggestellt. Nun können wir noch die Schlossinsel umrunden oder direkt vor dem **SCHLOSS** durch den **SCHLOSSGRABEN** zum **FRAUENTOG** 1 zurückkehren.

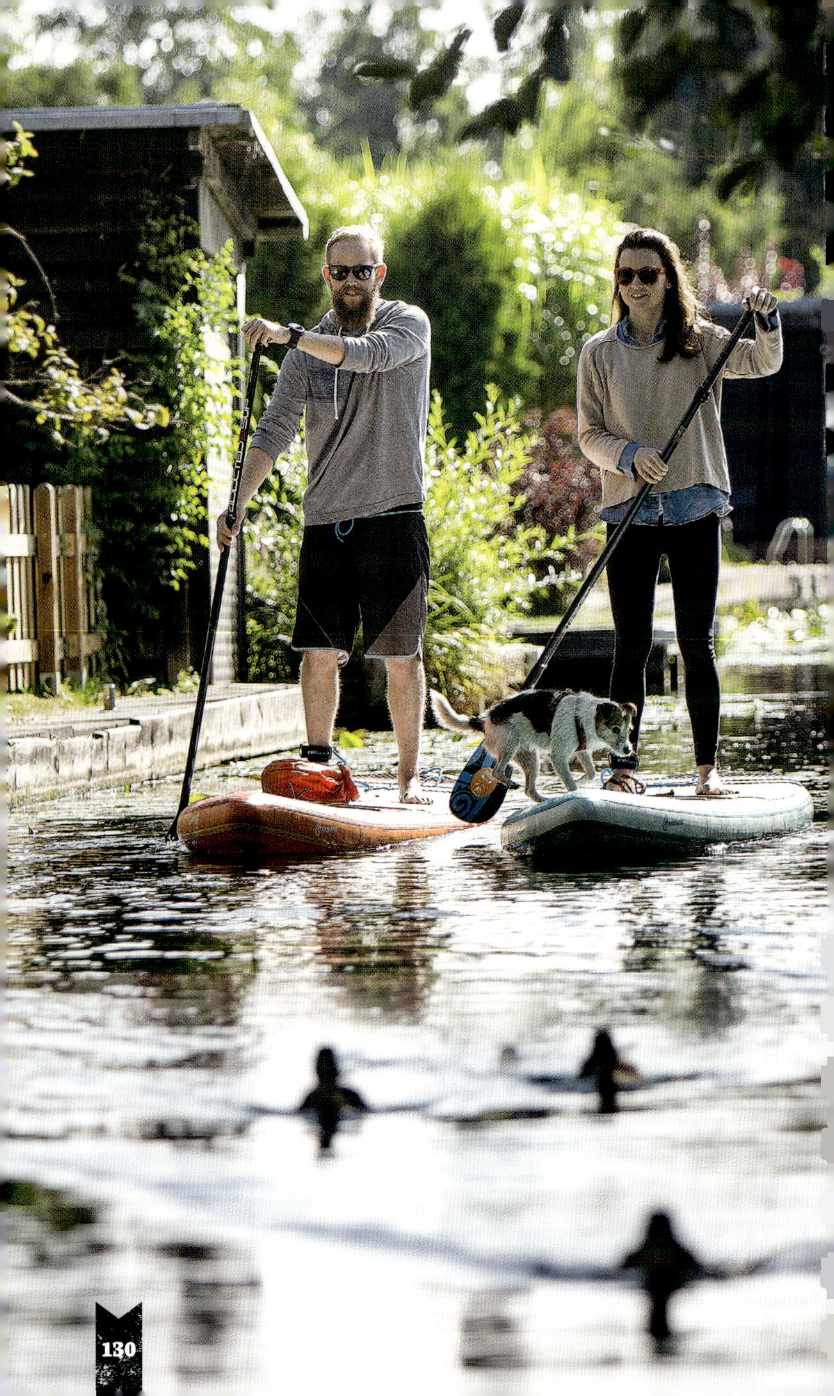

MÜGGELSPREE & NEU-VENEDIG

ANSPRUCH

EINKEHR

Müggelspree, Neu-Venedig, Die Bänke – welch klangvolle Namen! Die abwechslungsreiche Tour führt von Erkner über den Dämeritzsee die Müggelspree entlang, macht einen Abstecher in die Wasserwelt Rahnsdorfs, pausiert an der schönen Badestelle am Kleinen Müggelsee, streift den großen Bruder am Ostufer und führt in die ehemalige Mündungsbucht der Müggelspree. Und wer will, macht danach noch einen Abstecher in den Wald des Gosener Grabens.

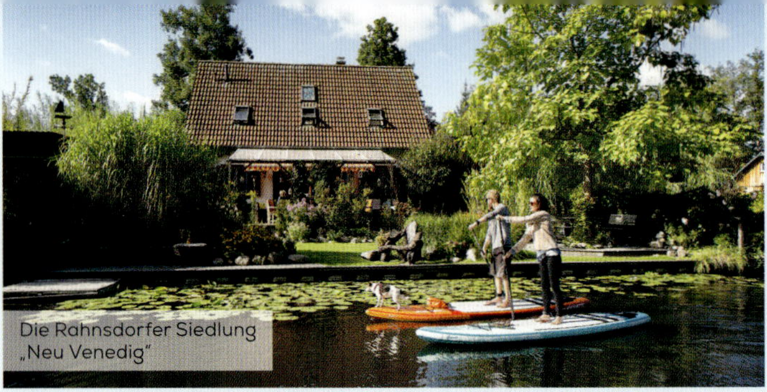
Die Rahnsdorfer Siedlung „Neu Venedig"

WIND & WETTER

Dämeritzsee und vor allem der Große Müggelsee sind recht windanfällig.

BEFAHRUNGSREGELN

Abstand halten zum Naturschutzgebiet in der Bucht „Die Bänke" am Ostufer des Müggelsees.

ANFAHRT MIT DEM PKW

Aus der Berliner Innenstadt die B 1 bis Dahlwitz-Hoppegarten nehmen, dann über Friedrichshagen und den Fürstenwalder Damm / Fürstenwalder Allee nach Erkner. Alle anderen erreichen Erkner am besten über die eigene Autobahnabfahrt der A 10 (Berliner Ring).

PARKEN

EINSTIEG 1 (ERKNER) Zwischen Sportplatz und Wasserschifffahrtsamt („Am Dämeritzsee" Ecke „Hafenstraße") befinden sich eine Reihe Parkplätze. Von dort sind es nur wenige Meter zur offiziellen 48-h-Sportbootliegestelle.

EINSTIEG 2 (NEU-VENEDIG) In Rahnsdorf von der Fürstenwalder Allee in den Lagunenweg einbiegen und bis zum Ende fahren (Ecke Biberpelzstraße), dort befinden sich ein paar Parkplätze links am Wegesrand. Nach weiteren 100 Metern geradeaus gelangt man zum Wasser.

ANFAHRT MIT ÖPNV

Mit dem Regio R1 oder der S-Bahn S3 bis Erkner Bahnhof. Vom Bahnhof sind es keine 500 Meter zum Einstieg: einfach der Bahnhofstraße Richtung Südosten zum Kreisverkehr folgen und dann auf der gegenüberliegenden Seite vor der Brücke rechts zum Wasser runtergehen.

BADEN

» **Badestelle Kleiner Müggelsee**, Hinter der Düne 8, 12559 Berlin

» **Freibad Erkner** (Dämeritzsee), Zum Freibad, 15537 Erkner

» **Strandbad Müggelsee**, Fürstenwalder Damm 838, 12589 Berlin

» **Weißer Strand Flakensee**, Fangschleusenstr. 40, 15569 Woltersdorf

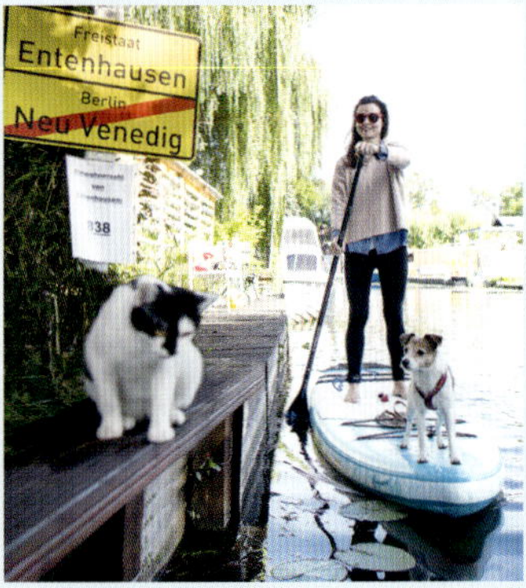

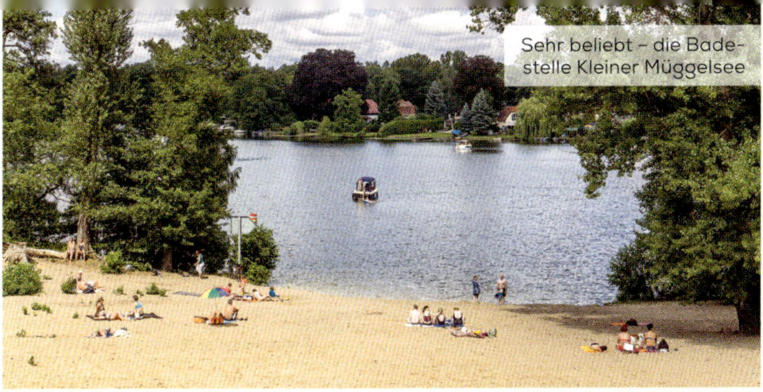

Sehr beliebt – die Badestelle Kleiner Müggelsee

SEHENSWERT

Erkner: Das **Gerhart-Hauptmann-Museum** informiert über Leben und Werk des zwischen 1885 und 1889 in der Villa Lassen lebenden Literaturnobelpreisträgers.

TIPP EXTRA-TIPPS

» Eine kleine **Wanderung** ins **Naturschutzgebiet Krumme Laake / Pelzlaake** beginnt hinter dem **Restaurant & Hotel Neu-Helgoland** und führt durch sumpfiges Gebiet zur sagenumwobenen **Krummen Laake**. Erzählungen nach lebt ein mächtiger Wels im See, was eine Erklärung dafür sein könnte, warum auf dem See keine Jungvögel zu sehen sind. Sagt man!

» **Berlins schönste Aussicht:** Der **Müggelturm** (www.müggelturm.berlin). Seit dem Jahreswechsel 1960/61 gibt es die Ausflugsgaststätte Müggelturm mit dem markanten Aussichtsturm auf dem Gipfel des **Kleinen Müggelbergs**. Über 126 Stufen erklimmt der Besucher die Aussichtsplattform und wird mit einer einmaligen Fernsicht belohnt. Das Panorama reicht vom Müggelsee sogar bis zum Alexanderplatz oder bis zum Tropical Islands an der Grenze zum Spreewald.

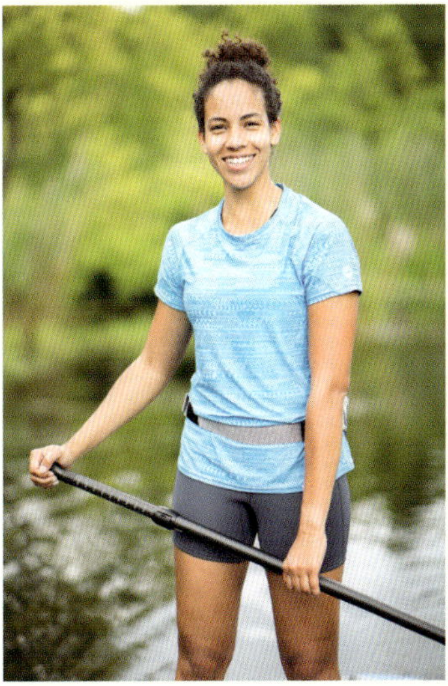

» Besonders eindrucksvoll ist der Besuch vom rund 7 km von Erkner entfernten **Museumspark Rüdersdorf** (www.museumspark.de). Das rund 17 Hektar große **Freilicht-Industriemuseum** dokumentiert die Gewinnung und Verarbeitung von Kalkstein aus den Rüdersdorfer Kalkbergen und bietet Einblicke in die bewegte Industriegeschichte.

1 VON ERKNER ÜBER NEU-VENEDIG ZUM MÜGGELSEE

Abwechslungsreiche Tour entlang der Müggelspree, mit Abstechern nach „Neu-Venedig" und in „Die Bänke".

| **LÄNGE** 13 km | **DAUER** 3-5 h

1 EIN- & AUSSTIEG ROUTE 1

Neben der „48h-Sportbootliegestelle" in Erkner kommt man gut ins Wasser. Alternativ gibt es direkt neben der BadeBar Erkner am Freibad einen kleinen Wasserzugang in der Verlängerung der Straße „Am Dämeritzsee".

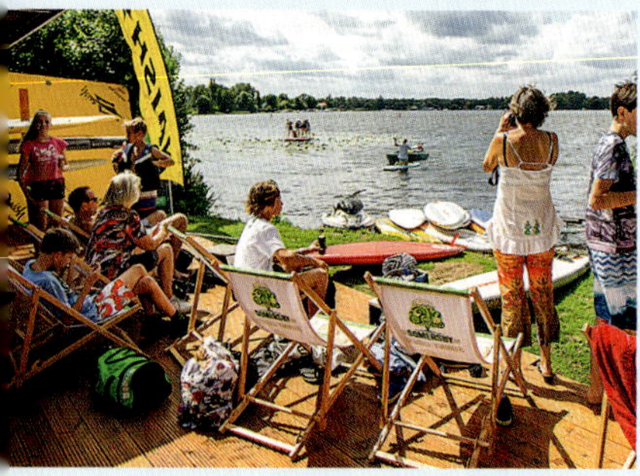

2 KURZTRIP NEU-VENEDIG

Für alle, die nur einen kurzen Abstecher in die Wassersiedlung „Neu-Venedig" in Rahnsdorf machen möchten.

| **LÄNGE** 2-4 km | **DAUER** 2 h

2 EIN- & AUSSTIEG ROUTE 2

In Rahnsdorf kann in der Verlängerung des „Lagunenwegs" in die Müggelspree eingesetzt werden. Von dort sind es knapp 100 Meter zur Rialto-Brücke.

3 EXTRA TIPP GOSENER GRABEN

Extra-TIPP

Für alle, die Natur PUR lieben und sich nach Entschleunigung sehnen, haben wir hier ein kleines grünes Juwel - auch wenn hier und da Kraut an der Finne hängen bleibt! Als Abstecher vom Dämeritzsee oder von Süden her als eigene Tour ab Gosen.

| **LÄNGE** 8,5 km | **DAUER** 2-3 h

3 EIN- & AUSSTIEG ROUTE 3

In Gosen am „Uferplatz" am Seddinsee einsteigen. Kleiner Parkplatz mit maximal 5 Plätzen (Navi: Uferplatz 1, 15537 Gosen-Neu Zittau).

SUP-VERMIETUNG

1 BADEBAR ERKNER
Am Dämeritzsee 2, 15537 Erkner
Tel. 0176-507 000 28
www.badebar.com

2 KANUVERLEIH-BERLIN.DE
RAHNSDORFER WASSERFREUNDE
(Miete nur vor Ort, keine Reservierung)
Am Küstergarten 18
12589 Berlin-Köpenick (OT Rahnsdorf)
www.kanuverleih-berlin.de

3 NALANI SUPSURFING
Müggelseedamm 216, 12587 Berlin
Tel. 0160-963 870 17
www.nalani-supsurfing.com

4 SPREEBOARD
Am Spreebord 119, 15537 Neu Zittau
Tel. 0176-836 886 88
www.spreeboard.de

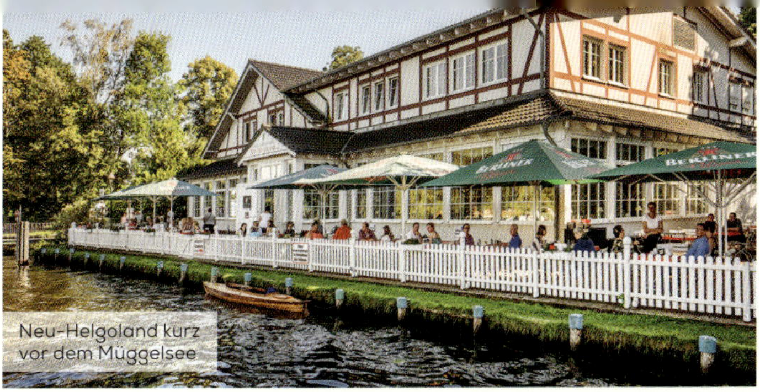

Neu-Helgoland kurz vor dem Müggelsee

EINKEHR

1 BADEBAR ERKNER

Am Dämeritzsee 2
15537 Erkner
Tel. 0176-507 000 28
www.badebar.com
Mo-Fr 16-22, Sa & So 14-22 Uhr

KLASSIKER
Longdrink zum Sonnenuntergang

2 MÜGGELSEEFISCHEREI

Dorfstraße 13
12589 Berlin OT Rahnsdorf
Tel. (030) 505 607 58
Sa & So 10-18 Uhr

KLASSIKER Barschfilets in knuspriger Panade mit pikanter Knobisoße

3 RESTAURANT & HOTEL NEU-HELGOLAND

Neuhelgoländer Weg 1
12559 Berlin
Tel. (030) 659 82 47
www.neu-helgoland.de
Tägl. ab 11 Uhr

KLASSIKER Königsberger Klopse

4 TRATTORIA DI MARE

Neuhelgoländer Weg 7, 12559 Berlin
Tel. (030) 68406609
Di-Fr 15-19, Sa, So 13-19 Uhr

Klassiker Einfach ein guter Italiener

ÜBERNACHTUNG

1 CAMPINGPLATZ FLAKENSEE

Fangschleusenstraße 40
15569 Woltersdorf
Tel. (03362) 88 83 57
www.campingplatz-flakensee.de

2 DÄMERITZ SEEHOTEL

Kanalstraße 38, 12589 Berlin
Tel. (030) 616 74 40
www.daemeritzseehotel.de

3 RUDERCLUB RAHNSDORF

Nach Voranmeldung Übernachtung im Bootshaus oder Zelt
Dorfstraße 10C, 12589 Berlin
Tel. (030) 648 02 21
www.rc-rahnsdorf.de

4 RESTAURANT UND HOTEL NEU-HELGOLAND

siehe Einkehr-Tipp

1 VON ERKNER ZUM MÜGGELSEE

ERKNER ist sicher keine Stadt über die sich blumige Texte schreiben lässt, die Höhepunkte liegen eher außerhalb des Stadtgebiets: nämlich im Wald und auf dem Wasser.

Vom **EINSTIEG** 1 halten wir uns rechts Richtung **DÄMERITZSEE**. Der etwa einen Kilometer messende, fast kreisrunde See ist Knotenpunkt für die örtliche Freizeitschifffahrt. Von Südosten bringt die Müggelspree aus Hangelsberg ihr Wasser, im Südwesten zweigt der Gosener Kanal und Gosener Graben Richtung Seddinsee ab, gen Westen geht es in die Müggelspree Richtung Müggelsee.

Gleich rechts im Eck an der Einfahrt in den **DÄMERITZSEE**, keine 500 Meter vom Einstieg, verköstigt die **BADEBAR** 1 1 mit Drinks und Snacks ihre Gäste, auch **SUPs** können hier gemietet werden. Im bequemen Loungesessel bewundert man bei kostenlosem Knabberzeug und leckeren Cocktails am Ende der Tour den Sonnenuntergang. Dahinter befindet sich die **„BADEWIESE ERKNER“**, die die Stadt als frei zugängliches Freibad unterhält. Wir orientieren uns leicht rechts, entlang schöner Wassergrundstücke und eindrucksvoller Villen, bis hinter dem **„DÄMERITZ SEEHOTEL“** 2 mit seinem hübschen Wassergrundstück ein Schild unübersehbar auf den Abzweig in die **MÜGGELSPREE** hinweist.

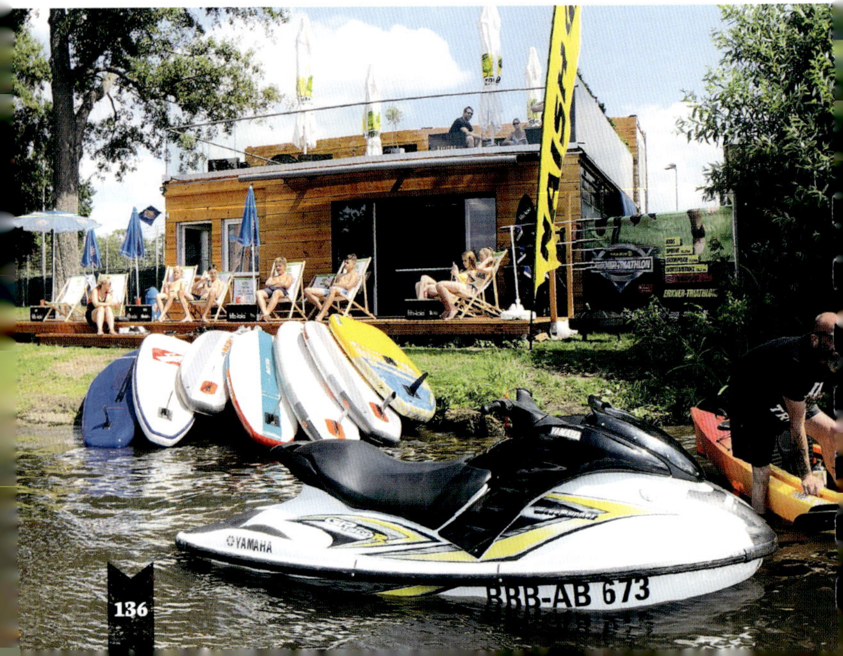

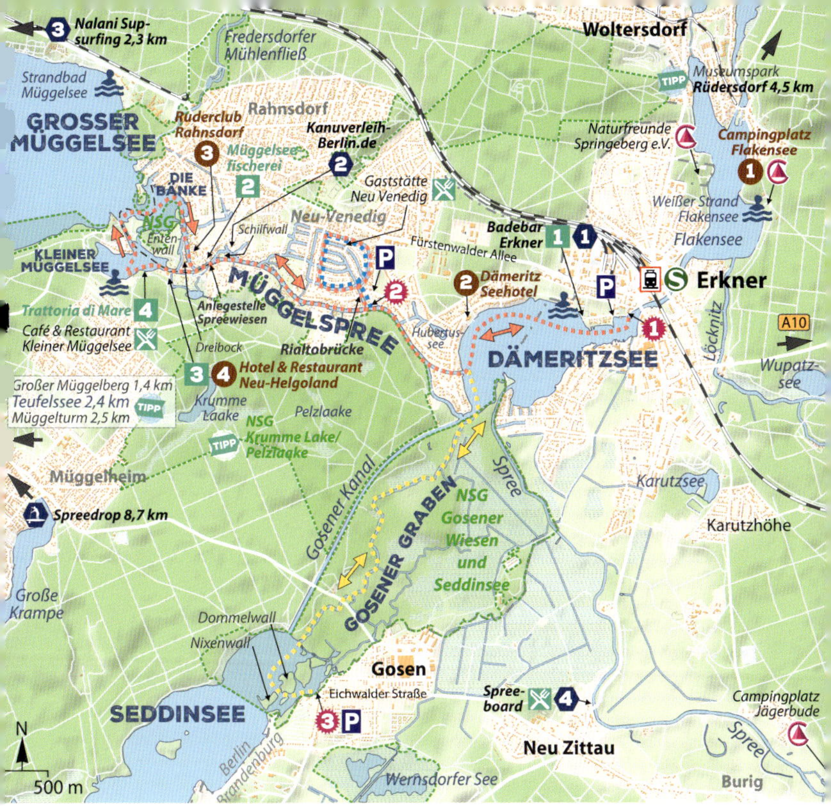

In diese fahren wir ein, der erste abgehende Kanal führt in den kleinen, langgestreckten Hubertussee, der zweite in das lagunenartige Labyrinth von **NEU-VENEDIG**, das 1926 dem Sumpf abgetrotzt wurde. Mehrere Kanäle verzweigen sich in einem kleinen Delta, an denen von der einfachen Gartenlaube bis zur prächtigen Villa mit nobler Bootsgarage alles zu finden ist. Nach dem Mauerbau 1961 konnten viele West-Berliner ihre nun im russischen Sektor gelegenen Wochenendhäuser nicht mehr erreichen. Sie wurden zwangsenteignet und die Grundstücke mit den Häusern an verdiente SED-Parteigenossen übergeben.

Im Grunde kann man in **NEU-VENEDIG** seine Runden drehen, wie man will. Wir gleiten durch die stillen Kanäle, Trauerweiden reichen weit übers Wasser, Entenfamilien paddeln aus dem Uferdickicht. Im Zentrum von Neu-Venedig dominieren einfache Wochenendhäuser aus Holz mit kleinen knarzigen Bootsstegen. Bis heute gilt der innere Bereich der Siedlung als Überschwemmungsgebiet, bei Spree-Hochwasser würde das Gebiet notfalls geflutet, um Schäden in der

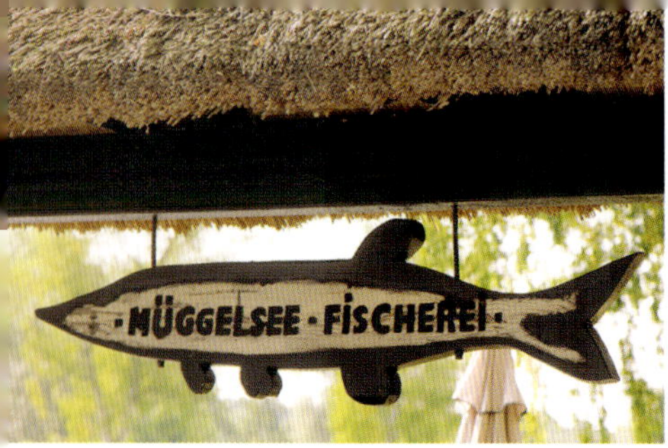

flussabwärts gelegenen Berliner Innenstadt zu vermeiden.

Zurück auf der **MÜGGELSPREE** kündigt hinter dem **SCHILFWALL**, einer kleinen Insel im Flusslauf, der Kirchturm am rechten Ufer **RAHNSDORF** an. Rahnsdorf hat als altes Fischerdorf Tradition und so ist es nicht nur für SUPer ein Glück, dass ein Fischer des Müggelsees, Herr Thamm, in unmittelbarer Nähe zum Anlegesteg einen **FISCHVERKAUF** 2 betreibt. Unbedingt probieren: kleine Barschfilets in dünner, knuspriger Panade mit einer pikanten Knoblauchsoße! In Rahnsdorf gibt es die in Berlin einzige mit Muskelkraft betriebene Fähre. Auf Zuruf können bis zu acht Personen zur Anlegestelle „Spreewiesen“übergesetzt werden.

Nun geht es vorbei am Hotel-Restaurant **„NEU-HELGOLAND“** 3 4, das auf eine lange Tradition zurückschaut. Kurz danach verbreitert sich die Müggelspree, hinter den Bootsstegen links verstecken sich zwei weitere Lokale 4 mit Terrassen direkt am Wasser. Linker Hand öffnet sich der **KLEINE MÜGGELSEE**, dessen Sandstrand für viele zu den schönsten Badestellen Berlins gehört. Von zauberhaft duftender Kiefernheide umrahmt geht es auf fast 100 Meter Länge vom Wasser über feinsten Sandboden zur bewaldeten Böschung hoch. An heißen Sommertagen ankert neben der ASB Rettungsstation das **IMBISSBOOT „MS SCHATZINSEL“** mit Eis, Würstchen und Getränken an Bord, ein kleiner Imbiss befindet sich aber auch in der Nähe.

Nach einer kleinen Faulenzer-Einheit am Strand SUPen wir nun langsam zurück nach Erkner. Wer möchte, kann noch wie wir einen Abstecher an den Rand des **MÜGGELSEES** machen und die **INSEL „ENTENWALL“** umrunden. Mit seinen 7,4 Quadratkilometern Wasserfläche ist der **MÜGGELSEE** der größte See Berlins. Durch die große Wasserfläche und die gern aufkommenden Winde kommt eine Querung nur für sehr geübte Paddler infrage. Aber wir wollen ja heute eh „nur mal gucken“, halten uns rechts und paddeln in die **BUCHT „DIE BÄNKE“**, die die ursprüngliche Mündungsbucht der Müggelspree in den Müggelsee darstellt. Mit ihren Teich- und Seerosen befindet sich hier ein bedeutendes Brutgebiet der vom Aussterben bedrohten Trauerseeschwalbe. In der Bucht halten wir uns erst leicht links Richtung Bootsanleger, um dann hinter den Seerosen rechts über den ursprünglichen Lauf zur **MÜGGELSPREE** zurückzukehren und von dort auf bereits bekannten Gewässern die Heimreise anzutreten.

3 GOSENER GRABEN – URWALD IN BERLIN

Extra-TIPP

Das **NSG „GOSENER WIESEN UND SEDDINSEE"** ist mit seinen 402 Hektar das größte Naturschutzgebiet Berlins und dennoch kaum bekannt. Das mag auch an seiner Unzugänglichkeit liegen: Eine der wenigen Möglichkeiten, die Schutzzone zu erkunden, führt über den etwa vier Kilometer langen **GOSENER GRABEN**.

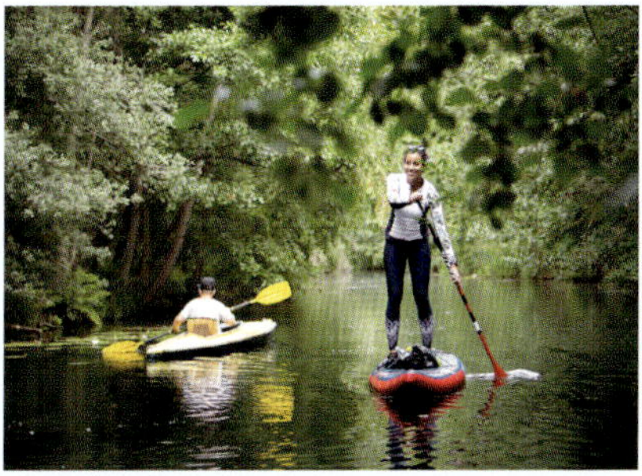

Der gewundene und stark bewachsene Kanal fließt mitten durch das bewaldete Feuchtgebiet und verbindet den Dämeritzsee mit dem Seddinsee in der Nähe von Gosen.

Den Gosener Graben erreicht man von Erkner über den **DÄMERITZSEE**, man kann aber auch in **GOSEN** am „Uferplatz" am Seddinsee einsteigen und den Graben von Süden her erkunden. Von dort geht es linker Hand, zwischen den **VOGELSCHUTZ-INSELN NIXENWALL** und **DOMMELWALL**, raus auf den **SEDDINSEE** und dann rechts gen Norden: dort führt die große Haupteinfahrt in den Gosener Kanal, rechts daneben geht es in den Graben.

Entdecke ein kleines Paradies – lautlos schweben wir durch den Bruchwald, die Sonne wirft ihre Strahlen durchs Blätterdach, glitzernde Punkte tanzen auf dem Wasser. Motorboote haben hier nichts zu suchen, die benutzen den parallel verlaufenden, aber schnurgeraden Gosener Kanal. Einziger Haken an der Sache: Dort, wo sich das Kronendach über dem Wasser schließt, lebt die krautige Unterwasserflora auf, der Gosener Graben ist streckenweise recht verkrautet, mit langen Finnen sammelt man jede Menge Ballast ein – egal, gerade unter der Woche kann man hier wunderbar die Zeit vergessen.

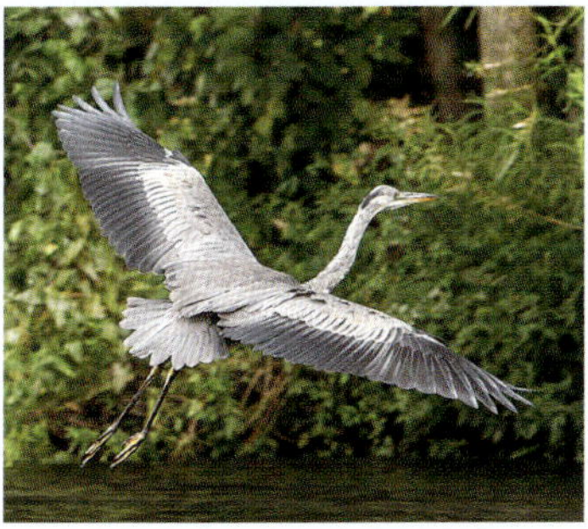

Mückenschutz nicht vergessen!

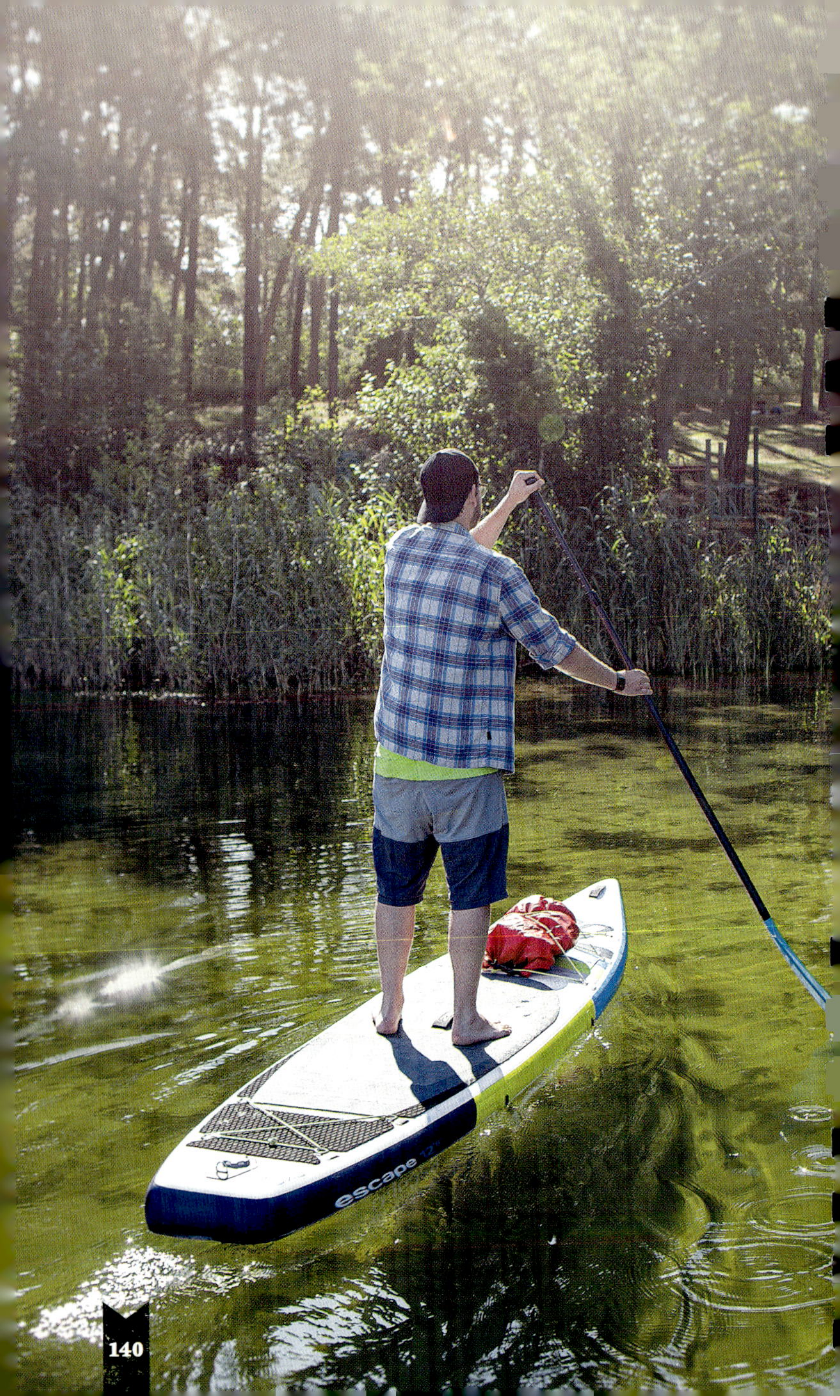
escape

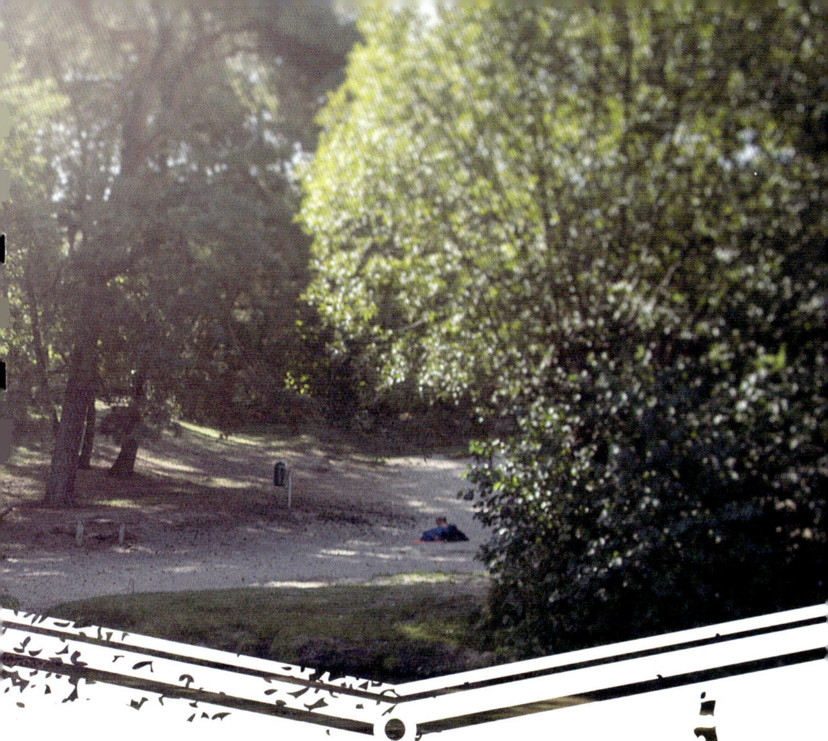

GRÜNHEIDER SEEN

ANSPRUCH

EINKEHR

Direkt vor den Toren Berlins, in einem von Seen und Flüssen durchzogenen Waldgebiet, liegen Werl-, Peetz- und Möllensee wie auf der Perlenschnur aufgereiht und laden zum SUPen ein. An heißen Sommertagen locken an den buchtenreichen Seen Natursandstrände zum erfrischenden Bad im klaren Wasser. Diese Seen sind echte Perlen!

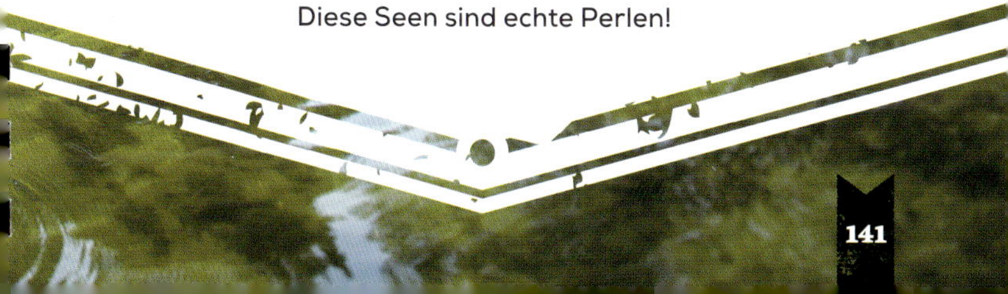

WIND & WETTER

Werlsee- und Peetzsee sind durch ihre großen, offenen Wasserflächen windanfälliger als der Möllensee mit seinem Baumbewuchs am Ufer.

BEFAHRUNGSREGELN

Vorsicht in den Verbindungskanälen vor dem Schiffsverkehr.

ANFAHRT MIT DEM PKW & PARKEN

Von der A 10 Abfahrt Erkner/Grünheide auf die L 38 nach Fangschleuse. Am Ende des Ortes befindet sich links der große Parkplatz zur Badestelle Werlsee Südstrand (Navi: Am Eichbrand 4, 15537 Grünheide).

ANFAHRT MIT ÖPNV

Mit der Regionalbahn bis Bahnhof Fangschleuse. Weiter zu Fuß (etwa 1,5 km) oder mit dem Bus 429 zur Haltestelle Fangschleuse Eichbrand. Den Bus kann man auch direkt von Erkner nehmen. Infos: www.bos-fw.de

BADEN

» Sonne pur am großen **Werlsee Nordstrand** mit Beachvolleyballplatz, Strandbar und Kletterwald. Friedrich-Engels-Straße 14, 15537 Grünheide

» Kleiner und schattiger geht es am **Werlsee Südstrand** zu. Am Eichbrand, 15537 Grünheide

» **Badestelle Peetzsee**. Am Schlangenluch, 15537 Grünheide

» **Badestelle Möllensee Nord**

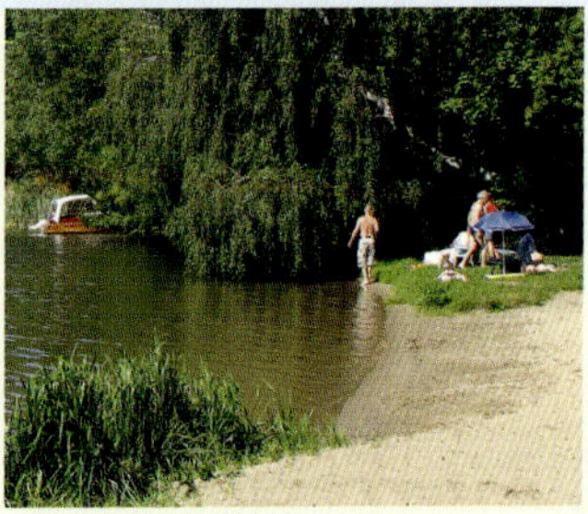

TIPP EXTRA-TIPPS

» Der **Kletterwald Grünheide** am Nordstrand des **Werlsees** bietet insgesamt 1.000 Meter Kletterstrecke in bis zu 18 Metern Höhe (www.kletterwald-gruenheide.de). Im Anschluss erfrischt der Sprung in den **Werlsee** und ein Sonnenbad im feinen Sand des Badestrands.

» **Wanderung** auf dem **Löcknitztalweg** in einem einzigartigen 489 Hektar großen Naturschutzgebiet. Rund 100 Vogel-, 600 Großschmetterlings- und seltene Orchideenarten wollen entdeckt werden. Das Flüsschen **Löcknitz** durchfließt das Gebiet auf 14 Kilometern in ausgeprägten Mäandern. Vom **Bahnhof Fangschleuse / Wallbrücke** geht es auf diesem Wanderweg durch eine markante Landschaft. Unterwegs kann man an der **Fontane-Kiefer** Rast machen, wo einst der berühmte Schriftsteller an seinen Büchern schrieb. Über **Klein Wall** (*Forellenanlage + Anglerklause tägl. 11-14.30*) gehts zum **historischen Bahnhof Hangelsberg** (8 km, 2 h reine Gehzeit, zurück mit der Bahn).

» Ebenfalls reizvoll sind eine **Rundwanderung um den Möllensee**, auf der man an herrlichen versteckten Badestellen vorbeikommt (8,5 km, 2-3 h).
Oder die **literarische Wanderung** auf den Spuren des Erfolgsautors des Deutschen Theaters der 1920er-Jahre, Georg Kaiser (ca. 6 km, 1:30-2 h).

TOUREN

1 PERLEN-TOUR

Schöne Nachmittagstour über die Grünheider Seen Werlsee, Peetzsee und Möllensee. Wer möchte, kann auch noch den Waldkanal zum Kiessee erkunden.

| **LÄNGE** 11–13 km | **DAUER** 3–5 h

EIN- UND AUSSTIEG

Am Werlsee Südstrand (Navi: Am Eichbrand 4, 15537 Grünheide)

SUP-VERMIETUNG

1 BADEBAR ERKNER

(in Kooperation mit Spreeboard)
Am Dämeritzsee 2, 15537 Erkner
Tel. 0176-50 7000 28

2 SPREEBOARD

Am Spreebord 119, 15537 Neu Zittau
Tel. 0176-836 886 88
www.spreeboard.de

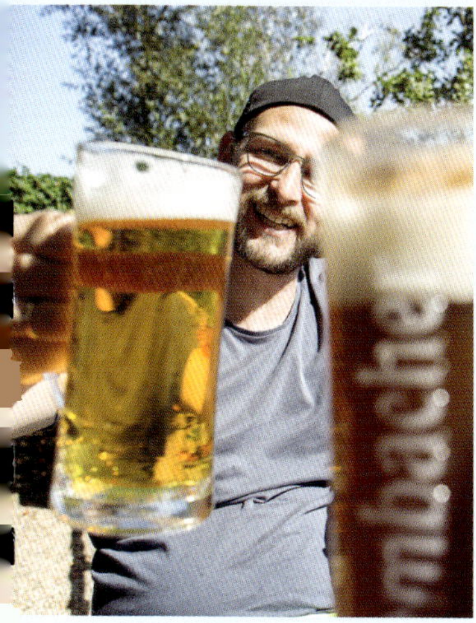

EINKEHR

1 HEYDEWIRT

(Biergarten & Pension am Peetzsee)
Karl-Marx-Straße 9, 15537 Grünheide
Tel. (03362) 889 28 92
www.heydewirt.de
Mi–So 12–21 Uhr

KLASSIKER Gute traditionelle deutsche Küche

2 RESTAURANT IL BORGO

Karl-Marx-Straße 5, 15537 Grünheide
Tel. (03362) 886 07 15
www.ilborgo-gruenheide.de
Do–Di 11.30–23 Uhr

KLASSIKER Kalbsleber mit Butter und Salbei in der Pfanne gebraten

ÜBERNACHTUNG

1 HEYDEWIRT (am Peetzsee)
siehe Einkehr-Tipp

2 CAMPING MÖLLENSEE NORD

Hubertusstraße
15537 Grünheide (OT Alt Buchhorst)
Tel. 0178-376 68 54 & (03362) 50 30 69
www.moellensee.blogspot.com

3 NATURCAMPINGPLATZ MÖLLE-SÜD-CAMP

Möllensee Südufer, 15537 Grünheide (OT Alt Buchhorst), Tel. (03362) 63 45
www.moelle-sued-camp.de

4 CAMPING GRÜNHEIDE

Am Schlangenluch 27, 15537 Grünheide
Tel. (03362) 61 20 & 0172-903 25 20
www.camping-gruenheide.de

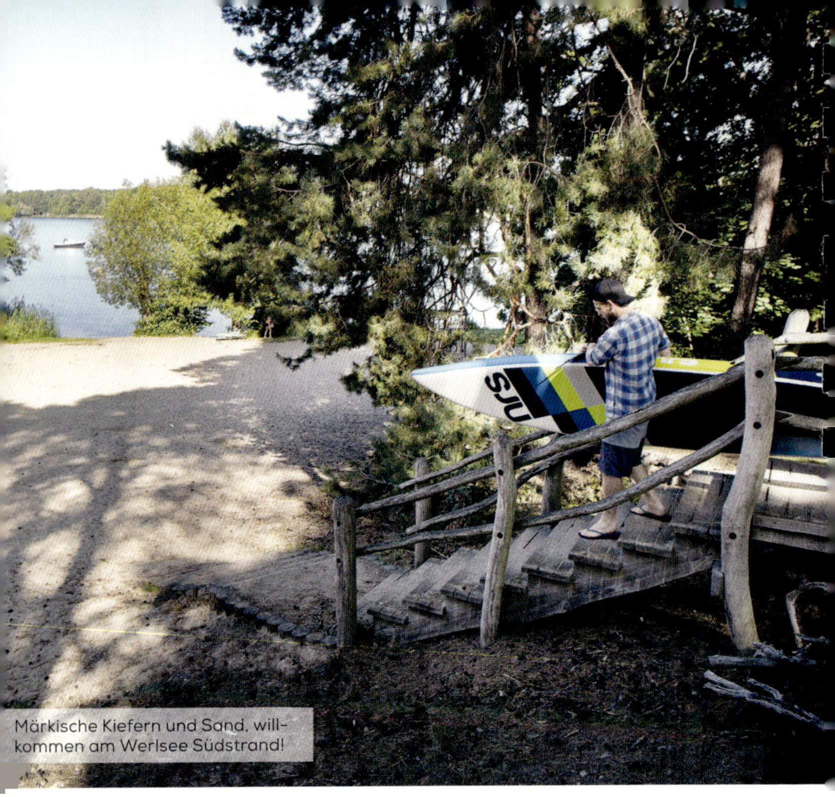

Märkische Kiefern und Sand, willkommen am Werlsee Südstrand!

1 SCHMALE SEEN UND HÜBSCHE SANDSTRÄNDE

Schon wenn man den Sandstrand am Einstieg hinunterläuft, kommt leichtes Karibik-Feeling auf. Zwar ist der **WERLSEE SÜDSTRAND** wesentlich kleiner als sein Pendant am Nordufer, dennoch liegt ein Hauch Urlaub in der Luft. Der Blick schweift über den See, zwischen den Bäumen am gegenüberliegenden Ufer lugen Häuser und Villen Richtung Wasser. Kein Wunder, dass wohlhabende Berliner Bürger sich schon zu Beginn des 20. Jahrhunderts an den Ufern von Peetzsee und Werlsee große Sommerhäuser bauen ließen. Rund 2 km südlich des Werlsees errichtet der amerikanische Tesla-Automobilkonzern allerdings derzeit eine "Gigafactory" für E-Autos, was wohl weitreichende Folgen für die Gemeinde Grünheide haben wird (Literatur-Tipp: **"Nacht im Kopf"**, Kriminalroman über Elektroauto-Werk, *Christoph Heiden*, Gmeiner-Verlag).

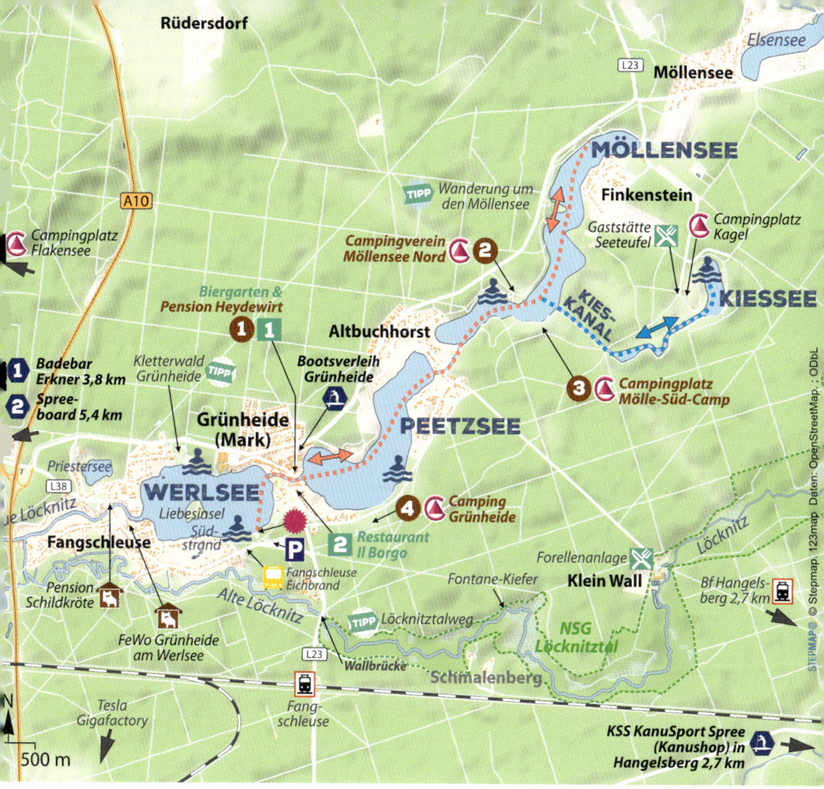

Gemeinsam mit ihren Verbindungskanälen bilden Möllensee, Peetz- und Werlsee den zusammenhängend paddelbaren Teil der **GRÜNHEIDER SEENKETTE**, deren Verlauf auch **NEUE LÖCKNITZ** genannt wird. Die ursprüngliche Löcknitz mäandert weiter südlich im dichten Waldgebiet. Am Westrand der Siedlung Fangschleuse vereinen sich beide und fließen weiter Richtung Erkner in den Flakensee. Unser Ziel allerdings ist der Oberlauf der Seenkette in entgegengesetzter Richtung.

Vom Startpunkt im **WERLSEE** können wir links die **LIEBESINSEL** in der Ferne ausmachen, SUPen aber eher leicht rechts in östlicher Richtung über den See, um über den kurzen **VERBINDUNGSKANAL** zum **PEETZSEE** zu kommen, dessen Einfahrt durch große Schilder markiert ist. Auch Ausflugsdampfer sind hier unterwegs, also Vorsicht bei Gegenverkehr im Kanal.

Im kurzen Kanal können wir im klaren Wasser den Boden sehen. Wir passieren die Straßenbrücke der L23, und kurz danach heißt es stark sein: das Schild **BIERGARTEN GRÜNHEIDE** vom **HEYDEWIRT** 1 1 stellt uns auf die Probe.

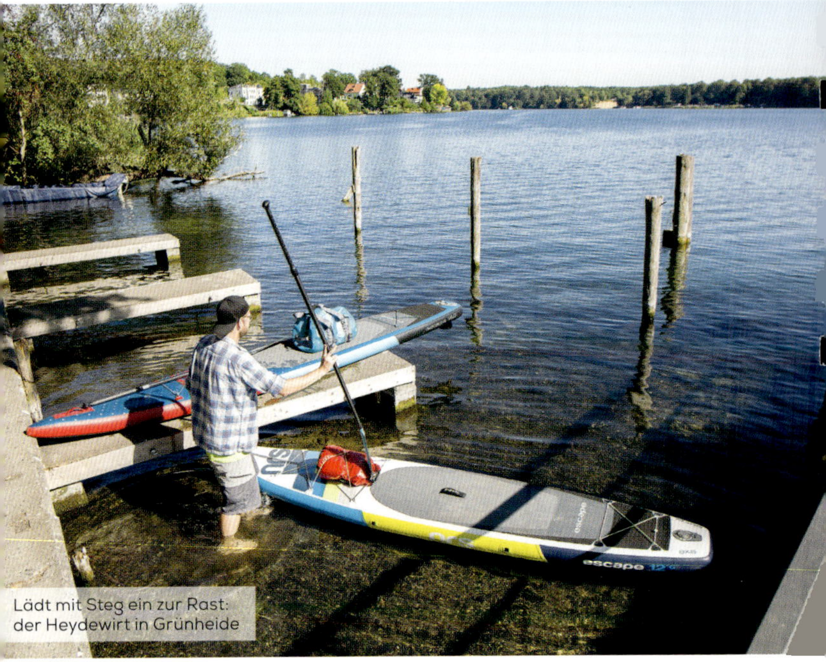

Lädt mit Steg ein zur Rast: der Heydewirt in Grünheide

Richten wir unseren Blick also lieber geradeaus über den **PEETZSEE** - erst die Arbeit, dann das Vergnügen! In der Ferne erahnen wir am leicht abschüssigen Ufer den hellen Sand der großen **BADESTELLE** des Peetzsees und peilen leicht links davon an.

Der **PEETZSEE** ist der tiefste der drei Seen, an einigen Stellen geht es über 25 Meter hinab. Im Gegensatz zum recht runden Werlsee schlängelt sich der Peetzsee durch die Landschaft wie ein 'S'. Zu Fuß, vorbei an reizvollen Villen, lässt sich der See auf der literarischen Georg-Kaiser-Wanderung, der Theaterautor lebte hier an verschiedenen Orten von 1921 bis 1938, erkunden.

Nachdem wir die erste Ecke links umrundet haben, können wir uns am Ende der Geraden langsam ans rechte Ufer orientieren, haben dabei aber ein Auge auf den Schiffsverkehr. Die Uferbebauung nimmt am Ende des Peetzsees wieder zu, wir erreichen das kleine Örtchen **ALTBUCHHORST**. Grundfarbe bleibt durch den dichten Bewuchs aber grün. Der Verbindungskanal zum buchtenreichen „Schlängelkönig" **MÖLLENSEE** geht im hinteren rechten Eck ab.

Der **MÖLLENSEE** ist der schmalste, aber auch der längste und naturbelassenste der Grünheider Seen. Am Ende des Sees befindet sich das Örtchen **FINKENSTEIN**, ansonsten zieren hohe Bäume und Schilf seine Ufer. Schon nach den ersten 500 Metern knickt der See zum ersten Mal nach rechts ab, um sich direkt danach wieder nach links zu krümmen. Genau hier befinden sich an beiden Uferseiten je ein **CAMPINGPLATZ** 2 3, linker Hand mit schönem kleinem **BADESTRAND**. Hinter den Campingplätzen überspannen Stromleitungen den See.

ABSTECHER: Rechts führt der **KIESKANAL** wie durch einen Baumtunnel zum kleinen **KIESSEE**, an dessen Ufer sich ein **CAMPINGPLATZ** mit **BADESTRAND** und auch die Gaststätte **SEETEUFEL** befindet.

Wer keine zwei Kilometer Abstecher durchs Unterholz mag, der folgt weiter dem schlängelnden **MÖLLENSEE**, bis am fast hintersten Ende hinter einem umgestürzten Baum ein paar Stufen ein Anlanden ermöglichen und wir uns vor dem Rückweg noch kurz die Beine vertreten. Auf bekanntem Weg geht es wieder zurück nach Grünheide zum **WERLSEE**.

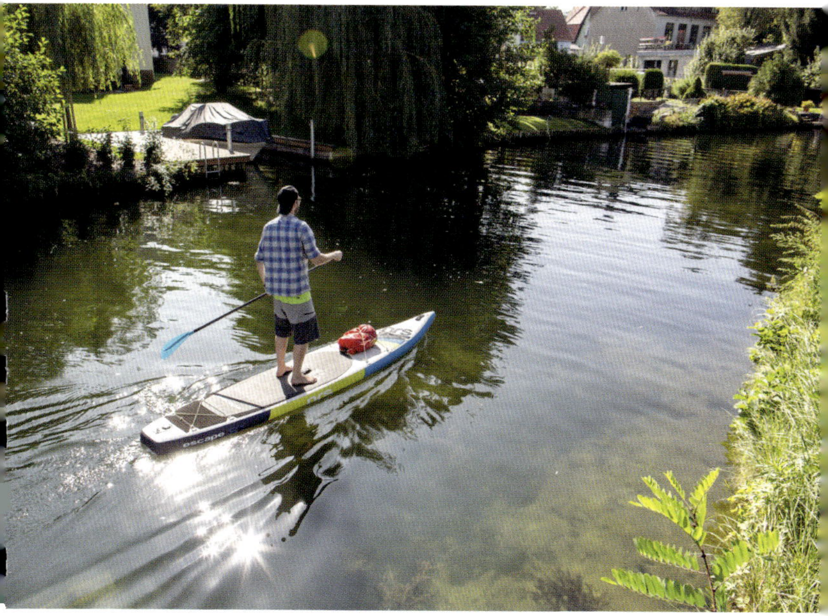

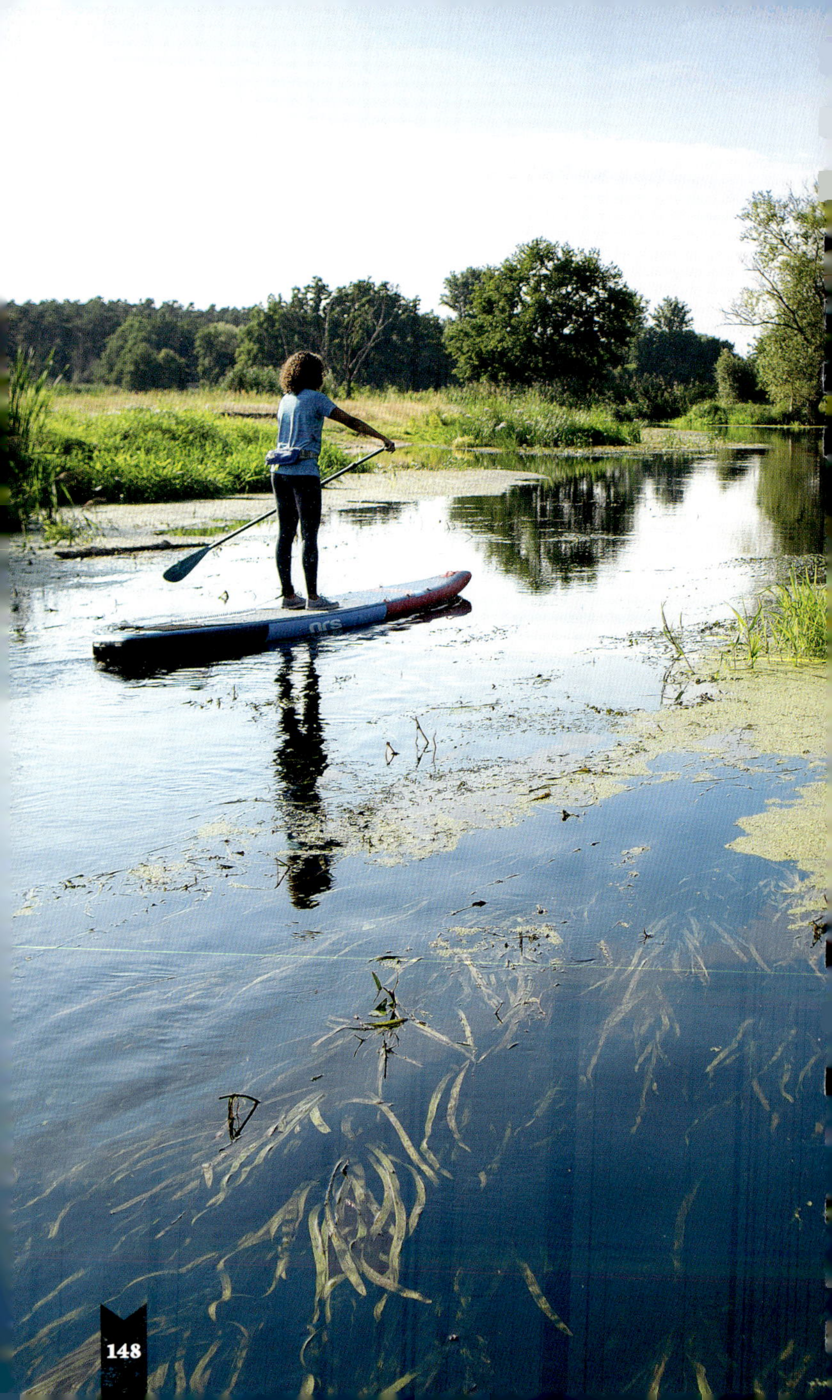

ZWEI TAGE AUF DER MÜGGELSPREE

ANSPRUCH

EINKEHR

In unzähligen Schleifen mäandert die Müggelspree mit flotter Strömung von Hangelsberg nach Erkner. Ideal: Sowohl vom Einstieg als auch vom Ausstieg sind es nur wenige Gehminuten zum nächsten Bahnhof.

Die Kanustation von **KSS KANUSPORT SPREE** 1 3 3 in **HANGELSBERG** mit kleinem Sandstrand, Zimmern und Zeltplatz, ist ein wahres Kleinod für Wasserwanderer. Wer nicht vor Ort im Paddelshop einkauft oder in der Vermietung ein paar Euro lässt, sollte zumindest höflich vor Eintritt fragen, ob man hier einsetzen darf und am besten ein paar Euro in der Kaffeekasse lassen.

Das Flüsschen windet sich am mit Pappeln, Birken und Schwarzerlen gesäumten Ufer und ausgedehnten Wiesen und Viehweiden vorbei. Auf dem klaren Wasser lassen sich Libellen, Enten, Höckerschwäne, Eisvögel und Graureiher beobachten und im Wirrwarr der wirbelnden Wasserpflanzen verstecken sich die Fische. Herrlich! Hinter der Autobahnbrücke des Berliner Rings liegt in einem Altarm der Anleger des **CAMPINGPLATZES JÄGERBUDE** 1 2, wo eine Gaststätte die Möglichkeit zur Einkehr bietet und sich für Campingmuffel gar ein Zimmer findet.

Drei Kilometer hinter dem Campingplatz biegt die **MÜGGELSPREE** in einer weiten Rechtskurve nach Norden ab. Hinter der Straßenbrücke befindet sich die Station der SUP-Vermietung **SPREEBOARD** 1, an deren Snackbar wir den kleinen Hunger bekämpfen und eine kühle Bio-Limonade genießen. Die Flussufer bleiben im weiteren Verlauf zwar grün, aber die Müggelspree ist doch recht stark kanalisiert und oft reichen die Grundstücke bis ans Wasser. Auf dem **DÄMERITZSEE** zweigt gleich hinter der Landzunge der **GOSENER GRABEN** ab (siehe Seite 139) – ein weiterer lohnender Abstecher!

+ Kompakt TOUR

WIND & WETTER

Schöne Tour in teils abgeschiedener Natur: also auf jeden Fall Wetterbericht studieren, um keine böse Überraschungen zu erleben. Am Dämeritzsee kann es an windigen Tagen zur Wellenbildung kommen.

BEFAHRUNGSREGELN

Viele Tiere, klein und groß, leben auf und am Wasser der Müggelspree. Gebührenden Abstand zu halten und ihren Lebensraum nur minimal zu stören, sollte des Paddlers oberste Priorität sein.

ANFAHRT MIT DEM PKW

Mit dem Auto über den östlichen Berliner Ring A 10 bis Ausfahrt 7 (Freienbrink / Hangelsberg), dann auf die L38 Richtung Fürstenwalde.

EINSTIEG 1 (KANUSPORT SPREE)
In Hangelsberg die erste Straße rechts nehmen (Bahnhofstraße) und am Sportplatz entlang bis zum Ende der Straße fahren. (Navi: Bahnhofstr 1, 15537 Grünheide).

EINSTIEG 2 (SPREE CURRY) In Hangelsberg nicht abbiegen, sondern etwa 1 km weiterfahren, bis auf der rechten Seite der Imbiss „SpreeCurry" liegt.

Zum **AUSSTIEG** in Erkner gelangt man am besten wieder über die A10, diesmal die Abfahrt Erkner nehmen und über die Fangschleusenstraße / Fürstenwalder Straße in die Stadt fahren. Am ersten Kreisverkehr rechts in die Friedrichstraße über die Brücke zum nächsten Kreisverkehr fahren und dort links in die Berliner Straße und die nächste links in die Hafenstraße einbiegen. (Navi: Hafenstraße 1, 15537 Erkner).

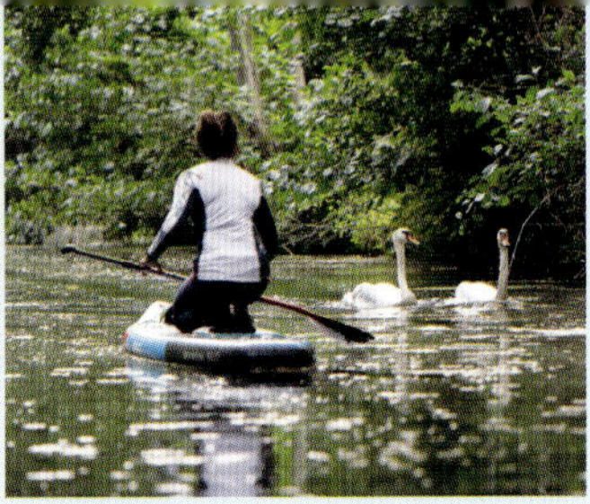

PARKEN

Einstieg: Auf den Parkplätzen am Sportplatz neben der Kanustation von „KanuSport Spree" oder auf dem Platz vor dem Imbiss „Spree-Curry".
Ausstieg: In Erkner zwischen Sportplatz und Wasserschifffahrtsamt befinden sich eine Reihe Parkplätze. („Am Dämeritzsee" Ecke „Hafenstraße"). Von dort sind es nur wenige Meter zur offiziellen „48-h-Sportbootliegestelle".

ANFAHRT MIT ÖPNV

Der Regionalexpress RE 1 fährt einmal pro Stunde von allen größeren Stadtbahn-Bahnhöfen direkt nach Hangelsberg (und Fürstenwalde), Fahrtzeit ca. 40 Minuten. Vom Bahnhof in Hangelsberg entweder über die Bahnhofsstraße vorbei am Sportplatz zum Einstieg 1 laufen (etwa 600 Meter) oder den Bus 436 Richtung Fürstenwalde zur Haltestelle „Hangelsberg Mazurek" direkt neben Spree-Curry fahren (etwa 1,3 km).

BADEN

» **Freibad Erkner** (Dämeritzsee), Zum Freibad, 15537 Erkner
» **Weißer Strand Flakensee**, Fangschleusenstraße 40, 15569 Woltersdorf
» **Badestelle Unsal**, Unsal / Ecke Berliner Landstraße, 15517 Grünheide (OT Hangelsberg)

SEHENSWERT

» **ERKNER:** Das **GERHART-HAUPTMANN-MUSEUM** informiert über Leben und Werk des zwischen 1885 und 1889 in der Villa Lassen lebenden Literaturnobelpreisträgers.

» **FÜRSTENWALDE:** Spätgotisches Rathaus, Rathausbrauerei (Museum), Dom St. Marien (dreischiffige Kathedrale, 68 m Turm), Heimattiergarten, Stadtmuseum.

EXTRA-TIPP

» Rund 7 km südlich von Fürstenwalde liegen in den **Rauenscher Bergen** die **Markgrafensteine**, die beiden größten jemals in Brandenburg entdeckten Findlinge: Der große Stein ist 7,8 m lang, 7,5 m breit und 7,5 m hoch! Vom nahen **Aussichtsturm Rauener Berge** hat man aus 45 Metern Höhe einen tollen Blick über den Scharmützelsee, bei guter Sicht bis zum Berliner Fernsehturm. Ein Stück östlich davon präsentiert das **Museum "Bunkeranlage Fuchsbau"** (www.bunkermuseum-fuchsbau.de) über 70 Jahre Geschichte in einem aktiven technischen Denkmal.

TOUREN

1 2-TAGESTOUR AUF DER MÜGGELSPREE VON HANGELSBERG NACH ERKNER

Für „Rennfahrer" zwar auch an einem Tag zu schaffen, bietet sich die Tour aber als gemütliche Wochenendtour mit Übernachtung (Camping / Pension) an.

| **LÄNGE** 27 (19+8) km | **DAUER** 2 Tage

1 EIN- & AUSSTIEG ROUTE 1

EINSTIEG 1 An der Kanustation von KanuSport Spree in Hangelsberg. Achtung: Hier handelt es sich um ein Privatgelände, bitte vorher um Erlaubnis fragen und gegebenenfalls die Kaffeekasse beglücken!

EINSTIEG 2 Neben dem Imbiss „Spree-Curry" in Hangelsberg.

AUSSTIEG In Erkner neben der „48h-Sportbootliegestelle" kommt man gut aus dem Wasser. Von dort sind es keine 500 Meter zum Bahnhof.

2 VERLÄNGERUNG DER TOUR VON FÜRSTENWALDE ODER WEHR GROSSE TRÄNKE

Wer die Tour verlängern möchte, kann etwa 13 km flussauf in Fürstenwalde starten und dann über den Oder-Spree-Kanal bis zum Wehr „Große Tränke" fahren, von wo es über eine kurze Umtragung in die Müggelspree geht.

| **LÄNGE** 13 km | **DAUER** 3-5 h

2 EINSTIEG ROUTE 2

EINSTIEG 1 Wer mit ÖPNV anreist, kann auf der Wiese neben dem Hotel „Haus am Spreebogen" oder neben dem Ruderverein einsteigen. Vom Bf über Eisenbahnstr., Robert-Havemann-Str. (später Sembritzkistr.) zum Wasser. Navi: Altstadt 25, 15517 Fürstenwalde / Spree).

EINSTIEG 2 Wer mit dem Auto anreist, kann auch direkt am Wehr „Große Tränke" parken und dort starten.

SUP-VERMIETUNG

1 SPREEBOARD

Am Spreebord 119
15537 Gosen-Neu Zittau
Tel. 0176-836 886 88
www.spreeboard.de

2 BADEBAR ERKNER

Am Dämeritzsee 2
15537 Erkner
Tel. 0176-507 000 28
www.badebar.com

3 KANUSPORT SPREE

Bahnhofstr 1
15537 Grünheide (OT Hangelsberg)
Tel. (033632) 59 53 59
www.kanu-spree.de

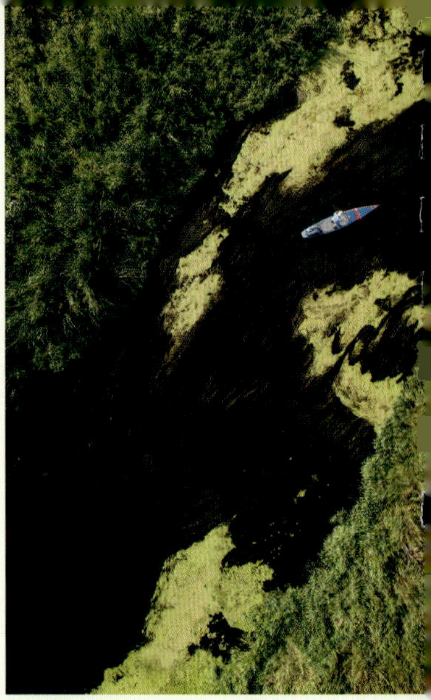

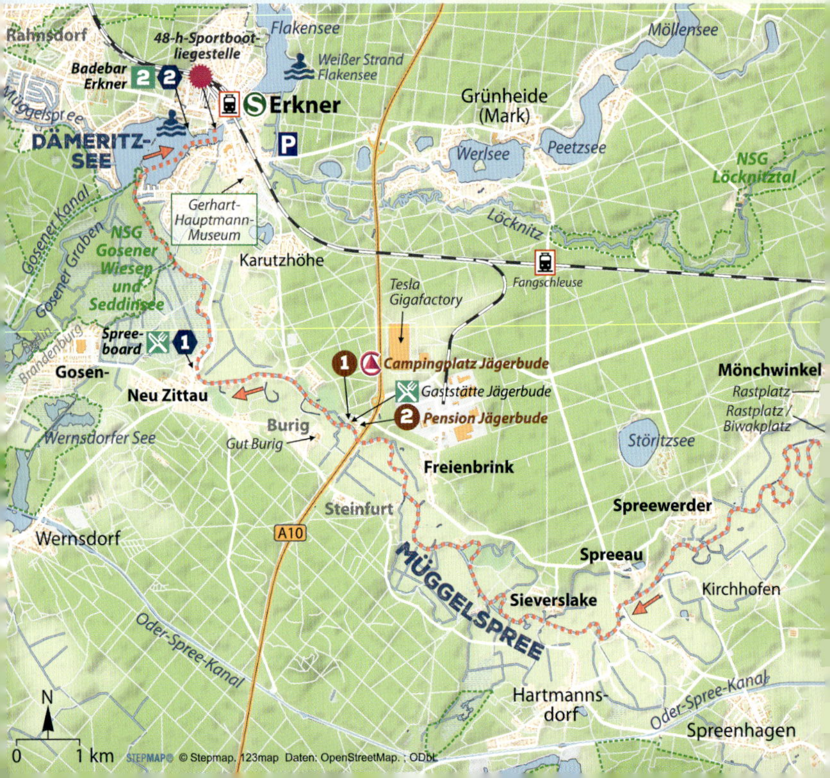

EINKEHR

1 SPREE-CURRY

Hauptstraße 28A
15537 Grünheide (OT Hangelsberg)
Tel. 0177-425 00 62
www.facebook.com/SpreeCurry
Mo-Fr 11-17 Uhr

KLASSIKER Top Currywurst in Metzger-Qualität

2 BADEBAR ERKNER

Am Dämeritzsee 2
15537 Erkner
Tel. 0176-507 000 28
www.badebar.com
Mo-Fr 16-22, Sa & So 14-22 Uhr

KLASSIKER
Longdrink zum Sonnenuntergang

ÜBERNACHTUNG

1 CAMPINGPLATZ JÄGERBUDE

Jägerbude, 15537 Erkner
(OT Jägerbude)
Tel. (03362) 88 80 84
www.spreecamping.de

2 PENSION JÄGERBUDE (MIT RESTAURANT)

Jägerbude 2
15537 Erkner (OT Jägerbude)
Tel. (03362) 88 86 10
www.lela24.de

3 KANUSPORT SPREE

Bahnhofstr 1
15537 Grünheide (OT Hangelsberg)
Tel. (033632) 59 53 59
www.kanu-spree.de
(Zelt oder Zimmer; nur kleine Gruppen und nur nach Voranmeldung)

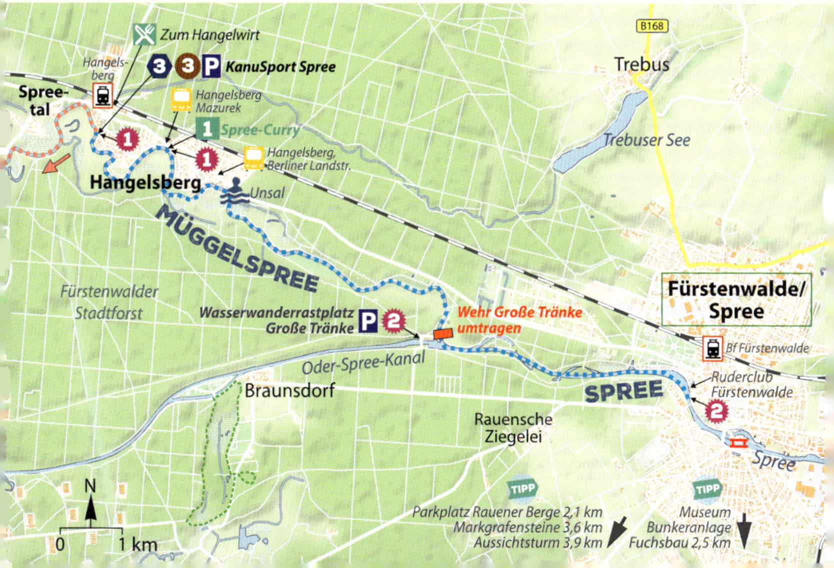

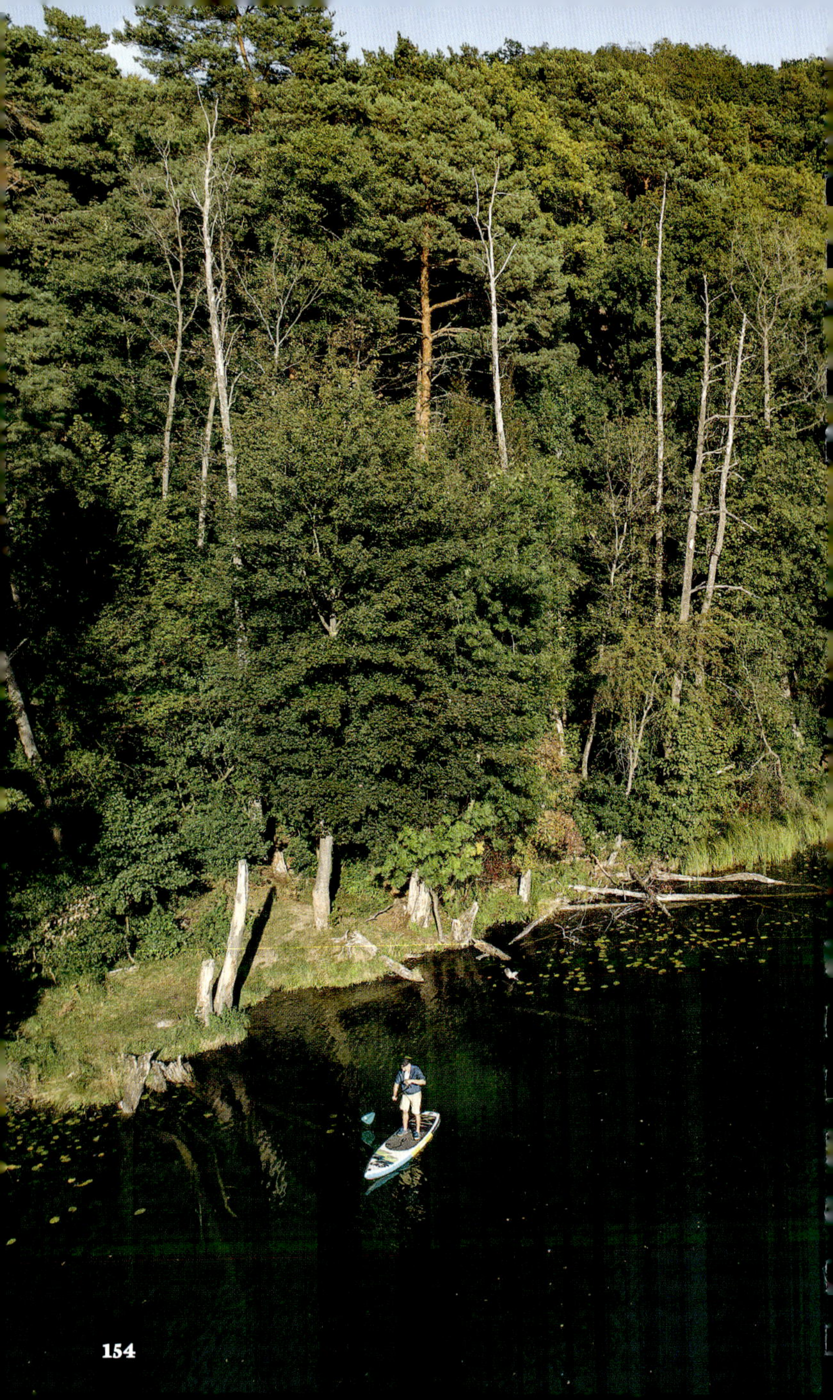

BUCKOW: SCHERMÜTZELSEE

ANSPRUCH | EINKEHR

Achtung, Achtung! Eine wichtige Durchsage: der Schermützelsee bei Buckow hat nichts mit dem Scharmützelsee bei Bad Saarow zu tun, und in der Märkischen Schweiz leben keine Schweizer! Ende der Durchsage.

Das für Brandenburger Verhältnisse stark reliefreiche Hügelland liegt knapp 50 Kilometer nordöstlich von Berlin auf der Hochfläche des Barnim. Der wunderschöne Schermützelsee ist der größte See des **NATURPARKS MÄRKISCHE SCHWEIZ**, er entstand in der Endphase der letzten Eiszeit. Ein riesiger Gletscherbrocken bildete, nachdem er geschmolzen war, den Buckower Kessel. Das Schmelzwasser grub tiefe Schluchten in den Hang, bis zu 60 Meter Höhenunterschied hat das wild zerklüftete Westufer des Sees - während am flacheren Ostufer der schnuckelige **KNEIPP-KURORT BUCKOW** zum Flanieren einlädt.

Unsere Rundtour über diesen ungewöhnlich tiefen und türkisfarbenen **KLARWASSERSEE** mit bis zu sechs Metern Sichttiefe führt vom **EINSTIEG** links am bewaldeten Westufer entlang, vorbei an Schilfgürteln und umgestürzten Baumriesen.

Im nordöstlichen Zipfel erreichen wir das **STRANDBAD BUCKOW**, daneben befindet sich ein Bootsverleih (kein SUP) und die Schiffsanlegestelle für Seerundfahrten. Die Grand Dame des Sees, die über 140 Jahre alte **MS „SCHERRI“**, fährt nach aufwendiger Restaurierung ihre Touren über den See.

Weiter geht es wieder in südliche Richtung, an den Häusern des Ortes vorbei. Am Ortsende befindet sich, wenn auch nicht sichtbar, das **BRECHT-WEIGEL-HAUS**. Das Künstlerehepaar hatte den Ort seit 1952 als Sommersitz ausgewählt.

ANFAHRT MIT DEM PKW + PARKEN

Über die B1/5 Abzweig Strausberg nach Strausberg und weiter über Hohenstein, Bollersdorf nach Buckow.
Parken für den Ortsbesuch am besten am großen Parkplatz am Weinbergsweg (Navi: Weinbergsweg 20, 15377 Buckow), ansonsten am Einstieg an der Fischerkehle.

ANFAHRT MIT ÖPNV

Stündlich fährt die Regionalbahn RB 26 von Berlin-Lichtenberg über Rehfelde bis Müncheberg, dort umsteigen in den Bus 928 nach Waldsieversdorf und Buckow. Einstieg zum Paddeln dann am besten am Strandbad Buckow am Nordostufer.

BADEN

Strandbad Buckow am Nordostufer (Imbiss).

SEHENSWERT

» Das **Brecht-Weigel-Haus** zeigt die ehemaligen Arbeits- und Wohnräume von Helene Weigel und Bertolt Brecht, originale Einrichtungsgegenstände, Bühnenbildmodelle und Kostüme zu Brechts Theaterstück „Mutter Courage und ihre Kinder". Das Künstlerehepaar hatte die „Eiserne Villa" seit dem Jahr 1952 im Sommer bewohnt. www.brechtweigelhaus.de

» Der **Kneipp-Kurort Buckow** gilt als die Perle der Märkischen Schweiz, liegt in einem eiszeitlich entstandenen Talkessel zwischen sechs Seen und einer bewaldeten Hügelkette, und hat mit seinen Parks und Promenaden, dem idyllischen Seeufer und zahlreichen Wanderwegen einen ganz besonderen Reiz. TIPP Der 7,5, km lange **Panoramaweg** rund um den Schermützelsee ist ein Klassiker unter den Wanderwegen.

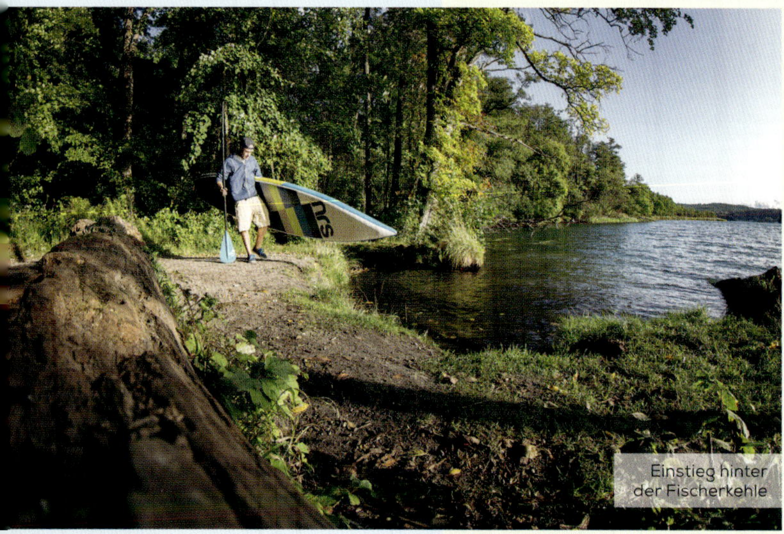

Einstieg hinter der Fischerkehle

TOUREN

1 RUNDTOUR UM DEN SEE

Reizvoll ist das klare türkisfarben schillernde Wasser mit der umgebenden Hügelkette.

| **LÄNGE** 5 km | **DAUER** 2–3 h

EIN- & AUSSTIEG

Der Einstieg zur Rundtour befindet sich am südwestlichen Ende des Sees knapp außerhalb Buckows. Vorbei am Restaurant Fischerkehle geht es bis ans Ende der Straße, dort ist auf der linken Seite ein kleiner Parkplatz. Zu Fuß sind es etwa 3 Minuten ans Wasser.
(Navi: Fischerberg 7, 15377 Buckow)

KEINE SUP-VERMIETUNG

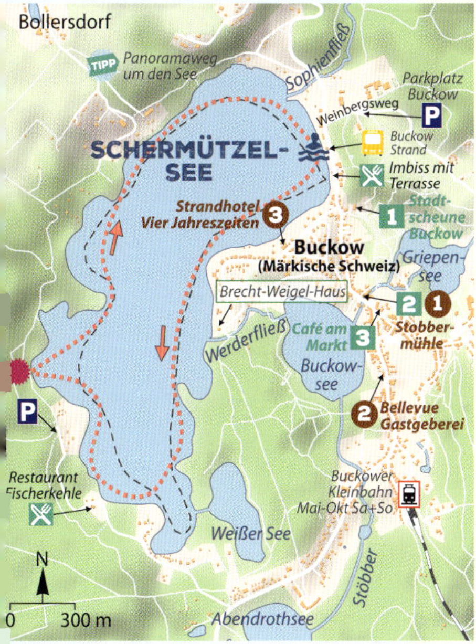

EINKEHR

1 STADTSCHEUNE BUCKOW

Am Schlosspark 3, 15377 Buckow
Tel. 0171-742 73 03
www.stadtscheune.de

KLASSIKER Bratwürste aus eigener Hausschlachterei

2 GASTHAUS STOBBERMÜHLE

Wriezener Str. 2, 15377 Buckow
Tel. (033433) 668 33
www.stobbermuehle.de

KLASSIKER Preisgekrönte Blutwurst vom „Blutwurstritter Benser“

3 CAFÉ AM MARKT

Am Markt 4, 15377 Buckow
Tel. (033433) 566 95, Tgl. ab 12

KLASSIKER Nicht nur die Eierlikör-Torte ist eine Wucht

ÜBERNACHTUNG

1 GASTHAUS STOBBERMÜHLE
siehe Einkehr-Tipp

2 BELLEVUE GASTGEBEREI & KREATIVHAUS
Hauptstr.16/17, 15377 Buckow
Tel. (033433) 61 31 55
www.bellevue-buckow.de

3 STRANDHOTEL VIER JAHRESZEITEN
Ringstr. 5-6, 15377 Buckow
Tel. (033433) 15 13 90
www.vierjahreszeiten-buckow.de

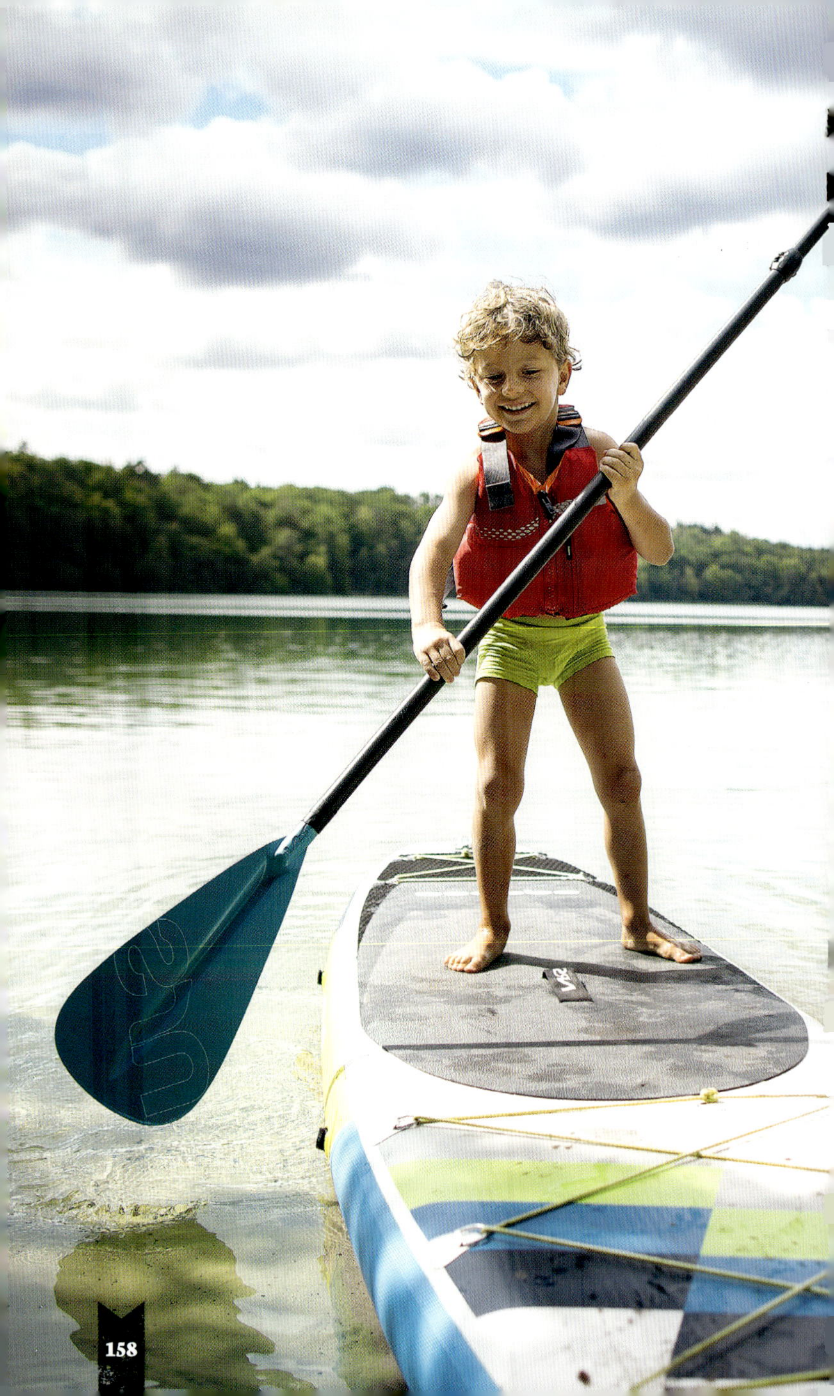

LIEPNITZSEE BEI WANDLITZ

ANSPRUCH | EINKEHR

Wie ein grünes Auge schwimmt die Insel **„GROSSER WERDER“** in einem der saubersten Seen Brandenburgs mit türkisfarbenem Wasser mit Sichttiefen von bis zu fünf Metern. Vom nördlichen und vom südlichen Festlandufer pendelt die Fähre „Frieda“zur östlichen Inselspitze – das einzige Boot das mit Motorkraft müber den See tuckern darf. Einen Großteil der Insel nimmt ein Vereins-Campingplatz ein. Zentraler Treff, nicht weit vom Fähranleger entfernt, ist die **„INSULANER KLAUSE“** 1, die mit ihrem kleinen Biergarten unter Schatten spendenden, über 150 Jahre alten Linden und Kastanien zur Einkehr einlädt.

Unsere Tour starten wir am besten erstmal in östlicher Richtung entlang der Insel. Am Westende der Insel lädt ein **BADESTRAND** zum Verweilen ein, am Insel-Ostende gelangen wir zum Fähranleger, von dem es weiter gen Osten in das hinterste Eck des Sees geht.

Auf dem Rückweg passieren wir die Insel auf der nördlichen Seite, kommen zu einigen kleinen Badestellen am Festlandufer, bevor wir in der Bucht am westlichen Ende des Sees das **WALDBAD LIEPNITZSEE** 2 sehen. Von hier ist es nur ein Katzensprung zurück zum Einstieg.

Kompakt TOUR

WIND & WETTER

Der Liepnitzsee liegt, von eiszeitlichen Endmoränen umgeben, recht windgeschützt im Wald.

BEFAHRUNGSREGELN

Keine Motorboote. Wat nen Glück!

ANFAHRT MIT DEM PKW

Der Liepnitzsee ist mit dem Auto über die Autobahn A 11 Ausfahrt 14 (Wandlitz) und die B 273 (Wandlitzer Chaussee) zu erreichen.

PARKEN

EINSTIEG SÜD Am Parkplatz an der B 273 östlich von Wandlitz in der Nähe der Waldsiedlung (Navi: B273 50, 16348 Wandlitz).

EINSTIEG NORD In Ützdorf gegenüber dem Hotel „Jägerheim" in die Straße zum Campingplatz „Am Liepnitzsee" einbiegen. Hinten rechts befindet sich ein gebührenpflichtiger Parkplatz (Navi: Am Liepnitzsee 9, 16348 Wandlitz).

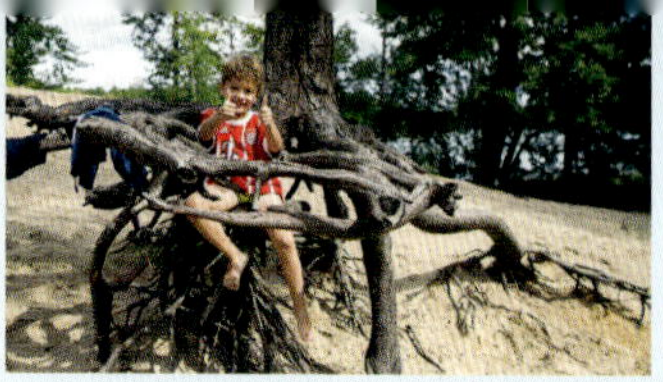

ANFAHRT MIT ÖPNV

Mit der Heidekrautbahn bis Wandlitz und von dort 2,5 km zu Fuß zum Waldbad am Liepnitzsee. Alternativ mit der S-Bahn bis Bernau fahren, dann per Bus bis zur Waldsiedlung und von dort aus weiter zu Fuß. Beide Fußwege dauern etwa 30 Minuten.

BADEN

» **Waldbad Liepnitzsee**, Wandlitzer Chaussee 150, 16321 Bernau bei Berlin (Imbiss, SUP-Vermietung).

» **Strandbad Wandlitzsee**, Prenzlauer Chaussee 154, 16348 Wandlitz (Imbiss, Spielplatz, Sprungturm, Wasserrutsche).

» **Strandbad Stolzenhagen**, Str. am See 93, 16348 Wandlitz

» **Badestelle Lanker Obersee** mit Badesteg und „Ulis Fischhaus".

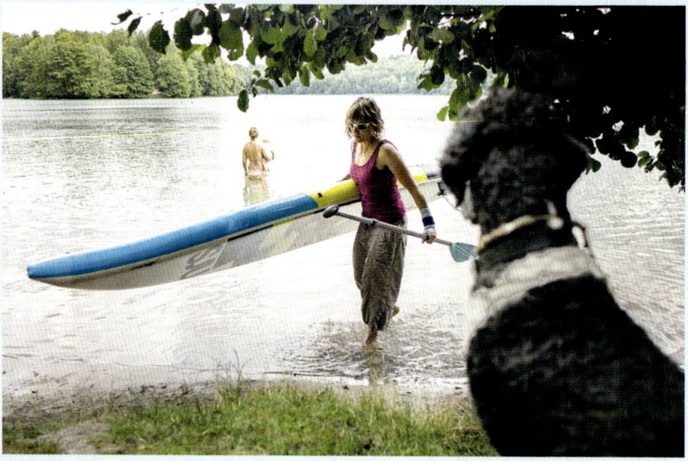

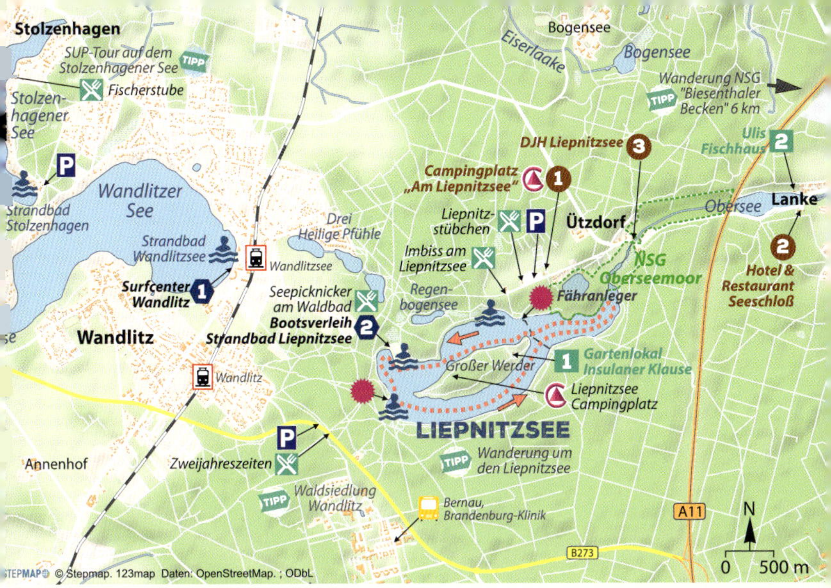

EXTRA-TIPPS

» Eine 8,5 km lange **Wanderung um den Liepnitzsee** verläuft am Nordufer des Sees auf einem Höhenweg, der einen herrlichen Ausblick auf den See bietet.

» Die 12 km lange **Rundwanderung** (Ausgangspunkt Biesenthal, Am Heideberg) durch das **Naturschutzgebiet "Biesenthaler Becken"** folgt dem Wanderweg „Roter Balken“ und wird im Frühjahr von trompetenden Rufen der Kraniche begleitet. Kleine Fließgewässer, Moore, Erlenbruch- und Laubmischwald prägen das Bild. Hier zeigt sich landschaftliche und biologische Vielfalt auf engstem Raum - ein Kleinod unter den Naturschätzen Brandenburgs.

» SUPen im klaren Wasser des nahen **Stolzenhagener Sees**, der nur um die 170 m breit, aber 2,5 km lang ist, ist ein Genuss und verläuft meist im Windschatten. Im Anschluss lohnt die Einkehr in der urigen **"Fischerstube".**

» Auf Spurensuche im bestgesicherten Ort der DDR kann man in der **Waldsiedlung Wandlitz** gehen. Damals wohnten in der 1,5 Quadratkilometer großen Ortschaft nur wenige hundert Meter südlich des Liepnitzsees die politische DDR-Elite, so z. B. Erich Honecker, Egon Krenz oder Walter Ulbricht. Kaum einer durfte hier rein und so hielten sich Gerüchte von Luxuspalästen und goldenen Wasserhähnen. Jedoch sucht man Luxus und Dekadenz vergeblich in der unter Denkmalschutz stehenden Anlage. Wer sich mit der Geschichte und den Machtstrukturen der DDR auseinandersetzen möchte, kann auf den verbliebenen Spuren durch die Siedlung wandern. Deutlich interessanter ist diese geschichtliche Entdeckungsreise mit einer **professionellen Führung** (Tel. (033397) 734 34, uwdsetz@web.de & Tel. (03338) 75 34 49, foerster_klaus@t-online.de).

TOUREN

1 RUNDTOUR UM DEN LIEPNITZSEE

Die Insel „Großer Werder" und die hintersten Ecken des Sees erkunden.

| **LÄNGE** 6 km | **DAUER** 2-3 h

EIN- & AUSSTIEG

Strand am Südwestufer des Liepnitzsees. Vom Parkplatz an der B273 sind es etwa 750 Meter Fußweg zum Einstieg. Den Hauptweg in Richtung Waldbad nehmen, über die Kreuzung mit den Wanderwegweisern hinweg und dann einige Meter später rechts auf einen Weg abbiegen, der zur Badestelle führt.

Alternativ kann auch im Norden des Sees am Fähranleger gestartet werden. Vom Parkplatz am Campingplatz geht man etwa 600 Meter runter zum Liepnitzsee. Einige Meter neben dem Fähranleger befindet sich ein kleiner Strand.

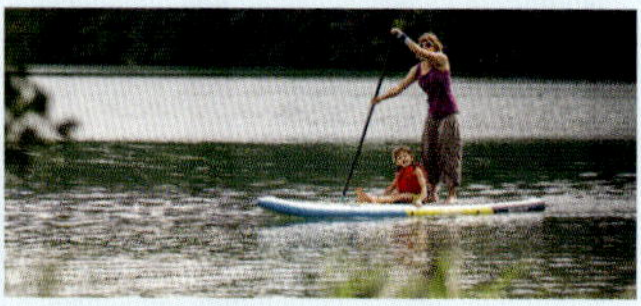

SUP-VERMIETUNG

1 SURFCENTER WANDLITZ
Prenzlauer Chaussee 150,
16348 Wandlitz
Tel. (033397) 604 80
www.surfshop-berlin.de

2 BOOTSVERLEIH STRANDBAD LIEPNITZSEE
Liepnitzsee, 16321 Wandlitz
www.freibad-bernau.de/
waldbad-liepnitzsee

EINKEHR

1 GARTENLOKAL INSULANER KLAUSE

Am Liepnitzsee 8, 16348 Wandlitz
Tel. 0172-360 97 75
www.liepnitzinsel.de
Fr-So zu den Fährzeiten,
im Sommer auch Mo-Do

Gemütlicher, einfacher Imbiss

2 ULIS FISCHHAUS

Am Obersee 3
16348 Wandlitz (OT Lanke)
Tel. (03337) 45 00 80
www.ulis-fischhaus.de
Mi-So 12-20 (keine Kartenzahlung)

KLASSIKER Fischsoljanka und Fischers Pfanne mit Bratkartoffeln

ÜBERNACHTUNG

1 CAMPINGPLATZ „AM LIEPNITZSEE"
Am Liepnitzsee 8 A
16348 Wandlitz (OT Lanke)
Tel. (033397) 68 88 81
www.mecklenburg-tourist.de

2 HOTEL & RESTAURANT SEESCHLOSS
Am Obersee 6
16348 Wandlitz (OT Lanke)
Tel. (03337) 20 43
www.seeschloss-lanke.de

3 JUGENDHERB. LIEPNITZSEE
Wandlitzer Str. 6
16348 Wandlitz (OT Ützdorf)
Tel. (033397) 216 59
www.jh-liepnitzsee.de

DER AUTOR

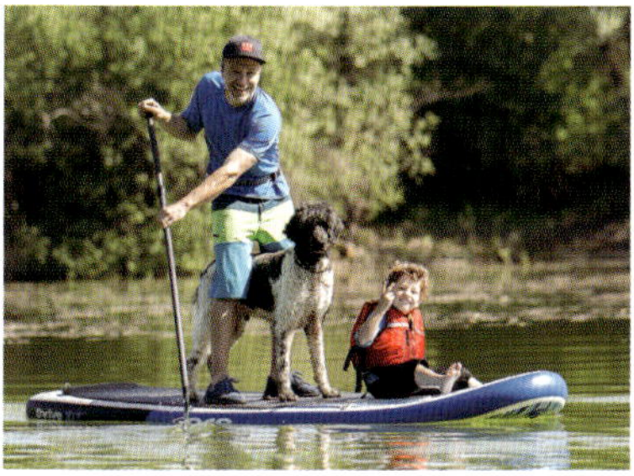

JENS KLATT ist seit über 30 Jahren auf den Gewässern des Planeten unterwegs. Ob Wasserfälle im Wildwasserkajak, mit der Familie im Kanadier, ob Wanderkajak oder Stand-up-Board – Hauptsache er muss nicht selbst schwimmen. Geboren 1980 in der Wasserstadt Brandenburg an der Havel war der Schritt in den Paddelverein naheliegend. Nach dem Abi folgen Wildwassertouren von Norwegen bis Mexiko, Fotografie wurde zum Beruf. Seit er 2009 durch einen Kundenauftrag das erste Mal auf einem SUP stand, hortet er nun noch mehr Wasserspielzeug in der Garage. Heute lebt Jens in Augsburg, arbeitet als freier Fotograf und hat mit diesem Buch seine alte Heimat mit dem SUP neu entdeckt.

WEITERE SUP-GUIDES + *die besten* EINKEHRTIPPS

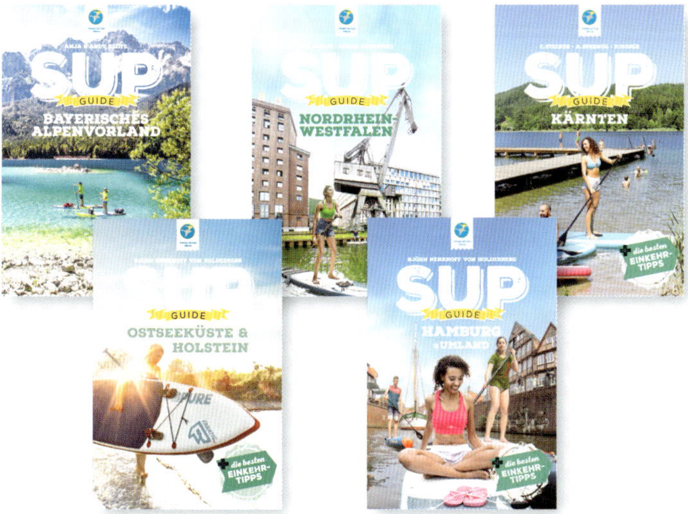

HAMBURG & UMLAND, OSTSEEKÜSTE & HOLSTEIN, NORDRHEIN-WESTFALEN, KÄRNTEN, BAYERISCHES ALPENVORLAND

KANU KOMPAKT

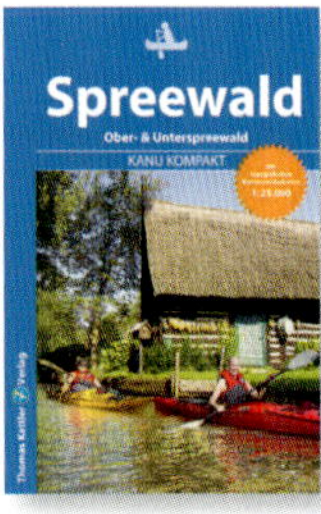

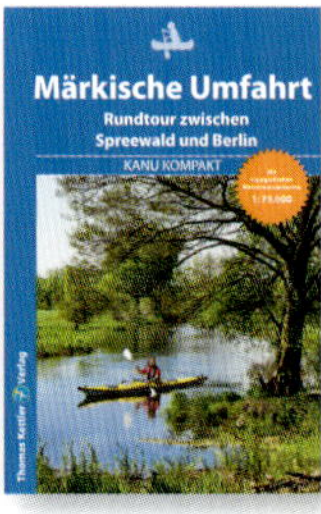

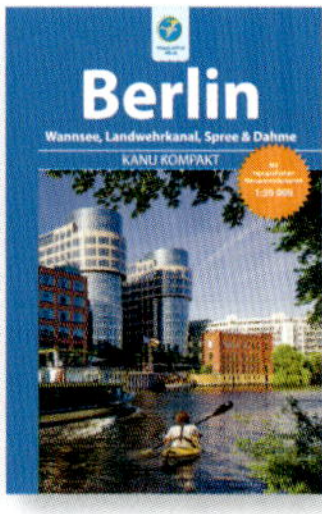

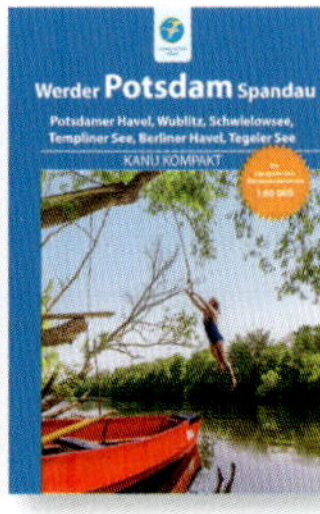

4 in 1

- **Kanutourenführer mit Ringbindung**
- **topografische Wasserwanderkarten**
- **Reiseführer**
- **Kanufahrschule**

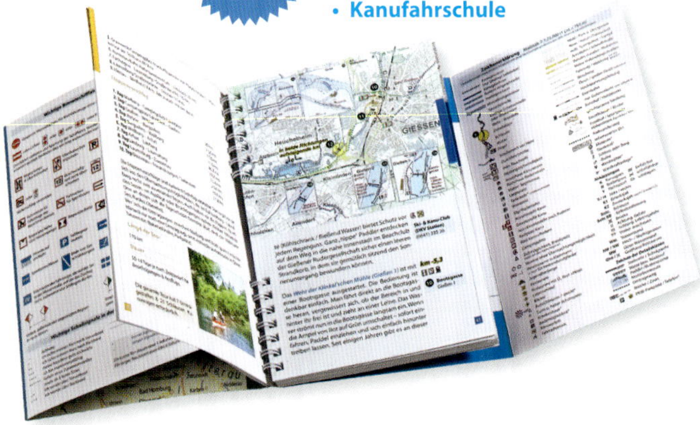

Kanutourenführer mit Infos zum Paddeln & zur Region · Wasserwanderkarten mit Kilometrierung & Umtragestellen mit Detailskizzen · Reiseführer mit Sehenswürdigkeiten, Einkehr- & Übernachtungstipps sowie Städteportraits inkl. Stadtplan · Kanufahrschule · handliches Format 13 x 18,5 cm · Spiralbindung mit Umschlag

Weitere Titel:

- Peene
- Mecklenburg. Kleinseen 1
- Mecklenburg. Kleinseen 2
- Müritz-Elde-Wasserstraße
- Holsteinische Schweiz
- Weser
- Lippe
- Ruhr
- Ems
- Werra
- Lahn
- Mosel
- Altmühl
- Regen
- Naab & Vils
- Isar & Loisach
- Loire 1
- Loire 2
- Dordogne

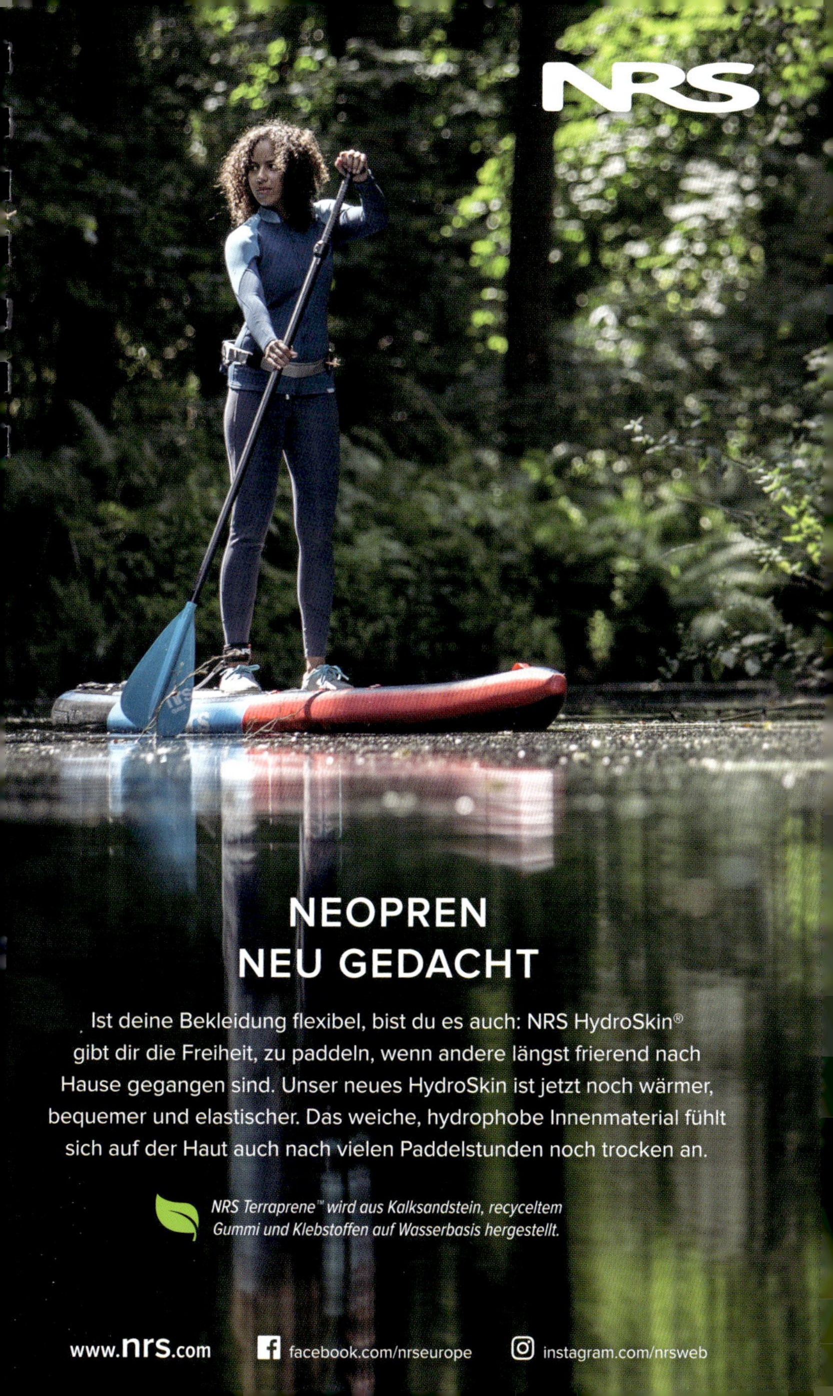
NRS
NEOPREN
NEU GEDACHT
Ist deine Bekleidung flexibel, bist du es auch: NRS HydroSkin®
gibt dir die Freiheit, zu paddeln, wenn andere längst frierend nach
Hause gegangen sind. Unser neues HydroSkin ist jetzt noch wärmer,
bequemer und elastischer. Das weiche, hydrophobe Innenmaterial fühlt
sich auf der Haut auch nach vielen Paddelstunden noch trocken an.
NRS Terraprene™ wird aus Kalksandstein, recyceltem
Gummi und Klebstoffen auf Wasserbasis hergestellt.
www.nrs.com
facebook.com/nrseurope
instagram.com/nrsweb

REGISTER